成尚荣/著

大夏书系·成尚荣教育文丛

流派观察

上海
著名商标
ECNUP
华东师范大学出版社
全国百佳图书出版单位

图书在版编目（CIP）数据

流派观察 / 成尚荣著 . —上海：华东师范大学出版社，2017
ISBN 978–7–5675–6626–2

Ⅰ. ①流 ... Ⅱ. ①成 ... Ⅲ. ①基础教育—教学改革—研究 Ⅳ. ① G632.0

中国版本图书馆 CIP 数据核字（2017）第 162404 号

大夏书系·成尚荣教育文丛

流派观察

著　　者	成尚荣
策划编辑	李永梅　林茶居
特约编辑	翟毅斌
审读编辑	张思扬
封面设计	奇文云海·设计顾问

出版发行　华东师范大学出版社
社　　址　上海市中山北路 3663 号　邮编　200062
网　　址　www.ecnupress.com.cn
电　　话　021 - 60821666　行政传真　021 - 62572105
客服电话　021 - 62865537
邮购电话　021 - 62869887　地址　上海市中山北路 3663 号华东师范大学校内先锋路口
网　　店　http：//hdsdcbs.tmall.com

印 刷 者　北京季蜂印刷有限公司
开　　本　700×1000　16 开
插　　页　1
印　　张　16.5
字　　数　261 千字
版　　次　2018 年 5 月第一版
印　　次　2018 年 7 月第二次
印　　数　6 101-9 100
书　　号　ISBN 978–7–5675–6626–2/G·10464
定　　价　52.00 元

出 版 人　王　焰

（如发现本版图书有印订质量问题，请寄回本社市场部调换或电话 021-62865537 联系）

目 录

C O N T E N T S

自序
在更大的坐标上讲述自己的故事

曾经犹豫很久，不知丛书的自序究竟说些什么，从哪里说起，怎么说。后来，我想到，丛书是对自己人生的第一次小结，而人生好比是个坐标，人生的经历以及小结其实是在坐标上讲述自己的故事。于是自序就定下了这个题目。

与此同时，我又想到故事总是一节一节的，一段一段的，可以分开读，也可以整体地去读。因此，用"一、二、三……"的方式来表达，表达人生的感悟。

一、尚可：对自己发展状态的认知

我的名字是"尚荣"二字。曾记得，原来写的是"上荣"，不知何人、何时，也不知何因改成"尚荣"了。那时，家里人没什么文化，我们又小，改为"尚荣"绝对没有什么文化的考量，但定有些什么不知所云的考虑。

我一直认为"尚荣"这名字很露，不含蓄，也很俗，不喜欢，很不喜欢。不过，现在想想，"尚荣"要比"上荣"好多了，谦逊多了，也好看一点。

我对"尚荣"的解读是"尚可",其含义是,一定要处在"尚可"的认知状态,然后才争取从尚可走向尚荣的理想状态。

这当然是一种自我暗示和要求。我认为,人不能喧闹,不能作秀,更不能炫耀(何况还没有任何可以炫耀的资本)。但人不能没有精神,不能没有思想,我一直要求自己做一个有追求的人,做一个精神灿烂的人。正是"尚可""尚荣"架构起我人生的坐标。尚可,永远使我有种觉醒和警惕,无论有什么进步、成绩,只是"尚可"而已;尚荣,永远有一种想象和追求,无论有什么进展、作为,只不过是"尚荣"而已。这一发展坐标,也许是冥冥之中人生与我的约定以及对我的承诺。我相信名字的积极暗示意义。

二、走这么久了,才知道现在才是开始

我是一只起飞很迟的鸟,不敢说"傍晚起飞的猫头鹰",也不愿说"夕阳无限好,只是近黄昏"。说起飞很迟,是因为61岁退休后才安下心来,真正地读一点书,写一点小东西,在读书和写作中,生发出一点想法,然后把这些想法整理出来,出几本书,称作"文丛"。在整理书稿时,突然之间有了一点领悟。

第一点领悟:年龄不是问题,走了那么久,才知道,原来现在才是开始。人生坐标上的那个起点,其实是不确定的,任何一个点都可以成为起点;起点也不是固定的某一个,而是一个个起点串联起发展的一条曲线。花甲之年之后,我才开始明晰,又一个起点开始了,真正的起点开始了。这个点,就是退休时,我在心里默默地说的:我不能太落后。因为退休了,不在岗了,人一般会落后,但不能太落后。不能太落后,就必须把过去的办公桌,换成今天家里的那张书桌,书桌告诉我,走了那么久,坐在书桌前,才正是开始。所以,年龄真的不是问题,起点是自己把握的。

第二点领悟:人生是一首回旋曲,总是要回到童年这一人生根据地去。小时候,我的功课学得不错,作文尤其好。那时,我有一个巴望:巴望老师早点发作文本。因为发作文本之前,总是读一些好作文,我的作文常常被老师当作范文;也常听说,隔壁班的老师也拿我的作文去读。每当那个激动人心的时刻来临,我会想入非非:总有一天要把作文登在报刊上,尤其是一定

要在《新华日报》上刊登一篇文章。童年的憧憬和想象是种潜在的力量。一个人童年时代有没有一点想入非非，今后的发展还是不同的。和过去的学生聚会，他们也逐渐退休了，有的也快70岁了。每每回忆小学生活，总忆起那时候我读他们的作文。文丛出了，我似乎又回到了自己的童年时代。童年，那是我人生的根据地；人总是在回旋中建构自己的历史，建构自己的坐标，总得为自己鸣唱一曲。

第三点领悟：人的发展既可以规划又不能规划，最好的发展是让自己"非连续发展"。最近我很关注德国教育人类学家博尔诺夫的"非连续"教育理论。博尔诺夫说，人是可以塑造的，但塑造的观点即连续性教育理论是不完整的，应当作重要调整和修正，而非连续性教育倒是对人的发展具有根本的意义。我以为，非连续性教育可以迁移到人的非连续性发展上。所谓非连续性发展，是要淡化目的、淡化规划，是非功利的、非刻意的。我的人生好像用得上非连续发展理论。如果你功利、浮躁、刻意，会让你产生"目的性颤抖"。人的发展应自然一点，"随意"一点，对学生的教育亦应如此，最好能让他们跳出教育的设计，也让名师的发展跳开一点。只有"尚可"，才会在不满足感中再向前跨一点。

三、坐标上的原点：追寻和追赶

文丛实质上是我的一次回望，回望自己人生发展的大概图景，回望自己的坐标，在坐标上讲述自己的故事。回望不是目的，找到那个点才最为重要。我要寻找的是那个坐标上的原点，它是核心，是源泉，是出发点，也是回归点。找到原点，才能架构人生发展的坐标，才会有真故事可讲。

那个点是什么呢？它在哪里呢？

它在对人生意义的追寻中。我一直坚信这样的哲学判断：人是意义的创造者，但人也可以是意义的破坏者。我当然要做意义的创造者。问题是何为意义。我认定的意义是人生的价值，既是个人存在和发展的价值，也是对他人对教育对社会产生的一点影响。而意义有不同的深度，价值也有不同的高度。值得注意的是，人生没有统一的深度和高度，也没有统一的进度和速度，全在自己努力，不管从什么时候开始，你努力了，达到自己的高度才重要，把握自己的进度才合适。而所谓的努力，对我来说就是两个字：追赶。因为我的起点低，基础薄弱，非"补课"不可，非追赶不可。其实，追赶不仅是态度，它本身就是一种意义。

我追赶青春的步伐。路上行走，我常常不自觉地追赶年轻人的脚步，从步幅到步频。开始几分钟，能和年轻人保持一致，慢慢地赶不上了。过了几分钟，我又找年轻人作对象，去追赶他们的脚步，慢慢地，又落后了。追赶不上，我不遗憾，因为我的价值在于追求。这样做，只是对自己的要求，是想回到青年时代去，想再做一回年轻人，也是向年轻人学习，是向青春致敬的一种方式。有了青春的步伐，青春的心态，才会有青春的书写。

我追赶童心。我曾不止一次地引用作家陈祖芬的话：人总是要长大的，但眼睛不能长大；人总是要变老的，但心不能变老。不长大的眼是童眼，不老的心是童心。童心是可以超越年龄的，只要有童心，就会有童年，就会有创造。我自以为自己有颗不老的童心，喜欢和孩子说话，喜欢和年轻人对话，喜欢看绘本，喜欢想象，喜欢天上云彩的千变万化，看到窗前的树叶飘零了，我会有点伤感。追赶童心，让我有时激动不已。

我追赶时代的潮流。我不追求时尚，但是我不反对时尚，而且关注时尚。同时，我更关注时代的潮流，课程的，教学的，教育的，儿童的，教师的；经济的，科技的，社会的，哲学的，文化的。有人请我推荐一本杂志，我毫不犹豫地推荐《新华文摘》，因为它的综合性，让我捕捉到学术发展的前沿信息。每天我要读好几种报纸，报纸以最快的速度传递时代的信息，我会从中触摸时代的走向和潮流。读报并非消遣，而是让其中一则消息触动我的神经。

所有的追赶，都是在寻觅人生的意义。人生坐标，当是意义坐标。意义坐标，让我不要太落后，让我这只迟飞的鸟在夕阳晚霞中飞翔，至于它落在哪个枝头，都无所谓。迟飞，并不意味着飞不高飞不远，只要是有意义的飞翔，都是自己世界中的高度和速度。

四、大胸怀：发展的坐标要大些

人生的坐标，其实是发展的格局，坐标要大，就是格局要大。我家住傅厚岗。傅厚岗曾住过几位大家——徐悲鸿、傅抱石、林散之，还有李宗仁。我常在他们的故居前驻足，见故屋，如见故人。徐悲鸿说，一个人不能有傲气，但一定要有傲骨；傅抱石对小女傅益瑶说，不要做文人，做一个有文化的人，重要的是把自己的胸襟培养起来。徐悲鸿、傅抱石的话对我启发特别大。我的理解是：大格局来自大胸怀，胸怀大是真正的大；大格局不外在于他人，而是内在于人的心灵。而胸怀与视野联系在一起。于是，大视野、大胸怀带来大格局，大格局才会带来大一点的智慧，人才能讲一点更有内涵、更有分量的故事。这是我真正的心愿。

大胸怀下的大格局，是由时间与空间架构成的坐标。用博尔诺夫的观点看，空间常常有个方向：垂直方向、水平方向和点。垂直方向引导我们向上，向天空，向光明；水平方向引导我们向前；点则引导我们要有一个立足点。无论是向上，还是向前，还是选择一个立足点，都需要努力，都需要付出。而时间则是人类发展的空间。时间特别引导人应当有明天性。明天性，即未来性，亦即向前性和向上性。所以，实践与空间构筑了人生的坐标，这样的坐标是大坐标。

五、对未来的慷慨：把一切献给现在

在这样的更大坐标中，需要我们处理好现实与未来的关系。我非常欣赏这样的表述：对未来的慷慨，是把所有的一切都献给现在。其意不难理解：不做好现在哪有什么未来？因此想要在更大的坐标上讲述故事，则要从现在开始，只有着力讲好今天的故事，才有明天的故事。有一点，我做得还是比较好的：不虚度每一天，读书、读报、思考、写作成为一天的主要生活内容，也成了我的生活方式。有老朋友对我的评价是：成尚荣不好玩。意思是，我不会打牌，不会钓鱼，不会喝酒，不喜欢游山玩水。我的确不好玩。但我觉得我还是好玩的。我知道，年纪大了，再不抓紧时间读点书写点什么，真对不起自己，恐怕连"尚可"的水平都达不到。这位老朋友已离世了，我常默默地对他说：请九泉之下，仍继续谅解、宽容我的不好玩吧。真的，好不好玩在于自己的价值认知和追求。

六、首先做个好人，一个有道德的人

讲述的故事不管有多大，有一个十分重要的主题，那就是做个好人。做个好人真不容易。我对好人的定义是：心地善良，有社会良知，谦虚，和气，平等对人，与人为善，多站在对方的位置上想想。我的主要表现是：学会"让"。让，不是软弱，而是不必计较，不在小问题上计较，不在个人问题上计较。所谓好人，说到底是做个有道德的人。参与德育课程标准的研讨，参与道德与法治教材的审查，参与学生发展核心素养的论证，我最大的体会是：道德是照亮人生之路的光源，人生发展坐标首先是道德坐标。我信奉林肯的论述："能力将你带上峰顶，德行将让你永驻那儿。"我还没登上峰顶，但是道德将成为一种攀登的力量和永驻的力量。我也信奉，智慧首先是道德，一如亚里士多德所言，智慧就是就那些对人类有益的或有害的事采取行动的伴随着理性的真实的能力状态。我又信奉，所谓的退、让，实质上是进步，一如插秧歌："手把青秧插满田，低头便见水中天，六根清净方为道，退步原来是向前。"我还信奉，有分寸感就不会贪，有意志力就不怕，有责任心就不懒，有自控力就不乱。而分寸感、意志力、责任心、自控力无不与道德有关。

在更大的坐标上讲述故事，是一个反思、梳理、提升的过程，学者称之为"重撰"中的深加工。文丛试图对以往的观点、看法作个梳理，使之条理化、结构化，得以提升与跃迁。如果作一些概括的话，至少有三点体会。其一，心里有个视角，即"心视角"。心视角，用心去观察问题、分析问题。心视角有多大，坐标就可能有多大；心视角有多高，坐标就可能有多高。于是，我对自己的要求是，对任何观点对任何现象的分析、认识看高不看低，往深处本质上去看，往立意和价值上去看。看高就是一种升华。其二，脑子里有个思想的轮子。思想让人站立起来，让人动起来、活起来，人的全部尊严在于思想。思想是从哪里来的？来自哲学，来自文学，来自经典著作。我当然相信实践出真知，但是实践不与理论相结合，是出不了思想的。思想好比轮子，推着行动走。倘若文章里没有思想，写得再华丽都不是好文章。我常常努力地让思想的轮子转动起来。发展坐标是用思想充实起来、支撑起来的。其三，从这扇门到那扇门，打开一个新的天地。读书时，我常有种想象，我把这种阅读称作"猜想性阅读"。这样的阅读会丰富自己原有的认知框架，甚至可以改变自己原有的认知框架。写作则是从这扇门到那扇门，由此及彼，由表及里，由浅及深，是新的门窗的洞开。

七、把坐标打开：把人、文化，把教育的关注点、研究点标在坐标上

更宽广的视野，更丰富的心视角，必然让坐标向教育、向生活、向世界打开。打开的坐标才可能是更大的坐标。我对专业的理解，不囿于学科，也不囿于课程，而要在人的问题上，在文化的问题上，在教育改革、发展的一些大问题上有些深度的阐释和建构，这样的专业是大专业。由此，对教师的专业发展我曾提出"第一专业"的命题。对教师专业发展如此，对教育科研工作者也应有这样的理解与要求。基于这样的认识，文丛从八个方面梳理、表达了我这十多年对有关问题思考、研究的观点：儿童立场、教师发展、道德、课程、教学、语文、教学流派以及核心素养。我心里十分清楚：涉及面多了，研究的专题不聚焦，研究的精力不集中，在深度上、在学术的含量上达不到应有的要求。不过，我又以为，教育科研者视野开阔一点，视点多一点，并不是坏事，倒是让自己在多样性的认知与比较中，对某一个问题发现了不同的侧面，让问题立起来，观察得全面一些，也深入一些。同时，研究风格的多样化，也体现在研究的方向和价值上。

坐标打开，离不开思维方式和打开方式。我很认同"遮诠法"。遮诠法是佛教思维方式。遮，即质疑、否定；诠，即诠释、说明。遮不是目的，诠才是目的；但是没有遮，便没有深度、独特的诠；反过来，诠让遮有了更充足的理由。由遮到诠是思维方式，也是打开、展开的方式。

遮诠法只是我认同并运用的一种方式，我运用得比较多的是"赏诠法"。所谓赏，是肯定、认同、赞赏。我始终认为，质疑、批评、批判，是认识问题的方式，是指导别人的方式，而肯定、认同、赞赏同样是认识问题的方式，同样是指导别人的方式，因为肯定、认同、赞赏，不仅让别人增强自信，而且知道哪些是认识深刻、把握准确、表达清晰的，需要保持，需要将其放大，争取做得更好。对别人的指导应如此，对自己的学习和研究也应这

样。这样的态度是打开的，坐标也是打开的。打开坐标，研究才会有新视野和新格局。

打开，固然可以深入，但真心的深入应是这一句话："根索水而入土，叶追日而上天。"我对自己的要求是：向上飞扬，向下沉潜。要向上，还要向下，首先是"立起身来"。原来，所有的坐标里，都应有个人，这个人是站立起来的。这样的坐标才是更大的坐标。

八、打开感性之眼，开启写作之窗

不少人，包括老师，包括杂志编辑，也包括一些专家学者，认为我的写作是有风格的，有人曾开玩笑地说：这是成氏风格。

风格是人的影子，其意是人的个性使然，其意还在风格任人去评说。我也不知道自己的写作风格究竟是什么，只知道，那些文字是从我的心里流淌出来的，大概真实、自然与诗意，是我的风格。

不管风格不风格，有一点我是认同的，而且也是在努力践行的，那就是相信黑格尔对美的定义：美是用感性表达理念和理性。黑格尔的话与中国文化传统中的"感悟"，以及宗白华《美学散步》中的"直觉把握"是相同的，相通的。所以，我认为，写作首先是打开感性之眼，运用自己的直觉把握。我自觉而又不自觉地坚持了这一点。每次写作，总觉得自己的心灵又敞开了一次，又自由呼吸了一次，似乎是沿着一斜坡向上起飞、飞翔。心灵的自由才是最佳的写作状态，最适宜的写作风格。

当然也有人曾批评我的这一写作风格，认为过于诗意，也"带坏"了一些教师。我没有过多地去想，也没有和别人去辩论。问题出在对"诗意"的理解存在偏差。写作是个性化的创造，不必去过虑别人的议论。我坚持下来了，而且心里很踏实。

九、讲述故事应当有一个丰富的工具箱

工具的使用与创造，让人获得了解放，对工具的使用与创造已成为现代人的核心素养。

讲述故事也需要工具，不只是一种工具，而且要有一个工具箱。我的工具箱里有不少的工具。一是书籍。正如博尔赫斯所说的，书籍是人类创造的伟大工具。书籍这一工具，让我的心灵有了一次又一次腾飞的机会。二是艺术。艺术是哲学的工具。凭借艺术这一工具我走向哲学的阅读和思考。长期以来，我对艺术作品及其表演非常关注。曾记得，读师范时，我有过编写电影作品的欲望，并很冲动。现在回想起来，有点好笑，又非常欣慰。因为我那电影梦，已转向对哲学、伦理学的关注了。三是课程。从目的与手段的关系看，课程是手段、是工具。课程这一透镜，透析、透射出许多深刻的意蕴。四是教科书。我作为审查委员，对教材进行审查时，不是审查教材本身，而是去发现教材深处的人——教材是不是为人服务的。工具箱，提供了操作的工具，而工具的使用，以及使用中生成的想象，常常帮助我去编织和讲述故事。

十、故事让时间人格化，我要继续讲下去

故事可以提供一个可供分享的世界。不过，我的目的，不只在与世界分享，更为重要的是，通过故事让时间人格化，让自己的时间人格化。讲述故事，是对过去的回忆，而回忆时，是在梳理自己的感受，梳理自己人格完善的境脉。相信故事，相信时间，相信自己的人生坐标。

我会去丰富自己的人生坐标，在更大的坐标上，继续讲述自己的故事。

2017 年 1 月 15 日

写在前面

流派新观察

　　苏派研究已过去五年了。我的研究其实是分为三个阶段。第一阶段，是在退休后，2003 年左右，我从艺术流派自然想到教育（学）流派，2008 年我在《教育研究》上发表了《当下教学改革发展的态势与教学流派产生的可能》一文，并对流派的内在规定性有了一点分析。第二阶段，是在"十一五"的后半段及"十二五"的前半段，着重研究苏派教育，在全国率先研究地方教育流派。那段时间，气氛浓郁，关注的人很多，也有不少学者和教师参与了研究。后来顺利结题了。

　　现在应该算是第三阶段，我把这阶段作为反思阶段，看起来我不在研究，因为已结题了嘛，其实我仍在思考，仍处在研究状态。这说明，流派研究、苏派教育研究是我心中的一个"结"，一个未了的情。既因为自己还有一份责任感，总觉得一些问题研究还处在研究的表层，又因为流派研究内涵相当丰富，以往的研究只是冰山一角，只有一两个维度，水下的、其他维度的，都还没触碰到。这种研究状态表现为持续地在阅读，也持续地在关注正在进行着的地方的、学校的、教师个人的研究实践。我开始寻找教学流派研究的新方向、新维度。

第一，寻找到了流派研究的纵横两个研究维度。在时空的坐标上，我在两个维度上思考：纵向观照、横向观照。所谓纵向与横向观照，即在时间轴上和空间布局上。这主要受了19世纪俄罗斯巡回展览画派研究的影响。巡回展览本是一种展览的方式，但渐渐地成了一个艺术流派。这说明，长期坚持，逐步深化，并使其产生了相似的风格，得到大家的认可，是可以形成一个画派、一种艺术流派的。但是要深入研究并发现这一流派的价值还需要纵横扩展，内外结合，把它置于较长的历史时段上加以观照，置于与其他文学艺术门类的关联中进行比对，使其文化价值意义由此而显豁。纵向观照的结果是，发现了这一画派的"势"。所谓"势"与中国古贤所说的"虽有智慧，不如乘势"和"各有其自然之势"十分相近。尽管我还没有完全看懂，但有一点领会肯定是对的，那就是流派在发展的时间轴上是可以形成气象、气势的，是会产生重要的、重大的影响的。横向观照的结果，是发现领域之间相互联系、相互影响，如果不观照，如果不沟通，不进行跨界研究，那就失却了文化历程的关联性，把自己封闭起来，便缺失了流派研究的丰富性和广阔性，而且也不能阐明前述文化之"势"的确切含义。这样的"势"是单薄的，也是不能持久的，研究是不能深入的。

正是在时空坐标上，以往的苏派研究还相当不够，缺少历史的纵深感，也缺少时代的发展感；缺少文化的比较性，也缺少流派本身研究的丰厚度。我已明确了流派研究中存在的问题，但我深知，自己的知识储备、学理的深度，还有研究的视野和研究方法，都远远达不到这样的要求。可见，流派研究当属史学研究、文献研究、跨文化研究、教育比较研究，难度太大了，以往的研究太浅薄了。回过头来看一看，这本书叫"流派观察"还是十分适合的——只是观察而已。

第二，寻找到了流派研究的民族性维度。在流派的民族性上，以往的研究几乎没有涉及。教学流派既具有地域文化的特点，又具有民族文化的印记；本土知识，抑或称地方性知识，理所当然包括民族文化知识。往深处看，一个地方教学流派，说到底是植根于民族传统文化土壤之中的，民族文化是流派的母体；教学流派是在民族文化的河床上孕育、发展起来的，然后流向远方。大而广之，中华民族文化孕育了中华民族的教育，中华民族有自己的教育思想、理论、经验，而且如此丰富深刻，一直滋养着中国教育的特色。在世界教育（学）流派中，中国教育流派或称中华教育流派肯定是客观存在的，但对于以往的研究，我们却没有重视，更没有形成专题去研究，这说明我们的民族文化自信、理论自信还不足。是该到了为世界教育提供"中国方案""中国教育之道""中国教育气派"的时候了。

以往我没有触及教学流派的民族性问题，是一大缺憾。究其原因，是对地域教育流派的理解过浅、视野过窄，更重要的是意识薄弱。正因为此，在苏派教育研究之初，有人质疑，都全球化了，还有什么地域教学流派存在吗？研究地域教学流派还有什么价值呢？我们却没有引起足够的重视，更没有作出深刻的回应，深处的原因现在已基本明晰了。当然，没有足够的研究力量也是其中一个重要原因。现在看来，"流派观察"，观察的视野不开阔是个问题。

第三，寻找到了流派研究的学校维度，尤其是育人模式建构维度。流派固然和领袖式人物有关系，但领袖人物不只是形成自己个人的流派，他完全可以形成一个学科的、一个学校的、一个地方的教学或教育流派。以往的研究，有几点我是比较自信的：一是教学流派研究是文化研究，因为流派是一种文化形态和文化存在；二是教学流派说到底是关于人的研究，离开人，流派研究就没有任何意义和价值。现在回过头来想一想，在文化视野中的流派研究，应聚焦在育人模式建构的研究上，如果不能建构育人模式，就不能称之为流派。课程改革、教学改革的真正发生地是学校，如今，学校获得了更多的课改、教改的权利，校长、教师的创造性得到更大解放，他们都不约而同地走向了育人模式的探索，而且有了不少重大进展。我印象十分深刻的是北京十一学校、清华附小、江苏省锡山高级中学、江苏省天一中学、南京市琅琊路小学、南京市北京东路小学、南京师范大学附小等，这些学校已经不只是在某一方面进行研究，也不只是在方法、手段上有所突破，而且是从整体上研究学生的发展，建构起具有校本特点的育人模式。尽管育人模式还在建构过程中，但雏形已开始显现，发展的态势也很健康，如果持续加强研究，若干年后，形成学校的教育（学）流派不是没有可能的。其中，还有一个值得关注的问题，那就是校长。我始终认为，从文化意义上看，一个好校长能够成就一所好学校。校长是学校之魂，是文化精神领袖，是改革的设计者、引路人，这是客观存在的事实，不必回避，而且正在形成共识。假若我们从流派的角度加大研究力量，诸如杜威的实验学校、夏山学校、苏霍姆林斯基的巴甫雷什中学等，一定会出现在中国的大地上，而且会走向世界。这是流派研究的又一新维度、新的生长点。流派观察，把观察点投射到学校，投射到育人模式上，应是流派研究又一新走向。

　　写到这儿，我强烈意识到，《流派观察》一书的"写在前面"，应当是深刻的反思，是新维度的寻找与新的生长，应当是流派的新观察。

核心观点

● 教学流派研究的文化阐释

一、教学流派不应是一个缺席的研究：文化的视角

　　课程改革牵引了基础教育一系列的改革，生发了许多极富新意的研究领域，教学流派就是其中一个新课题。的确，教学流派及其研究曾引起过大家的关注，一些学者和研究人员曾对我国基础教育的几大教学流派进行过初步梳理，我也发过题为《当下教学改革发展的态势与教学流派产生的可能》的文章（《教育研究》2008 年第 3 期）。遗憾的是，曾几何时，教学流派及其研究很快就沉寂了，至今几乎了无声息——教学流派及其研究缺席了。

　　究其原因是多方面的，但多方面的原因可以从文化方面寻找和归结。恩格斯这么说："文化上的每一个进步，都是迈向自由的一步。"[①] 联合国教科文组织在《文化政策促进发展行动计划》中有过这样的论断："可以用文化来定义发展。文化不仅是发展的力量和方式，其本身就意味着发展。发展的境

---

① ［德］马克思，恩格斯.马克思恩格斯选集（第三卷）［M］.北京：人民出版社，1995：456.

界是文化的繁荣。"教学流派及其研究的缺席其实是文化意义的缺席，我们应在文化上进行反思。深刻认识和把握教学流派、教学流派研究的意义和价值，这样，可以开阔我们的文化视野，增强文化责任感和使命感，让教学流派及其研究在课改中占有重要一席。

从文化的视角去讨论教学流派及其研究，又可以具体化为以下具体的视角，从中可以有许多新的发现。

其一，课程文化的视角：教学流派的研究与发展，既是课程改革的题中应有之义，又是课程文化建设的境界。不言而喻，课程文化的重构是课程改革的重要价值追求。马克·A·文德斯切尔特等教授，把课程文化的概念框架看作是为自我检查所提供的一组"透镜"，并作出这样的基本判断："通过这种自我检查的过程，个人能够深思自己的最终目标和实现目标的手段"，"个人要给他们的观点和假设命名……并最终能够描述最能代表他们的信念和价值观的课程文化的特点"。[1] 通过这一组组"透镜"，我们可以发现教学流派恰是对自己课程教学改革观点和假设的一种命名，"透镜"透射出的恰是我们课程理念和价值观的追求。课程改革在启动之初，就积极鼓励和提倡课程开发与实施的个性，而且为地方、学校和教师留下了课程改革创造的空间。有创造的空间就会有孕育创造的可能，其中当然包括有形成教学流派的可能。同时，课程文化具有多样性的特质，改革实践中，在不同的教学理论流派的引领下，教师们定会有不同风格教学的追求，进而逐步形成不同的教学流派，以给自己的教学命名。其实，观点、假设的命名正是一个文化过程，是文化认同、文化提炼和文化创造的过程。完全可以这么认定，教学流派的研究与发展，既在课程文化的框架之中，又推动着课程文化的繁荣，各种教学流派的形成与发展意味着课程文化的繁荣，而这正是课程建设的最高境界。

其二，教师专业发展的角度：教学流派的追求与形成，是教师专业发展的最高平台，在这高平台上教师专业发展会有突破性进展。教师专业发展的实践与研究，这么多年了，有了长足的进步，积累了不少经验，成效是显著

---

① ［美］帕梅拉·博洛廷·约瑟夫等.课程文化［M］.余强，译.杭州：浙江教育出版社，2008：197.

的。但是，一个不可回避的问题是，教师的专业发展的思路还不开阔，教师专业发展已经进入"瓶颈时期"，呈现出"高原现象"。其原因是复杂的，新的生长极需要寻找，其中开辟发展新途径，搭建发展高平台，是当下亟须研究、解决的一个重要方面。当下有种现象应当引起我们的关注，那就是名师工作室的大量涌现，用风生水起来描述并不过分。这生动说明了教师中有一批发展的饥渴者，他们有更高的目标和更大的追求，教学主张、教学风格、教学流派恰好为他们开启了又一扇大门，呈现了发展的另一种可能。因此，毋庸置疑，教学流派的研究与发展，是他们发展的新路径和高平台。在这新路径中，他们对专业价值、专业内涵、专业幸福会有另一种文化上的理解和另一种发展的方式；在这高平台上，他们的专业水平将会有更大的提升。一批志同道合者正是在这样的文化过程与方式中联合起来的，在若干年以后，在更长时间的实践中，诞生名师、教育家以及新的教学流派是完全有可能的。

其三，创造性实施和开发课程视角：教学流派可以从另一层面克服教育同质化，推动教学的个性化、特色化。当今教学越来越趋同，比如，越来越形成共识的教育核心理念，越来越明晰的课程、教学的规定性，越来越多的而实质上差不多的教学模式，这些让教学呈现相似的面貌。这当然不是坏事，恰恰说明大家已在共同方向指引下，在共同的路径上回归，回到教育、课程、教学的基本问题上去，让大家进一步把握教育基本规律。但是，事情总有两面性，如在度的把握上失衡的话，就极易滑向另一端，即易造成学校、教育、教学的同质化。值得注意的是，基础教育更易趋向同质化，因为基础教育更重视基础知识、基本能力等，而基础知识、基本能力又具有较强的稳定性；加之，我们又在自觉、不自觉中把稳定性理解为绝对的标准化，强调基础而忽略个性、创新，强调稳定而忽略改变、发展。认识与把握的片面，使得教育同质化现象日趋严重，这已不止一次地被事实证明了。教学流派却不然，它在倡导、追求共同标准和基本规律的同时，倡导并不懈追求鲜明的独特性，鼓励从差异性中寻求发展多样性，从独特性开始鼓励特色和冒尖，最终形成和而不同的文化生态。因此教学流派必定会带来学科的、学校的、区域的特色和个性，这种同中求异、同中有异，带来了教育的丰富多彩、生动活泼的状态和局面，因而有效改变了教育的同质化现象。

其四，全球化视角：教学流派推动教育国际化、现代化背景下的民族化、本土化。教学流派的研究与发展受到质疑的一个重要原因是，不少人认为当今世界已趋向全球化了，世界已是"平的"了，合作、分享已成为时代的主题词，超越了竞争，独善其身已成为过去时了，还有必要研究不同的教学流派吗？抑或，教学流派还有存在和发展的必要和可能吗？显然，全球化背景下的教学流派研究与发展已遭遇新的挑战。这确实是个亟待破解的问题，它决定着教学流派的命运。破解这一问题，实际上涉及两个基本问题，一是何为全球化，二是何为教学流派。何为全球化？对此，学界已基本形成了共识："全球化是组成当代世界体系的国家与社会之间的练习和互相沟通的多样化"，全球化"不仅表明世界是统一的，而且表明这种统一不是简单的单质，而是异质或多样性共存"，"是统一性和多样性并存的过程"。① 意大利学者进一步说："全球化不是一种具体明确的现象，全球化是在特定条件下思考问题的方式。"② 关于全球化与本土化的关系，人类学家们从阐释学的角度作了精辟的阐释："全球化在给人类带来文明进步的同时，也毁灭了文明的多样性，矫枉现代化及全球化进程中的弊端，后现代的特征之一就是'地方性'——求异。"③ 因之，本土化是全球化内涵中的应有之义，没有本土化就无所谓真正的全球化，"国际视野，本土实践"是永恒的课题。由此，一个无需讨论的问题是，有本土化的存在，有地方性知识的发展，必然有教学流派存在和发展的可能，教学流派从教育的视域体现着文化的本土性和地方性知识。显而易见，全球化进程中教学流派无法存在因而无需讨论实在是一种误解，是一个伪命题。至于何为教学流派，它绝不是指唯一的一个，而只是独特的那一个，是和而不同中的那一个，它的存在与发展不仅与其他教育形态组成共同体，又卓然于它们之上。全球化背景与进程不仅不会遏制教学流派的存在与发展，相反为教学流派的发展，尤其是走向全球，提供了一个极好的机遇。

① 杨雪冬.全球化：西方理论前沿［M］.北京：社会科学文献出版社，2002：11，14.

② ［美］康帕涅拉.全球化：过程和解释［J］.梁光严，译.国外社会科学，1992年第7期.

③ ［美］克利福德·吉尔兹.地方性知识［M］.王海龙，张家宣，译.北京：中央编译出版社，2000：19.

综上所述，在课程改革和文化建设的今天，在学术研究走向繁荣的今天，在教师专业发展、名师成长、倡导教育家办学的今天，教学流派的研究与发展是一个不可或缺的重要命题，它应该在场，而且它必须理直气壮地站到改革、发展及其研究的前面去，指导现在，引领未来。教学流派是一种文化的存在；教学流派的发展其实是文化进步，是文化发展的过程；教学流派研究中所遇到的全球化、教师专业化等问题其实是对文化的新认知、新阐释。教学流派研究不缺席，其实质是文化不应、不可缺席。文化视野下的教学流派研究将更富有文化发展的意义和价值。

二、教学流派的文化阐释

基于对教学流派价值、意义的认知，也基于对未来教育发展的趋势、走向，江苏省从"十一五"末开始，生发了一个概念：苏派教育；"十二五"末之始，又把"苏派教育的理论与实践"列为教育科研规划的重大课题。尽管是一项科研课题，但省教育厅予以高度重视和积极支持，批准省教育报刊总社成立了"苏派教育研究中心"。苏派教育至今都在持续、深入研究，在实践与理论两方面都取得了可喜的进展。

生发苏派教育（以苏派教学为重点）概念，绝不是盲目、随意的行为，更不是无中生有。我们始终认为，教学流派是一种历史的存在，从过去到现在，也必定是一种延续与发展，而且将会持续地走下去。它的存在与发展，不以人的主观意志为转移，承认也好，否认也罢，喜欢也好，反感也罢，它总是以一种形态存在着、发展着。对它的认识与研究，可以从教育的属性与教育研究发展的走向去看，当今，应当更多地从文化的视域去展开。

（1）教学流派是一种文化形态、文化存在。

文化究竟怎么理解，教学流派究竟与文化会发生什么样的联系，人类文化学，尤其是阐释人类学给了我们十分重要的启示。

阐释人类学家克利福德·吉尔兹曾引用"大观念"这一概念。他认为，所有敏感而活跃的头脑都应转向这个观念的探索和开发。但是，吊诡的是，许多人并不能说清楚究竟什么是大观念。于是，他坦诚地说，"具有中心意义的重要概念的实际发展路径，我不得而知"。不过，当他从另一个视角审思的时候，他豁然开朗了，且作了十分明确的判断："这种模式和文化这一概念的发展相吻合，却是肯定无疑的"；同时，我们可以"通过具体的分析而论证，以求得出……理论上更为有力的文化概念"。[①] 显然，吉尔兹认为大观念当是文化的概念。同样无疑地，教育是人们的一种文化生活方式，在这张文化地图上可以发现许多观念，教学流派就是其中一个——尽管它的位置还不被人们重视，但它却是实实在在存在着的——它和文化模式联系在一起。其实，教学流派就是一种教育的文化形态，就是一种教育的文化模式。现在我们的头脑该转向对这个大观念的探索与开发了，否则，头脑是不敏感、不活跃的。

教育科学研究也呈现着文化的转向。"教育科学研究的基础不再仅是狭义的科学，而应当包含狭义科学在内的全体人生经验和全部民族文化"，"教育科学应当达成有关教育的完整的文化表述"，这样，教育科学研究才会有开阔的胸襟，才能适应"大科学发展的要求"。[②] 顺应这一教育科学研究的走向，教学流派研究就应在文化的领域里展开，应该有一种文化的表述和更为丰富的文化表达。因此，研究之始，我们就追求一种开阔的文化心态，表达自己的文化信念，锻炼自己的文化气度和理论勇气，让教学流派这一文化形态显现出来，让文化的存在具有当代价值和时代意义。

（2）教学流派是对"地方性"知识的自然的必然的映射，地域文化是教学流派文化阐释的重要视角和方式。

地方性、地方性知识是人类学家在进行田野工作和文化阐释时使用的一个重要概念，它与后现代定义的文化研究理念是息息相关的。第二次世界大战以后，西方学界在理论上有一种贪大求全的倾向（实际上，这种倾向至今仍然存在），曾一度时兴"整合"趋势，强调宏观，强调共性，强调所谓的"大叙述"，因而抹煞了个性，导致某种程度上研究的片面化和肤浅化。作为对大叙述的反正，地方性概念应运而生，它引导人们从笼统宏观回到"地方性"上去。因此，地方性，是一种文化立场，地方性知识则是一种文化理念，又是一种文化形态，它坚守并倡导文化的多样性。显然，地方性是文化

---

① ［美］克利福德·吉尔兹.文化的解释［M］.韩莉，译.南京：译林出版社，2008：3，4.
② 刁培萼.教育文化学［M］.南京：江苏教育出版社，1992：11，12.

进步的标志，地方性知识成了文化多样性的标识。

中华民族文化坚定地守望着并充分体现了文化的统一性和多样性相结合、相统一的文化特质，呈现了良好的文化生态。"中国文化史有两个坐标：一个是时间的坐标，一个是地域的坐标。一方面，黄河和长江流域的文化显示出中国文化的基本特征；另一方面，中国文化有多个发源地，其发祥与兴盛时间也有先后之别。特色与时间不尽相同的文化板块之间相互交错、移动，呈现一幅幅色彩斑斓的文化地图，编织成中国文化的全景。"[1]只有时间坐标，而无地域坐标，文化坐标体系是不完整的，文化地图是有缺憾的，只有统一性，而无地域性、多样性，文化生态是不合理不健康的。不可否认，岁月的流逝虽然改变了区域的精确性，但这种模糊的"地域"观念已经转化为对文化界分的标志，深深地沉淀在人们的头脑中，镶嵌在人们的知识结构中，并继续产生着深远而广泛的影响。岁月流逝，并不意味着地域文化的消逝，我们怎能忽视或轻视这个文化范畴的存在呢？我们应当是文化麦田的守望者。

（3）教学流派的文化性格。

一方水土养一方人。一位哲人说过，历史的演进有一个重要的基础，这个基础就是地理，民族的精神、地域人的性格的许多可能性是从中滋生、蔓延出来的。当然，地理并不是历史和民族精神的唯一基础，但是，没有这个基础不会有明媚的天空。因此，无需作过多的求证，作为文化的存在，教学流派必然以地域文化为基础；同样，作为地域文化的形态，地方性知识必定成为教学流派重要的文化成因。教学流派的独特性，说到底是地域文化的独特性；教学流派之"流传"说到底是地域文化的流传；要彰显地域文化的个性，说到底，在教育中就要鼓励和彰显教学流派的个性。地方性、地方性知识，让我们寻找到了教学流派进行文化阐释的重要视角，透析着教学流派的文化性格。

地理、地域文化对人的性格形成的影响是潜移默化的，却在默默中沉淀着、滋养着、形成着、发展着独特的精神特质，影响并塑造着人格。这种影响和塑造表现方面很多，教学流派就是其中一个重要方面。现以苏派教育

[1] 袁行霈.对中国文化的研究需要探索一条新路［N］.光明日报，2015–09–14（11）.

（教学）为例。

其一，苏派教育（教学）的季风性格。中华文明的孕育，被深深打上了季风烙印。江苏地处长江中下游。季风气候下的长江中下游，深受自然恩惠，同时又受气候的制约。作些分析的话，一是季风带来的潮湿，使这里既受丰沛水源的滋润，又受梅雨的考验，因此江苏人既有灵性，情绪又容易处在压抑与忧郁状态之中，久而久之，形成了忍耐和跟从的性格，难免"对抗性和战斗性也显得较为薄弱"[①]。二是长江中下游土壤肥沃，养分充沛，先民利用湿地条件，采用"火耕水褥"式稻作法种植水稻，渐渐地，"导致了他们对自然的亲和"，养成了"顺势而为"的性格。[②] 当然这种状态后来被打破，在人口和环境的压力下不得不采取了强化农业生产的方式，并提高了集约化的方式，因而"孕育出了刚强坚韧的性格……积累起了抗争意识……文化性格有了自己的独特之处"。

其二，苏派教育（教学）的平原性格。不必赘述，广阔的平原，水乡泽国，鱼米之乡，水天一色，"似水的脾性，柔和的景物，清新的色彩，综合出了精巧细腻的审美情趣。加上灵巧的双手和手工艺制作的文化传统"，"似水的柔情，构成……平原性格类型的外部形象；似水般的韧性，构成……平原性格的内在本质"以及"外柔内刚的性格与崇尚'以柔克刚'的理性认知，决定了他们的生存态度和道路"。独特性格概括起来，可以用一句话来表述：奉行快乐原则，生活讲究；热爱艺术，富于美感。[③]

其三，苏派教育（教学）的吴文化性格。讨论吴文化，往往离不开越文化。吴越在地域上互为近邻，在族属上同属一个族群，因此，吴越"通俗共气""同俗拜土"，具有许多共同的文化特征。但是，由于吴越生活区域的差异，发展状况的不同，在文化体系中也存在着差异。事实上，在历史的进程中，曾存在过吴越争霸。此外，秦统一以后，吴越文化汇入中原文化的浪潮中，吴越文化特征逐渐淡漠，而且淡漠了的文化延续至今，但仍能从中窥出吴越文化的特色，用同源同宗、差异互补来描述吴越文化的同异是恰当的。

[①] 范勇.中国人的文化性格［M］.北京：中央编译出版社，2009：28.
[②] 同上：29.
[③] 同上：74，75.

有人从音乐风格上进行了分析："由好礼乐，善野音，反映出吴越在音乐上的不同风格，更说明吴越在对外来文化上吸收、融会的程度，从一个侧面反映了吴越在文化上的差异——文野之别。"[1]有意思的是，曾有一场"宁杭哪家强"的网络辩论，内容广泛，涉及山川地理、历史政治、科教文卫、民俗美食等方面，就在你一言我一语中，你来我往中，显现了个性，说明差异至今都在延续，尽管多少还有点戏谑、诙谐的成分。

讨论吴越文化的差异，绝不是争个高下，而是从中发现对教育的影响，寻找苏派教育（教学）的独特之处。研究中，我们对苏南小学教育（教学）流派作了四点概括性描述：苏州园林的精致、太湖水的灵动、石头城的厚重、南学的清简，从一个侧面反映了苏派的文化性格。通过研究，我们不难得出这样一个结论：教学流派研究最终是关于教育人在特定文化引领下的精神品格研究。

三、基于儿童立场的教学流派基本规定性研究

（1）基本规定性是教学流派研究的基本问题。

教学流派具有鲜明的独特性，独特性带来教学流派的多样性，独特性、多样性让教学改革呈现丰富多彩、生动活泼的局面，也让教学质量提高、教学文化特色的形成具有多种途径、多种方式，具有多种可能性。但是，独特性、多样性并不否认，更不排斥教学流派共同的基本规定性。值得注意的是，当前，教学流派的研究与实践，对基本规定性有所忽略，重视不够，研究不够，概括提炼也不够，应当重视和加强。

基本规定性是教学流派形成与发展的基础与前提。失缺了基本规定性，独特性就失去了依凭，多样性也就失去了应有的价值；往深处看，失缺了基本规定性，就无真正意义上的教学流派可言。不妨用"筐"作比，没有筐，哪有筐中之物呢？其实，此"筐"，乃"框"也，是对教学流派的基本规定，也是教学流派的基本框架。当然，所谓独特性，其实是"筐"中应有之物，是教学流派基本规定性的题中应有之义。此其一。教学流派是在教学改革实

① 张荷.吴越文化［M］.沈阳：辽宁教育出版社，1995：43.

践与理论研究中自然生成的，也是在改革实践与研究中被检验的。这是一个漫长的过程，不是自说自话的，即不是自封的，更不是炒作出来的。检验必须有标准，而基本规定性就是标准，它会对何为教学流派，怎样形成和发展教学流派作出回答和匡正。因此，基本规定性是对教学流派内在要素的基本规定，显现的是教学流派的规范性，它能促进教学流派内在品质的形成与提升。此其二。从研究的深入看，基本问题明晰基本关系，也揭示基本规律，基本问题、基本规定性是一个具有根源性的命题。在课程改革、教学改革深化的今天，需要回到基本问题上去，同样，教学流派研究也必须回到基本规定性上去，否则，研究很有可能止于浅表，更有可能在外围兜圈子，实践无法深入，理论研究也难以掘深，难有新的突破。此其三。正因为此，苏派教育始终围绕着教学流派的基本规定性展开。

（2）教学流派的基本规定性。

苏派研究对教学流派的基本规定性从以下五个方面展开：领军人物与团队；相同的教学主张；相似的教学风格；具体的操作体系；重要影响。现分别作简要阐释。

其一，领军人物与团队。教学流派是一个派别，派别往往是一个团队，无团队难以形成"派"，无团队也难以"流"。但是，任何一个派别必定有个"领袖"，我们常称其为领军人物。他是团队学术研究和文化建设的引领者，要提出教学主张，组织大家学习，进行理论探讨，深入领会，形成大家的文化共识。他是团队的改革与实验的设计者，要研制方案，明晰实验与研究的方向、目标、实施过程、实验方法，并及时作出适当调整。他是团队的组织者，以个人的学术魅力和人格魅力影响团队成员，凝聚力量，形成实验与研究的合力。他是协调者，协调团队内外的关系，开发、利用各种资源，争取各种支持。如果说领军人物是领跑者的话，那么团队成员则是跟跑者，当然其中一些跟跑者将来很有可能也成为领跑者；如果说领军人物是领唱者，那么团队则是一个优秀的合唱队，其中，领唱者与合唱队的互动关系是显而易见的。其实，领军人物与团队成员组成了文化共同体，真正的文化共同体才有可能形成教学流派。

其二，教学主张。对于教师而言，教学主张是教学思想的具体化，表现为学科化与个性化。所谓学科化，是教育思想与学科特质相融合，抑或说教学主张是教育思想在学科教学中的凝练和具体呈现，而学科教学的核心理念折射出教育思想。所谓个性化，大凡一种教学主张总是充溢着领军人物对教育、对学科教学的个人理解，形成自己的见解。因此，教学主张具有独特性。我们常说领军人物是流派中的灵魂，其实这一灵魂指的是他们倡导的教学主张，是教学主张把成员凝聚在一起。上文所述的共同体，其形成与发展的真正原因，是教学主张的召唤，是文化的召唤力和凝聚力。教学主张就是研究团队的核心价值观，以及由此构筑起来的共同愿景。再从学术的角度看，教学主张代表着教学流派的支撑性理论以及学术含量。教学主张完善、深化，会走向成熟，成熟的教学主张有可能成为一个团队研究的制高点。不言而喻，没有自己的教学主张就不可能诞生真正的教学流派。

其三，教学风格。大家都知道，风格是艺术理论的重要关注点，"被广泛地用于一切艺术领域，用以说明艺术作品达到高度成功时方具备的重要标志"[①]。后来，对风格的关注，正在超越艺术领域，甚至在相当规范化的科学领域，也在使用风格这一概念。杨振宁认为，"科学研究也有'风格'"[②]。他们说的风格，表现为自己独特的研究方向和研究方法。而风格进入教学领域是必然的，教学风格概念的普遍使用也是很正常的事。怀特海对风格的阐述更深刻："风格，按其最美好的意义，就是最终获得有教养的心智"，"风格是专业化学习的产物，是专业化对文化的独特贡献"，"风格都有美学特质"，"我们必须培养所有精神品质中最难得的一点——对风格的鉴赏"。[③]风格，教学风格，正是在专业化、美学特质、有教养的心智以及精神品质等方面，与教学流派发生深度的对接，因而，教学风格必定成为教学流派内涵的重要构成元素，而且在思想深处支撑着教学流派。作为教学流派这一教育科学研究的范畴，也必须追求、形成自己的风格，让教学流派研究有风格，而研究的风格会自然影响教学风格。此外，如果说教学主张从教育思想方面引领着教学流派的研究与发展，那么教学风格则是从教学的整体风貌上，从文化的风貌上呈现着教学流派。同时，教学主张、教学风格都具有独特性，正是这些

---

① 李如密.教学风格论［M］.北京：人民教育出版社，2002：43.

② 张祥平.人的文化指令［M］.上海：上海人民出版社，1987：196.

③［美］怀特海.教育的目的［M］.庄莲平，王立中，译.上海：文汇出版社，2012：18-19.

独特性造就了具有独特风格的教学流派。不难得出这一结论：相似的教学风格是教学流派的内在规定性，研究、发展教学流派不妨从教学风格开始，这是一个文化建设的切口。

其四，操作体系。教学流派不只是一种教育理念，教学主张也必须转化为教学行为，教学风格也不是一个空洞的面具，它体现在具体的教学过程、教学活动之中。反过来说，没有具体的操作体系，教学必然"立"不起来，同样，缺少具体的操作体系，教学流派也必然"立"不起来，而且必然"流"不起来，若此，教学流派只是坐而论道而已，只是一句空洞的口号，操作体系经过长期的实践，不断提炼，教学流派的诞生、发展是离不开操作体系这一规定性的。可以建构起教学模式，让教师在相对稳定的操作过程中可学可做，教学实施便落到了实处。尝试教学流派是一个典型的例子。邱学华在创建这一流派时形成了一套操作体系，建构了三大类教学模式：基本模式、灵活模式、整合模式。① 既稳定又灵活的教学模式，让尝试教学在国内外流传很广、很快，效果也很好。

其五，重要影响。毋庸置疑，一种教改实验不产生广泛而重要的影响，是不能称之为教学流派的。这种影响要在较大范围中，而这一范围没有固定的标准。重要影响无非是对实践的影响和对理论建设的影响。对实践的影响，更多的是由广大教师的认可度来决定：教师们欢迎不欢迎，接受不接受，能不能被吸引自觉参与到教改实验中去。对理论建设的影响，主要看专家、学者的认可度，看理论上能不能站得住，而且在理论上有何创新、有何贡献。所谓影响不是短时间能产生的，实质上是指这一改革实验要经过长时期的实践，既要经得住实践的检验，又能经得住理论的检验。当然，教师、同行、专家学者对这一教改实验的评说，本身就要经得起时间的检验，是文化上的认同。

以上五个方面的规定性，形成一个结构，相互联系，相辅相成，是一个整体，不可割裂，不可或缺。同时五者并没有次序上的规定，不同的教学流派的诞生有不同的发端，发端的多样也带来教学流派的特色。五个方面的规定性也说明诞生一种教学流派多么不容易，促其发展需要在整体上提升。

---

① 邱学华.尝试教学法在中国的诞生与发展［J］.中国教育科学，2015（3）：13.

（3）基本规定性指向共同的儿童立场。

教学流派五个方面的基本规定性有一个基本立场，那就是要站在儿童立场上。儿童立场的基本内涵是，以儿童为主体，以儿童学习为重点，以儿童核心素养的整体提升为旨归，一切为了儿童的发展。具体来说，不管哪种教学主张，都要遵循儿童发展的规律，基于儿童的经验，从儿童的特点和发展需求出发。所谓教学主张必须是促进儿童发展的主张，否则，教学主张缺少灵魂，是无目的的，无方向的，这样的教学主张必须坚决摒弃。不管何种教学风格，都要为儿童发展服务，儿童喜欢，儿童学得快乐，并且鼓励儿童参与到教学过程中来，与教师一起追求教学风格，没有儿童的参与，绝无教学风格可言。否则，教学风格只能是个人的炫技，只能是对外宣传的装饰品，只能是毫无思想内涵的空壳。不管是什么样的重要影响，最为根本的是对儿童发展产生的影响，对教学流派的最高原则应当是儿童尺度。否则，教学流派完全有可能沦为远离儿童的自娱和自恋。不管哪个领军人物，他首先是个优秀的儿童研究者，他和他的团队研究的总主题是儿童是如何学习的，是怎样发展的。他爱儿童，尊重儿童，了解儿童，信任儿童，还向儿童学习，同时他会紧紧把握教学改革的走向：教学即儿童研究。否则，他只能是一个优秀的教书匠，成不了领军人物，带不起一个团队，当然形成不了教学流派。所以，诸多基本规定性，儿童立场是最根本的规定性。舍此，基本规定性会成为没有魂的条条框框，毫无生命力、创造力可言。

再往深处讨论，儿童立场既是一个教育立场，更是一个文化立场。因为文化的核心是价值观问题，显然，儿童立场揭示了教学流派的价值立场和价值旨归。当我们把教学流派的基本规定性置于儿童立场时，教学流派的文化意义就会被进一步突显出来，研究的自觉性就会增强，教学流派的文化品格也将得以进一步提升。

四、苏派教育研究的要义

苏派教育研究必须对其内涵作个界定，这很重要，但我们认为，教学流派研究当属一门阐释学，所以以文化视域对苏派教育作出解释，同样重要。这样才能更让其释放文化意义和文化力量。

（1）苏派教育研究作为重大课题：一种文化自信的增强。

从研究之初直至现在，一直有人质疑：苏派教育是客观存在的，还是研究者认为的？通过大量的文献研究与分析，我们逐步从历史的脉络中拉出了一条线，这条线就是苏派教育的形成发展之线。它告诉大家，苏派教育绝不是虚构的，不是人预设、研究者认为的，更不是刻意"制造"出来的，相反，它恰恰是江苏教育人刻苦创造、发展起来的。上文的第二部分，已从文化阐释的角度，对苏派教育作出了解释，即它是文化的存在，是地方性知识、地方性文化使然，因而苏派教育是一个极富深厚内涵的文化阐释学的概念。这一概念的提出以及展开的研究，本身就是文化自信的表现。同时，这一研究，让苏派教育这一文化存在及其研究发生重要变化。一是让苏派教育从隐性走向显性。苏派教育的显性，其实质是一种转换，其意义在于让其所蕴含的价值观显现出来，既彰显历史意义，又彰显时代色彩，鼓励人，鼓舞人，引领今天的江苏教育。二是让苏派教育从以往的碎片化的认识走向较为系统的把握。系统的研究，让我们从整体上认识和把握苏派教育，其实质是一种发展，让我们感受苏派教育的文化张力，从中发现规律和特点，也锤炼研究的品格。三是让苏派教育研究从自发走向自觉。这是文化的自觉，知道苏派教育的来龙去脉，明晰文化的走向，担当起文化建设的重任。总之，这表达了我们的文化自信。

（2）"照着讲""接着讲"的研究目的：文化责任的担当。

冯友兰先生在谈论学术研究的时候，曾这么说："照着讲""接着讲"。[①]他认为哲学史家应当是"照着讲"，但哲学家就不能限于"照着讲"，他要反映时代精神，要有新发展，这就要"接着讲"。他还认为，"信古"不可，"疑古"也不可，最好是释古。这不仅是学术研究的方法，而且是一种思想方法，是重要的理念，唯此，才能"继往好，开己来"[②]。苏派教育研究从一开始就信守这一方法和理念：首先是"照着讲"，让苏派教育怀着自信，从历史的深处走来，恢复它的原貌，让它真实地呈现在大家面前，可亲可感，这是一种文化坚守。不仅如此，还要"接着讲"，在坚守中呵护特质，在学习

---

① 冯友兰.新理学［M］.北京：北京大学出版社，2014：7.
② 同上.

中延续，在研究中发展，在继承中创造。倘若对历史的存在视而不见，那么就无所谓"照着讲"；倘若不能"照着讲"，那么，也就无所谓"接着讲"，苏派教育的发展必将成为一句空话，教学流派及其研究又必然缺席。苏派教育的"照着讲""接着讲"，是一种文化责任的担当。在这一视域下，苏派教育研究既重视"派"，更重视"流"。重视"派"，为的是促进团队的建设，而重视"流"，则为的是推动模式或体系的传播、流动、延续，推动更多人、更多学校、更多地区参与到研究与实践中来，让"接着讲"形成一种氛围与气象。这是更大责任的担当。

（3）苏派教育流派研究的实质是关于"人"的研究：名师、教育家成长的文化自觉。

任何一种教学流派都不是认为的，但一定是"人为"的：人既是教学流派的享用者、体验者，更是教学流派的创造者。教学流派的基本规定性，实质是关于人的基本规定性：人永远是目的，让人在教学流派研究中激发内在需求，获取成长的力量，变革成长的方式，促使自己更好更快地发展。不难理解，教学流派的深处是人，教学流派研究的实质是关于人的研究，教学流派研究是为了育人。唯此，我们通过文献研究，对江苏教育家（江苏籍的、在江苏工作过的）进行大量的梳理，形成图谱。其中包括范仲淹、胡安定，包括现代的钱穆、陶行知、陈鹤琴、叶圣陶，包括当代的斯霞、李吉林、洪宗礼等，而且对苏派教育的新生代的成长状态、发展走向作了分析。对"先天下之忧而忧，后天下之乐而乐""明体达用""分斋教学""生活教育""活教育""童心母爱教育""情境教育"等教育思想作了梳理、概括，明晰其当代价值及时代转换，以引领当今教师，促进江苏名师和教育家在文化自觉中寻找到"成长自觉"，在成长中突破与超越。

（4）苏派教育语境中丰富生动的样态：和而不同的文化气象。

苏派教育有两个主要组成部分，一是就江苏全省而言，相对兄弟省市有其独特优势和显著的特点；二是指在江苏范围内，又有不同的模式，这些模式形成了不同的流派。因此，研究中，我们从以下几方面深入研究。其一，不同的地域有不同的教学流派。比如，苏南小学教育流派。长期以来，苏南代表性的小学形成了较为相同的教学主张和相似的教学风格，折射出吴文化、金陵文化的互相映照。比如，南通教育流派。南通，这块文化的沃土，孕育着富有个性的代表人物，当代就诞生了以"难忘教育"为代表的德育模式，以"情境教育"为代表的教育模式，以"自学·议论·引导"为代表的教学模式，以"人格教育"为代表的师范教育模式，等等。这些模式都已形成了独具特色的教育流派，有的正在朝着学派方向发展。其二，不同的学科所形成的教学流派。长期以来，江苏中小学学科教学建设一直处在突显的地位，教学改革深耕细作，教学质量不断提高。比如邱学华老师的数学尝试教学法，徐州地区的小学语文教学群体……在全国有重要影响，亦已形成了教学流派。其三，以教材建设为重点，带动教学流派的诞生，江苏的教材建设有一个鲜明的价值取向，即教材改革牵引教学改革，尤其是小学德育、语文、数学教材的开发与使用，正在培育一个个优秀团队，把教材的核心理念转化为教学实践，显现出教学流派的雏形。我们之所以提倡多样化教学样式和教学流派研究，为的是推动和而不同文化气象的形成，走向教育的百花齐放，让更多地区、更多教师参与其中，这样，才能臻于教学改革的繁荣。

教学流派的形成、发展永远是个过程，伴之以发展的研究必将永远在路上。

第一辑
教学流派：一种文化的存在

　　教学流派是客观的文化存在、文化形态，是地域文化的自然映射。

　　教学流派研究是关于人的研究，实为文化研究，是文化意义阐释和文化自觉增强的过程。

当下教学改革发展的态势与教学流派产生的可能

　　教学流派是教学改革的产物，各个时代都会在教育改革中应运而生各种教学流派，树起各式旗帜，彰显教育的时代意蕴和色彩。我国古代，各种教学流派如山峰林立，阐释着各家学说；近现代，教学流派流光溢彩，各显教育的深意；20 世纪 80 年代后期，教学流派又获得新的生命，蓬蓬勃勃，花开春日。如今，课程改革如此深情地、急切地呼唤新的教学流派，也如此有力地、有效地推动着教学流派的新发展，为教学流派搭建了一个很高的平台，教学流派也将是课程改革深入的标志之一。

一、个性、多样、争鸣与开放——当下课程改革的生动态势

　　课程改革让教师们有种解放的感觉，唤醒了沉寂已久的创造诉求，焕发了生命与青春的活力。在课程改革蓬勃的涌流中，广大教师怀着课改的先进理念，积极投入到教学研究中去，创造了许多鲜活的经验。这种生动活泼的改革态势，呈现着鲜明的特点。

1. 个性化

　　随着时代的开放和现代文明思潮的冲刷，人的主体性得到更多的尊重，人的主体文化开始得到承认而逐步建构。"主体文化关注的是人的精神

的成长"，"在根本上是人的解放的尺度，其最高成就就是人的心灵的真正解放"。① 课程改革解放了教师，教师对课程改革的意义与价值有了新的理解，也有了更高的追求，并且获得了运用自己的理智去认识、思考和批判的勇气，尤其是现代性中关于"对基础、权威、统一的迷恋"② 的价值观，教师也开始质疑，对日复一日、年复一年的重复生存不满，与此同时，思维方式也发生了变化。总之，课程改革解放了教师的个性，激发了教师的创造性和个性化实验、表达的欲望，一批年轻的教师在大胆的实验与研究中表现了鲜明的个性特点。个性化成了教学改革实验的显著特点。

个性化的教学追求首先表现在对课程和教学改革的独特认识上，在此基础上，不少教师逐步形成了自己的教学主张。清华大学附属小学特级教师窦桂梅是其中的一个突出代表。她在反思、梳理自己教学改革历程和已有经验的基础上，逐步形成了"超越"理念下的"主题教学"的主张："语文教学要冲破以教材为中心、以课堂为中心、以教师为中心的樊篱，去超越教材、超越课堂、超越教师"，通过"主题教学"，"把充满创新与活力的语文教学带入课堂，让语文学习焕发出生命的活力，让语文学习充满成长的动力，让语文学习绽放智慧的潜力"。她还进一步概括了"主题教学"的基本特征，"一是丰富性：容量大、密度高、效果强；二是基础性：充分利用教材的主题，组构、建构、整构教材，在扩大学生阅读量时，关注学生阅读质量；三是发展性：教师既当'设计师'，又当'建筑师'，充当母语课程资源的实施者和开发者的双重角色"。③ 这既承继了我国母语教学中关于阅读教学的传统经验，又吸收了国外"最近发展区"的教育理论，还凸显了课程改革的理念和要求，从生命的层次和哲学的高度，运用统整课程的思想，建构语文教学和语文课堂，是鲜明的、个性化的。

2. 多样化

思想的开放、文化的多元、个性的解放，加上课程政策环境的宽松、教

---

① 王啸. 教育人学——当代教育学的人学路向［M］. 南京：江苏教育出版社，2003：282–283.

② 崔伟奇. 论现代性与后现代性［N］. 光明日报，2007–07–10.

③ 窦桂梅与主题教学［M］. 北京：北京师范大学出版社，2007.

材的多样以及理论的丰富，小学语文教学改革实验中，不少教师从不同角度提出了不同的问题，逐步演化为不同的课题，正在逐步形成不同的主张和教学模式，一个多元化的生动局面呈现在大家面前。概括起来，这些命题从三个方面提出：一是以"××语文"的方式表达自己的主张和主要实践。目前有凤凰母语研究所的所长、特级教师张庆和于永正所倡导的"简单语文"，有杭州拱宸桥小学特级教师王崧舟所研究的"诗意语文"，海门实验学校特级教师周益民所研究的"诗化语文"，南京市北京东路小学特级教师孙双金所研究的"情智语文"，重庆市特级教师刘云生所研究的"心根语文"，等等。我认为"××语文"是"基于语文本质的认识，在语文共性中的个性凸显"，是"以一种新鲜的眼光、陌生的眼光去重新审视，其用意在于破除笼罩在人们心目中的惯常认识"，它"不是另一种语文"（参见拙作《诗意语文：哲学的尺度与实践的智慧》）。二是以语文的"××教学"的方式来表达，如"主题教学"。此外，还有吴江市盛泽实验小学特级教师薛法根所研究的"组块教学"，主张用联系和综合的观点对字词句篇、听说读写进行整合，形成"集约块"，并使语文学习回归生活，帮助学生形成良好的语文素养结构[①]；有常熟市实验小学特级教师薄俊生所研究的"发展性语文教学"，提出"为成人而非成事"教语文，"重应世而非应试"，教学生一生有用的语文，由语言理解向语言表达发展、由线性教学向立体教学发展、由课堂语文向生活语文发展等。[②]"××教学"着力于语文教学的方法和模式研究，其核心是努力形成自己的语文教学主张，从整体上建构语文教学。三是以"亲近母语"的命题展开语文教学的实验。扬州市教育学院的徐冬梅和她的课题组从"十五"开始研究，并提出了"亲近母语"的概念，认为儿童是在温暖、安全、充满爱的环境中，在充分的听说交流中学会口语的。小学母语教育应通过经典的、优质的、符合儿童心理需要的阅读课程，同时要营造丰富、纯净、温馨的母语环境，让儿童如鱼在水，如种子在土壤里，真正成为母语学习的主体。[③]以上实验研究，从不同的角度解读并努力建构新的课程背景下

---

① 薛法根.薛法根教学思想与经典课堂［M］.太原：山西教育出版社，2005.
② 薄俊生.让学生学有用的语文［J］.人民教育，2007（22）.
③ 徐冬梅.亲近母语［J］.人民教育，2005（1）.

的语文教学，呈现出"和而不同"的主张和形态。

3. 争鸣性

各种语文教学的实验研究及其所形成的命题并不是所有人认同的，且产生了争论，呈现着争鸣性。争鸣的主要问题聚焦在：教学改革究竟追求什么。一种意见认为，"语文教学被抹去了本色，拧干了原汁，使语文教学错位、变形、变味、变质"，要"让语文还原本色、复归本位"，"平平淡淡教语文""简简单单教语文""扎扎实实教语文""轻轻松松教语文"。[①] 其实"简单语文"也持同样的观点，"倡简务实"。另一种意见则认为"不要淡忘了课改的使命"，要坚守住课改的方向与重点，"大胆改革，积极探索，鼓励创新，培养学生的创新精神和实践能力……在新的高度上审视和培养学生的语文素养，应当是语文教学改革的方向"，是"语文教学改革主导思想"，而不应"在简单的'回归'中"忘掉改革的使命，否则，"那些简单、平淡、扎实等本应是十分宝贵的东西，极有可能会窄化、僵化，甚至会异化"。（参见拙作《不要淡忘了课改的使命》）这种争论，涉及另外两个问题，即语文教学的丰富与简单、诗意与理性。值得注意的是，绝大部分的争论并未有针锋相对的观点冲突，只是"静水微澜"式的争辩。但同时也从另一个角度表达了课改的繁荣和课改政策的宽松以及机制的灵活。

4. 开放性

课程改革是一个开放的系统，构建了民主、互动、尊重、吸纳多元文化的价值平台，打破了长期以来的封闭，解掉了双眼的遮蔽，打开了新视窗，各种研究与实验呈现着敞开的状态和特点。其一，跨越观点。持不同观点和做法的教师和专家一起交流，极少有"排异"现象发生。其二，跨越小学与中学。中小学语文教学有不同的特点和不同的情况，但相互交流启发，"高低之别"的传统习惯开始消弭。其三，跨越地界。地区之间的交流和研讨特别活跃，各种不同的风格超越了地域的限制和文化的差异。其四，跨越专家与教师的界限。改革亟待专家引领，专家也亟待呼吸来自草根的空气，专家

---

① 杨再隋.语文本色和本色语文［J］.语文教学通讯，2006（1）.

与教师的合作进入新的阶段，而且参与的专家也不止于课程和教学论，尤其是小学语文教育界，哲学、社会学、心理学等领域的专家及文学家、文化学者开始介入改革的实验和研究。

以上四个显著特点具有典型性和普遍意义，其重要的价值在于将我国的教学改革推向一个崭新的阶段，而这个阶段的特征和重要走向是风格的孕育者在增多，孕育期在缩短，各种不同的教学风格正在形成，并将会逐步形成不同的教学流派。教学风格、教学流派绝不仅仅是教学技术的问题，更重要的是课程文化、教育文化问题以及课程政策、改革政策问题；绝不仅仅是对现状的描述，更重要的是代表着一种发展趋势。雨果曾说："风格是打开未来之门的钥匙。"[1] 显然，与风格同行的教学流派亦预示着、引领着未来。因此，从这个角度理解，教学流派的研究与新发展将是课程改革深入的重要标志之一。换言之，教学流派的研究与新发展，将会推动课程改革乃至教育改革的不断深入，这完全是有可能的，但是，这种发展的态势和可能必须具备一定的条件。

二、内涵与特点——教学流派形成的内在规定性

当前，实验与研究异常活跃，但是还存在一些不足与问题：理论支撑显得单薄，理性思考不够；对走向的把握不够明确；问题意识不强，研究质量不高，还未能围绕问题展开研究，因而实验难以深入。倘若这些问题得不到解决，实验与研究有可能停滞不前，甚至有可能夭折。因此，要大力推动它们朝着形成教学风格，进而形成教学流派的方向去努力。这就必须对教学流派的内涵与特点有比较准确的认识与把握，有比较自觉的追求和探索，用教学流派的内在规定性去丰富、完善和引领当下教学改革的实验与研究。

1. 明晰并坚定自己的教学主张

教学主张是教学流派的内核，是教学流派的理论支撑和形成的重要基因。缺乏教学主张，或者教学主张不鲜明、不坚定，就不可能形成教学流

---

① 李如密.教学风格论［M］.北京：人民教育出版社，2002：23.

派，也不能称其为教学流派。教学主张也是区别于其他教学流派的重要特征，教学流派的差异性，主要表现在不同的教学主张上。

教学主张是教育思想的具体化，是教育观点的梳理、整合、概括和提升，是理论指导下，在实验和研究中，逐步形成的教育理念、理想、价值、立场的"合金"。教学主张是个性化的，简言之，它是自己独特的教学见解，但比教学见解更为稳定，具有系统性，具有深度，也更具统领性。因此，教学主张从整体上表现了教育者或研究者理性思考的深度和教育理想追求的高度。一言以蔽之，教学主张表现了教育或研究者"教育自觉"的程度，也是教学是否成熟、是否优质的重要标志，同时是衡量教学风格、教学流派是否形成的重要标志。大凡成功的、有影响的教学流派均有自己鲜明的、独特的、坚定的教学主张。

可喜的是，当下的诸多研究与实验已开始关注并努力探求自己的教学主张。比如，孙双金在系统思考学校文化传统和教学优势以及自己的改革里程后，形成了"情智教育"的教育主张，从中自然生成了自己语文教学的主张——"情智语文"。他寻找到儿童语文学习的两个密码——情感与智慧，以及开发儿童学习语文的内在力量，在情智共生中提高学生的语文素养。但是，有一些有追求的教师的教学研究与实验，还流于一般性的教育理念，虽说活跃，却是散乱的，因而也是不鲜明、不坚定的，只具共性，而不具个性，只是观点和见解，而非主张。这样，教学研究与实验缺少自己的魂灵和内核，教学的观点、见解常常游离和偏离，而难以坚持、难以深入、难以形成流派。可见，"主张"不只体现在研究与实验的名称上，关键在主导思想和核心理念，内容总是大于形式。

2. 追寻和形成自己的教学风格

教学风格是教学流派内涵中另一个重要元素。教学风格既是教学主张的外显化和形象化，又赋予教学策略以个性化意义和审美风貌，而这些具有个性化意义和审美风貌的教学风格正是教学流派最鲜明的标志与特征。教学流派内在地包含着具有鲜明个性特点和审美风貌的教学风格。

雨果说得好："没有风格，你也可以一时成功，也可以获得掌声、欢呼、桂冠，但是，你不可能由此得到真正的成功，真正的荣誉。"[1]歌德曾说："风格，这是艺术家所能企求的最高境界"，"唯一重要的是给予风格这个词以最高地位，以便有一个用语可以随手用来表明艺术已经达到和能够达到的最高境界"。[2]事实证明，不少教师可以一两节课成功，也可以一段时间成功，却未能得到真正的成功，其重要原因是还未形成自己的教学风格。

综观中外的教学流派，总是具有自己鲜明的风格。著名语文特级教师于漪自成一派，具有鲜明的风格。"听于漪的课，知识会像涓涓的溪水，伴随着美的音律，流进你的心田"，"充满诗情画意，神韵夺魄的'美'是多维的，往往纷至沓来，且有高度的审美价值"。[3]观照当下的研究与实验，教学风格还未提上研究的日程，还存在误区。一是教学风格与教学方法的关系。教学风格需要一系列的教学方法，教学方法是形成教学风格的重要因素，但非决定性因素。因此，研究和改进教学方法，有利于教学风格的形成，但形成教学风格还需要研究其他因素，停留在教学方法的研究上，只能是在教学风格的外围兜圈。此外，教学方法是一种教学手段、一种表现形式，而教学风格是理念、艺术、策略的系统，停留在教学方法上，也只能是在技术上兜圈子，而未及教学风格的"形而上"。二是教学风格与教学特色的关系。教学风格总是有鲜明的教学特色，但是教学特色并不等同于教学风格。教学特色具有"方面性"，而教学风格是一个全面的概念，以教学特色取代教学风格，或者只着力于教学特色，很可能以偏概全、因"小"失"大"。教学特色可能是不够稳定的，而稳定性是教学风格的重要特征，正如建筑师所说，风格是共同特征在表现上的不断重复。因此，满足于教学特色，而不加以提炼与提升，教学风格难以形成。用以上两方面关系的基本观点来观照当下的研究与实验，严格地说，有不少只是方法和特色的研究，还有深入研究、提升品格的必要。

---

① 李如密.教学风格论［M］.北京：人民教育出版社，2002：23.

② 同上：30.

③ 张武升.当代中国教学风格论［M］.南昌：江西教育出版社，1993：352.

3. 把握和体现教学流派本质特征

孙孔懿对教学流派概念作过十分明确的界定："教育流派是兼及教育家群体与特定教育思想两者的概念，既可指以共同教育思想为纽带结成的教育家群体，也可指某一教育家群体共同坚持的某种教育思想。"[1] 教育流派的内涵界定同样适用于教学流派，而且与教育流派不同的是，教学流派更注重教学的实践，因此，教学流派主要是指以共同的教学主张为纽带组成的"群体"，其形态往往是研究和实践中形成的团队。团队性是教学流派又一重要特征，而且更抵及"流派"的本质。个体的教育主张不管多么先进，操作体系也不管多么完备，如未形成团队，不能称其为流派，只能称其为教学风格——教学风格往往是个体的，而教学流派则是由教学主张相近、教学风格相似的教师组成的具有一定影响力的派别。

强调教学流派的团队性，并不否认流派中个体的作用，尤其是核心人物的作用。教学流派一般由某个人或某些人创始，可称之为流派的领军人物或流派的领袖。但是，孤掌难鸣，教学流派还必须有一批合作者。这批合作者或是核心人物的追随者，或是研究的参与者，或是研究的后继者。在教学流派形成和发展的过程中，合作者用心实践流派的教学主张，验证流派操作体系的可行性，扩大研究的范围，延伸研究的时间，同时在研究中丰富、完善和发展该流派的内涵，扩大流派的影响。正因为如此，"流派"是可"流"的，是可延续的、可持续发展的。

当下的教学研究与实验，离教学流派究竟有多远呢？显然，上述的不少教师已具备了核心人物的条件和基础，但是问题与不足还是明显的：一是他们的"领军"地位尚未建立，或是理论根基还不深，或是较为系统地反映他们原创性的成果还未形成，或是影响力还较小，总之，还没有形成权威，尚不具备指挥团队前行的条件，他们需要进一步提升。二是尽管有不少的追跑者、崇拜者，但还不是严格意义上的参与者、合作者，即"团队"还未真正形成。有些团队还只是由行政关系形成的，那些以共同教育主张为纽带的研究、实验团队的形成还有一个过程。三是团队实质上是研究共同体，而共同

---

① 孙孔懿.论教育家［M］.北京：人民教育出版社，2006：248.

体有其特殊性。齐格蒙特·鲍曼在指出共同体"给人好的感受"以后，着重指出共同体的矛盾与冲突：自由与确定性。"这两者都是同样迫切的、不可或缺的，但它们恰恰是难于做到调和一致的，确定性总是要求牺牲自由，而自由又只是以确定性为代价才能扩大。"① 教学流派形成过程中不可避免地会碰到以上问题，因此，"团队"真正形成并非轻而易举，这对核心人物将是一个极大的考验。

教学流派的内涵及特征，还包括教学策略方法体系。教学流派应是可操作的，如果缺乏可操作的教学策略方法，即使理论再先进、主张再坚定，都不可能成为流派。用这一规定性审查当下的教学研究与实验会发现，教学策略方法尚未明晰、尚未成体系、尚未稳定，操作性也不强。总之，形成教学流派的发展态势已比较明朗，但要进一步研究和解决的问题还很多，只有坚持规定性，教学流派才会在实践中诞生，也才会保持应有的品质和性格。

三、鼓励、宽容、指导——教学流派需要创新文化的栖息地

新课程背景下的教学流派的研究与发展，实质是要构建有利于创新的文化，而文化的创新又需要完善的创新文化机制和良好的文化环境，教学流派需要一块文化的栖息地，亟待在松软、肥沃的土壤里孕育、萌发与生长。

哈佛大学教授迈克尔·波特从竞争力的视角肯定文化在人类行为和进步中的作用："态度、价值观和信念有时被笼统地称为'文化'，它们在人类行为和进步的过程中，无疑起着作用。"他又说："问题不在于文化是否起作用，而在于如何从……决定因素这一角度，来理解这一作用。"② 确实，态度、价值观和信念是一种文化，而这种文化上的每一次进步都让我们向自由迈进一步。

首先，需要鼓励与宽容的态度和价值观。营造富有创新精神的文化的最大难题，在于找到能鼓励不同观点发表的途径和通道。课程改革不仅在于规范大家的课程行为和教学行为，更在于鼓励大家的创新，鼓励冒尖。但受传

---

① ［英］齐格蒙特·鲍曼.共同体［M］.欧阳景根，译.南京：江苏人民出版社，2003.
② 金吾伦.创新文化：意义与中国特色［J］.新华文摘，2006（21）.

统文化的影响和束缚，不少人对创新、冒尖的态度和价值取向是迥异的。表现在对教师的不同教学主张和教学实验批评多、鼓励少，指责多、爱护少，限制多、帮助少。课改的创新和人才的冒尖急需权威部门和知名人士的鼓励与宽容。彼得·德鲁克针对创新的巨大风险和不确定性说："绝大多数创新思想不会产生有意义的结果。"[1] 也许，一些研究与实验最后可能没有产生有意义的结果，也没有产生教学风格和教学流派，但最终还是有意义的——这就是创新的价值观。因此，对年轻人的改革创新，我们应抱有这样的态度——鼓励、宽容、支持和帮助；也应抱有这样的信念——改革与创新，只要有明确的方向，只要树立个性，只要有大家的帮助，总会成功的。这样的态度、价值观和信念才是栖息地最丰富的文化营养。

　　文化是制度之母。仅有鼓励创新的态度等还是不够的，还必须用这种鼓励创新的文化生出创新的制度来。与教学流派最为密切的应是课程制度与评价制度。值得欣喜和自豪的是，课程改革为大家提供了最好的课改政策，表现在三级课程管理，地方课程、校本课程的设置与开发实质上是一种赋权。这种课程政策与制度的核心就是对教师课程权力、改革实验研究权的尊重，其本身就是一种创新。与课程制度相比，评价制度的建立仍然是滞后的，可以说至今还未形成明确的、具体的对教师改革实验研究的评价制度。与此相反，评价者又受传统思维方式和评价方式的影响，以"回归"的名义，表达着守旧的评判。改革需要回归，问题是为什么回归、回归到何处。回归绝不是回到课改之前去，而是在回归中充满新的想象，酝酿新的变革，探寻改革的宗旨和规律，在坚持方向中回归，这种回归实质上是一种前进。用制度尤其是用体现创新文化精神的评价制度来支撑创新的栖息地，来鼓励和支持当下的改革、实验研究尤为重要。

　　教学流派的形成与发展是一个艰巨的、长期的过程，创新的文化栖息地不仅需要外力的营造和支持，也需要栖息者本人的建构、生成与维护。年轻人充满创造的活力，会有奇思妙想，同时也会表现出一些弱点，主要是有的教师虽有很高的追求，可能会心浮气躁、急功近利，随之而来的是缺少深思熟虑的"标新立异"。栖息地应该让人诗意地栖居，诗意地栖居要把人拔离

---

[1] 金吾伦. 创新文化：意义与中国特色 [J]. 新华文摘，2006（21）.

大地，"似乎自然要虚幻地漂浮在现实的上空。诗人重言诗意的安居是'在这块大地上的安居'……使人属于这块大地，并因此而安居"①。诗意离不开大地，创新离不开踏实的努力，远大的理想靠艰苦的努力去实现。教学风格是一种特殊的人格，是人格的外化。锻造教学风格就是锻造人格，在完善人格的过程中追求教学风格，在形成教学风格的过程中完善人格。教学流派亦然，前辈们已为我们作出了榜样。年轻的改革实验研究者们更应严格要求，"位我上者，灿烂星空，道德律令，在我心中"，应成为思之越久，越发敬畏的东西。年轻人必定会伴随着教学风格、教学流派的产生和发展而实现自己理想、价值的追求。教学流派的出现，将犹如一次美丽的日出。我们热切地盼望着，时刻准备用宽阔的胸怀去拥抱它。

---

① [德] 海德格尔. 人，诗意地安居 [M]. 桂林：广西师范大学出版社，2002：74.

教学流派研究：意义价值、核心理念与基本框架

一、意义价值：教学流派——一个不可或缺的重大的研究课题

每每阅读见于报刊的各种艺术流派，常常生出一个疑惑：为什么艺术流派如此异彩纷呈，戏曲的，话剧的，绘画的，音乐的……当然还有文学创作的，而教育流派却很少见到，甚至很少谈及。是教育领域无流派可言？是教育领域不宜提倡流派？是教育领域产生流派更艰难？抑或是当下还不是讨论和研究教育流派的时候？疑惑总是挥之不去。

教学流派在研究和实践领域的缺席是一个不争的事实。我曾于2008年3月在《教育研究》上发表《当下教学改革发展的态势与教学流派产生的可能》，《中国教育报》也曾于2007年进行过关于教学流派的专题讨论，但都未引起大家进一步的关注。事实上，从历史到今天，教学流派是客观存在的。就拿改革开放以来的教育研究、实验来说，一些正在滋长着的教学流派在长期沉寂以后，开始复苏，并取得新的进展，情境教育、洪氏语文、尝试教学便是其中的典型。如裴娣娜教授所言："中国的教育实验，起步晚但起点高。从1979年'教育科学的生命在于教育实验'这一命题的提出，经过二十多年的探索，中国教育实验形成了波澜壮阔的改革洪流并孕育了自己的特色，从而站在了世界教育实验改革的前列"，因而，讨论并研究教学流派

"这件工作本身是很有意义的"。①

其实，教学流派是在场的，它早就在教育实验中孕育着，但教学流派研究又是不在场的。教育研究的缺席使原本生动活泼的教改实验沉默起来，使实践中正在滋生暗长着、发展着的教学流派变得顾虑重重，困难多多，裹足不前。产生这种状况的原因是复杂的。从深层来看，说明教育改革慎重有余，创新不够，教育研究偏于保守。除此之外，还有不少认识上的误区。现在应当是消除误区，进一步解放思想的时候，否则会影响教育的改革和发展，影响学术的繁荣和发展。

作些概括，教学流派研究有以下不可忽略的意义和价值。

其一，教学流派研究可以推动课程文化的重构。课程文化的重构是课程改革的核心价值追求，是课改深化的重要标志。马克·A·文德斯切尔特将课程文化的概念框架看作是自我检查所提供的一组"透镜"，"通过这种自我检查的过程……个人要给他们的观点和假设命名……并最终能够描述最能代表他们的信念和价值观的课程文化的特点"。②透过这一组组的"透镜"，我们可以发现教学流派恰恰是自己对课程、教学改革观点和假设的一种命名。从一开始，课改就积极鼓励和提倡课程开发与实践的个性，而且以地方课程、校本课程管理的权限与方式，给大家留下了创造的空间。课改深化阶段，更倡导自下而上的改革路线，鼓励地方和学校形成生动、丰富的格局，这就为教学流派的研究及其产生与发展提供了一种可能，搭建了平台。因此，教学流派研究是课程改革的题中之义，它将推动课程改革的深入，并将推动课程文化的重建。

其二，教学流派研究可以促使教师过"更专业"的生活。教学流派内在地包含着教学主张、教学风格、教学实践、教学管理等问题，这些都是极为专业的问题，都与教师的专业发展紧密相连。教师的专业发展当然应当有大视野大格局，但都应当在专业生活中经历、体验、领悟而得以提升。教师专业发展的命题行至今日，已有长足进步，但总觉得还没有突破性进展，我们

---

① 裴娣娜.与时俱进才能永葆教育实验的活力［N］.中国教育报，2007–08–31.
②［美］帕梅拉·博洛廷·约瑟夫等.课程文化［M］.余强，译.杭州：浙江教育出版社，2008：197.

必须寻找新的发展路径，搭建新的发展平台，让其专业生活更丰富，专业思考更深刻。无疑，教学流派研究是一个更高的平台。值得注意的是，讨论教学流派绝不是让教师们都去形成自己的教学流派，而是凭依这一平台，对专业发展有更开阔的视野、有更美好的愿景，形成更大的格局、更高的追求，因而凝练成更积极更主动的发展力量。换个角度看，"名师工作室""特级教师研究坊""教育家论坛"等，风生水起，一批志同道合者汇聚在一起，形成一个团队，共同的教学主张正在孕育，相似的教学风格正在雕刻，领军人物的学术和实践水平不断提升，长期坚持下去，形成教学流派不是没有可能的。教学流派及其研究，这一专业生活情境的营造和优化，为教师专业发展开辟了新的路径，搭建了向上向高处跃升的平台。

其三，教学流派研究将会促进教育理论的丰富和学术的繁荣。丰富教育理论，繁荣教学科学，既是教育科学研究的宗旨和价值，也是促进和引领教育改革实践的迫切需要，问题是谁来丰富，怎么繁荣。毋庸置疑，教育理论的丰富、学术的繁荣，首先由教育理论家以及教育科学研究工作者来担当，当然，也必须依靠实践在第一线的教师们。越来越多的事实证明，教育科研工作者和学校实践者的协同，理论与实践的结合，才会切实、有效地促进教育科学的发展与繁荣。而他们的协同创新，既要指向教育的基本问题，又要指向教育改革的前瞻性问题，其中，教学流派是两者兼而有之的问题。教学流派的本质特征是鲜明的独特性，各种教学流派呈现各自美丽的侧面，因而呈现教育科学生动活泼的多彩局面，才会犹如百花齐放的大花园。正因为此，教育理论，尤其是课程论、教学论以及儿童理论等才会丰富起来，生动起来，进而，教育实践，尤其是课程改革、教学改革才会深化，才会更有深度、更健康、更有效。可以说，教学流派研究是当前教育科学研究的一个重点、一个关键，可以牵一发而动全身。当前，教育科学繁荣尤要创造这样的机制。

从以上认识出发，从"十一五"开始，我们以"苏派教育的理论与实践"为题展开了研究，"十二五"又将其提升为省的重大课题，深入研究，"十三五"仍将继续列入重大课题指南。我们将研究的意义、价值归结为：担责任——对苏派教育的继承与发展，既要"照着讲"，还要"接着讲"，在继承中发展，在发展中创新，这是一份历史责任和时代使命的担当；探新路——探索苏派教育在新时代新时期深化、发展的新理念、新机制、新路径，这是研究之路、实践之路、创新之路；聚优势——苏派教育是一个不断积淀、不断聚合的过程，优点聚合成优势，个体聚合成团队，在积淀与聚合过程中，苏派教育的独特性和优势才能不断壮大和彰显；耀群星——培养一大批，发展一大批，成就一大批，让更多教师成长为好教师，成为优秀教师、名师，在江苏教育的天空里群星闪耀；促发展——推动义务教育的优质均衡发展，推动课程改革、教学改革的深化，推动教育现代化建设。这是一个增强文化自信、文化自觉的过程。

二、核心理念：教学流派研究的方向与立意

教学流派是关于教学派别的研究，是关于教学现象的研究，这样的认定是无可厚非的，但认识止于此，又是很不够的。如何从教育学派别中提炼出教育教学的基本规律，又如何从教育现象中获得深度阐释以及在阐释中有新的发现，应当是教学流派研究更为本质的任务和更高的立意。这种本质任务和更高立意往往聚焦于研究的核心理念，即教学流派研究实为文化研究，是文化意义阐释和文化自觉增强的过程。

首先，教学流派是一种文化存在和文化形态。教学流派存在于历史文化中，它是文化力量使然，是一种文化形态，是一种教育领域中的文化现象。众所周知，文化是一种力量，文化上的每一次进步，都让我们向自由迈进一步。在历史的长河中，诸多教育家、诸多教育人抱着"为天地立心，为生民立命，为往圣继绝学，为万世开太平"的伟大理想，在教育天地里耕耘，创立了自己的教育理论，聚合志同道合者，逐步形成了教学流派。但长期以来，这些教学流派往往被忽略，也往往由于各种原因，至今还没能旗帜鲜明地对它们进行研究。今天，我们将教学流派列为重大课题研究，就是给它们应有的历史地位，并彰显其时代价值。就拿苏派教育研究来说，通过研究让这一文化现象和文化形态从隐性走向显性，让其所蕴含的价值观和独特风格显现出来，以召唤人，鼓舞人，影响今天的江苏教育。让其从以往的碎片化认识走向较为系统的把握，形成江苏教育的完整的文化地图，让不同流派在历史的坐标体系中找到自己的位置，进而成为今天教育发展的文化坐标，让

文化张力推动今天的教育改革。让研究从自发走向自主，自主把握苏派教育的来龙去脉，明晰文化走向，担当文化责任。对教学流派这一文化形态的研究，实质是增强我们的文化自信，走向文化自觉的过程。

其次，教学流派是对地域文化的自然的又是必然的映射，是对"地方性知识"的尊重和维护，进而是对"全球化"进程的积极应答。大家都知道，阐释人类学是近年来在西方文化学研究领域异军突起的一支，以其对文化符号的破译及对文化行为的深层描写和阐释，而深获学界的瞩目。美国的克利福特·吉尔兹是当代著名的文化人类学家，他具有创见意义的贡献在于对地方性知识的倡导和深度描写的实施。"地方性知识的寻求是和后现代意识共生的"，而"现代意识的题旨在于统一，在于'全球化'。统一固然带来了文明的进步，但从另一角度也毁灭了文明的多样性……因之，矫枉现代化及全球化进程中的弊端，后现代的特征之一就是'地方性'——求异"。① 其实，有"全球化"存在，必然有"地方性"存在，准确地表述是，"地方性"是"全球化"的应有内涵。"地方性"表现为"地方性知识"，"地方性知识"又形成了地域文化，正是"地方性""地方性知识"和地域文化影响着教育的品格，影响着课程、教学改革。中华优秀传统文化是中华民族的血脉，是中华民族的文化根基，显示了中华民族的最大优势。长期以来，中国教育就浸润在中华传统文化中，被濡化，被提升。"中国文化史有两个坐标：一个是时间的坐标，一个是地域的坐标。一方面，黄河和长江流域的文化显示出中国文化的基本特征；另一方面，中国文化有多个发源地，其发祥与兴盛时间也有先后之别。"② 显然，只有时间坐标，而无地域坐标，文化坐标体系是不完整的。无疑，苏派教育正是在"地方性""地方性知识"和地域文化中孕育、诞生、发展起来的，是"地方性""地方性知识"和地域文化在教育中的具体体现。苏派教育如此，其他地域的教学流派亦是如此。进行教学流派研究，就是对"地方性""地方性知识"和地域文化进行研究，是地域文化在教学中的延续和创造性发展——这样的判断是准确的，这样的核心理念应

①［美］克利福特·吉尔兹.地方性知识——阐释人类学论文集［M］.王海龙，张家瑄，译.北京：中央编译出版社，2000.

②袁行霈.对中国文化的研究需要探索一条新路［N］.光明日报，2015-09-14（11）.

该确立起来并应坚守。

再次，教学流派在坚守优秀传统文化的同时，还必须进行创造性转化和创新性发展。何为传统？"传统是围绕人类的不同活动领域而形成的代代相传的行事方式，是一种对社会行为具有规范作用和道德感召力的文化力量，同时也是人类在历史长河中的创造性想象的沉淀。"① 尽管如此，传统还应进行时代的阐释，必须与时俱进。"启蒙学者指出这些传统未经理性和实验科学的证实，甚至也不能由系统的观察和逻辑所证实，它们只因为长期存在，并历来为人们所信奉，所以才受到敬重，因而是科学理性的对立面，是社会进步的绊脚石。"② 此种表述似乎有点过分，但其核心观点是强调传统必须在继承中发展，唯此，传统才有可能不仅是"过去时"的，而且是"现在时"的，甚至是"未来时"的。苏派教育研究正是坚持这一核心理念，表现为：既要厚古——在很大程度上，苏派教育研究是基于教育史的研究，是对教育文献的研究、梳理，是"照着讲"，又要"厚今"——以研究带动发展，推动新的教学流派的诞生，即还要"接着讲"。"接着讲"才是真正意义上的"照着讲"，只厚古不厚今，教育不能创新，当然只是"厚今"而"薄古"，发展也就失去了文化根基。与此同时，要应用现代技术和手段来进行研究。我们正处在"互联网+"的时代，大数据向我们迎面扑来，你喜欢也好，不喜欢也好，它的到来是必然的。常言道，除了上帝，任何人都必须用数据来说话。教育研究更需要实证，更需要有根有据地说话。更重要的是，预测未来最好的方法，就是创造未来，而"大数据战略"则是当下领航全球的先机。为此，苏派教育研究将"大数据时代：当今苏派教育的发展态势及特征的研究"作为重要的子课题，对苏派教育在全国教育坐标中的地位，对江苏省域里的地区差异，通过数据进行比较和分析，对今后的发展走向也作了预测。我们深切体会到，教育研究的生命与活力，正是来自对时代要求的积极应答。

第四，教学流派研究实质是关于人的研究，要将"人"置于研究的中心。文化的实质是人化。所谓文化即人化，一是以文化人，即以文化影响

---

① [美]爱德华·希尔斯.论传统 [M].傅铿，吕乐，译.上海：上海人民出版社，2009：译序.
② 同上。

人、塑造人；二是以人化文，即人不仅是文化的享用者、体验者，而且是文化的创造者；三是指文化最终成为人的精神家园，即让人诗意地栖居在大地上。文化的深处站着的是人，是教师，是名师，是教育家，是教师、名师、教育家创立了教学流派；教学流派研究的终极目的是为了人，为了学生的发展，为了教师的发展；教学流派研究的过程，必须由领军人物带领团队来展开，也应有学生的参与。总之，教学流派研究离不开人。为此，苏派研究中，始终以教育家、名师研究为中心，以他们的研究与实践的教学样式为载体，以他们研究的主张为展开线索。于是，在苏派研究的全过程中，我们始终与一个个教育家、名师进行对话，与一个个活泼泼的生命相遇，一次次深度对话，一次次美丽的相遇，都是一次次心灵的感应和顿悟。核心理念绝不只是观念形态的，研究中我们逐步领悟到理念引领着研究的方向与立意，影响着研究的策略与方式。理念——完美的永恒存在。

三、教学风格：教学流派的核心要素和研究策略

教学流派有其基本规定性。基本规定性研究是基础性研究，是基本理论研究；基本规定性实际上规定了研究的基本框架。我们认为，教学流派的基本规定性为：团队与领军人物、教学主张与核心理念、教学风格与艺术、操作体系与样式、重大影响与贡献。这五大元素相互依存、相互支撑，构成教学流派的整体。教学流派，实为一个派别，派别必须依托一个团队，而团队中必须有个领军人物，他是核心，是流派的设计者和实践的组织者。教学主张与核心理念，是教学流派之魂，充溢着理论色彩和学术追求，支撑着流派的研究与发展。教学风格呈现着教学流派的整体风貌和鲜明的独特性，流派彰显着团队成员相似的教学风格，代表着教育的艺术水准和审美特征。操作体系与样式，使教学主张在实际操作中得以落实，具有具体的操作性，因而可资学习和推广。重大影响和贡献则是对教学流派的客观检验与评价。以上这些既是教学流派本身的内涵框架，又是研究的基本框架与格局，两者是统一的。循着这一框架可以发现和概括教学流派从孕育到形成到发展的基本规律，以此促使更多教学流派的形成与发展。

在这基本框架中，有一个元素特别重要，或者说，以往我们重视很不

够，那就是教学风格。

"教学风格是一切教学艺术家刻意追求的最高境界"，"教学风格是教师教学思想的直接体现"，"教学风格是教师教学上创造性活动的结果及其表现"，"教学风格是教师在教学艺术上成熟的重要标志"。① 这些判断性表述当然是对的，不过，我们更想了解究竟什么是教学风格，教学风格究竟是怎么形成的。研究的触角很多，但所有的触角都指向——人。

风格是关乎人的，风格是特殊的人格。确实如此。斯霞的人格是用一个大写的"爱"铸成的，因此她的教学风格洋溢着可敬的童心与温暖的母爱。风格与人格天然地融合在一起，有什么样的人格就会有什么样的教学风格，追求教学风格的过程正是塑造人格的过程。很难想象，一个教师心灵不干净，人格不健全，他会有让学生喜欢的教学风格。由此，我们不难理解，追求教学风格，绝不只是一个艺术问题、一个技艺问题，从教学风格入手，可以促进教师的师德建设，促进教师的专业发展，教学风格在本质上是为师之德、为师之道问题。当一批志同道合者在一起，以人格塑造教学风格的时候，教学流派将会呈现什么样的气象，这是可以想见的。

风格是关乎"我"的，鲜明的独特性是风格最具本质意义的特征。记得老舍先生用花来描述风格：风格就是这朵花、那朵花，花的色彩、香味各不相同。独特性实为个性，实为个体间的差异性。教学的个性、差异性，往往通过教学风格表现出来，教学风格是教学个性生动、具体的体现，缺乏独特性，就无教学风格可言。教学风格是"我"的，而不是"我们"的。为此，追求教学风格必须从"我"出发。一是要分析和把握自己的个性特点，二是要分析和把握自己的知识背景和结构，三是要分析和把握自己的教学经验和教学特点，从教学特色逐步走向教学风格。这里自然带来两个问题：一个是教学风格不可复制，但可以从模仿开始，又不止于模仿，教学风格应当是教师的自我创造。另一个是教学流派里的教师应有相似的教学风格，而不是完全相同的教学风格，由此，呈现和而不同的教学气象。

风格是关乎领唱者的，是众多合唱声中领唱者的旋律。领唱者即是教学流派中的领导人物，而合唱队则是那个团队。合唱队需要领唱者，没有

---

① 李如密.教学风格论［M］.北京：人民教育出版社，2002：30–34.

高水平的领唱者，合唱队就很可能显得平庸，领唱者的使命在于引领，领唱者的旋律代表着合唱队的最高水平。但是，领唱者离不开合唱队，没有合唱队就无所谓领唱者，领唱者的旋律也必然就无意义无价值，领唱者是在合唱队中生长起来的。这一讨论已超越了教学风格本身，道出了教学流派中领军人物与团队的关系，这种互相依存、互相支撑、相辅相成的关系，促使教学流派的形成与发展。同时，这一描述隐蔽着另一个问题：教学风格不只有独特性，还应具有整体性，教学风格是教学的整体风貌与鲜明特性的结合与同一，只顾及独特性而忽略整体性，教学风格就很可能陷入"细节主义"、技术主义的泥淖，为"独特"而刻意追求"独特"，使得教学风格浮躁起来、功利起来。国外曾用一个立方体来比喻风格，既形象又深刻。

教学风格是关乎学生的，是为学生发展服务的。教学风格永远指向学生。教学风格绝不是教师个人的表演与炫技，其宗旨在于让学生喜欢，让学生悦纳，认知过程成为"暖认知"过程，有温度，有力度，让学生在喜欢中渴望学习，在渴望学习中得到发展。这是其一。教学风格绝不仅仅是教师个人单枪匹马的过程和结果，教学过程是教师与学生共同完成的，没有学生的参与，就无所谓"教学"，即无所谓教学风格，学生参与，才有教学风格的真正追求和形成。这是其二。教学风格要从学生发展的需求出发，结合学生的经验，进行精心设计，认真实践，并在实践过程中，适时调整。这里也带出一个问题：教学风格应具有稳定性，但稳定不是静止，更不意味着僵化，它还应具有发展性。而调整、发展的根本尺度是学生的认可与促进学生的发展。于是，有人认为，没有风格是最"好"的风格。严格来说，风格没有好坏之分，只有适合不适合之别，这里暂且用"好"来描述了，道理就在此。这是其三。总之，教学风格不是面具，而应是为学生发展服务的品格与智慧。

人的全部在于思想。风格的深处是思想，风格是"思想的浮雕"，因此，风格是关于人的，是关于人的思想。我们在研究中，把教学风格深处的思想叫作教学主张。教学主张是教学思想、理念的个性化，体现为教师对课程、对学科、对教学的独特的理解，是个性化、学科化的提炼和概括。因此，对教学风格的讨论，最终是对教学主张的讨论，是对教育思想的追问和探究。而教育思想，我们认为应该植根于儿童观，把儿童研究作为教师的"第一专业"，才会站在儿童立场上，推动教学风格的形成，进而推动教学流派的形成与发展。

范式的基质及其对教育科学研究的文化价值

讨论教学流派，有一个概念是绕不开的，这个概念就是"范式"。

"范式"是一个使用频率很高的词语，但深究起来，很少有人说得清楚、说得准确，似乎这是一个不易言明也无须言明的概念。中小学教育科学研究中，对范式的使用也一直处于一种朦胧状态。造成这种现象的原因，和范式概念界定的复杂而又模糊有很大关系。范式是美国研究科学史的哲学家托马斯·库恩在《科学革命的结构》①中的一个核心概念，是库恩的首创。不过，他自己承认，这一术语十分重要，却很模糊，是"这本书中遗留下的最不清晰"的问题。他在书中循环使用这一概念。（有人作了统计，书中关于"范式"这一概念至少有22种不同的表达方式。）但是，他又说，这是因为"文笔的不一致"造成的，并非一片混沌。事实正是这样，如果认真阅读、用心研究，就会发现，库恩对范式的基本思想、基本规定性的论述其实还是清晰的。因此，我们不能因其多义而随意使用，也不能因为使用时有困难而随便放弃。道理很简单：范式是对科学研究的一大贡献。问题就在于，何为范式，范式何为。我们应当解读好。

范式产生于自然科学研究范畴。库恩在序言中写道：社会科学家共同体

---

① 文中所引库恩关于"范式"的论述，均出自：[美]托马斯·库恩.科学革命的结构[M].金吾伦，胡新和，译.北京：北京大学出版社，2003.

与自然科学家共同体之间有很大的差别，并应力图找出这种差别的来源，"我认识到此后我称之为'范式'（paradigm）的东西在科学研究中所起的作用"。不过，他又认识到："在社会科学各部分中要完全取得这些范式，至今还是一个悬而未决的问题。历史向我们提示出，通向一种坚实的研究共识的路程是极其艰难的。"可见，范式具有普遍意义，完全应该向社会科学研究范畴迁移，尽管"极其艰难"，但并不意味着不可行。如何使范式运用得更为准确和规范，寻找出它的文化价值意蕴，是本文的又一个目的。

一、自然科学研究中的范式：库恩的本义

"术语可能误导读者。"库恩实际上是在提醒自己。不过，术语只有在误读的时候才可能误导，因此，我们首先要正读范式。如果对《科学革命的结构》作一番仔细的阅读和梳理，便可发现，库恩的思想是如此的生动与活跃，他总是把读者当作一个探寻与讨论的对象，甚至是辩手，这恰好暗合了巴赫金的"对语论"："把我们的思想告知他人。"① 你还会发现，那些"躲藏"在书中的论述与阐释，原来是围绕着范式的产生，范式的内涵、功能，以及范式与其他概念的关系展开的，一个范式的体系已经形成。现在，我试着就范式的两个问题作一番梳理，以"正读"范式，进而"正导"读者。

1. 范式早就隐含在能够解决问题的科学设计与实验中

库恩很喜欢追溯，因为他研究的是科学发展史，追溯是他研究的重要品质和方式。他以物理光学的发展史为例，论述了光学模式的变异：从光是光子到光是一种横波运动，继而寻找光粒子打在固体上所施加的压力，得出光是物质微粒。他认为，这种模式的变异实质上是范式的变化，是"一种范式通过革命向另一种范式的过渡"。他又说："每一个学派都强调作为范式观察结果的那些光学现象。"他还说："自史前以降，各研究领域的科学家们已经有了一种范式，用以指导整个团队的研究工作了。"库恩实际是在说明两点意思：其一，范式早就存在了，只不过没有被命名，而命名的过程是一种

---

① 周燕. "听者"的重要性［J］. 课程·教材·教法，2007（12）.

重新认识和提炼的过程；其二，范式会转变，而范式的转变就是一种科学革命，意即科学革命是范式产生和转变的过程，科学革命的进行始终伴随着范式，范式也会促使科学革命。这样，就不难理解，何以《科学革命的结构》一书中始终围绕范式来展开。从这一角度去考察，范式并不神秘，也并非摸不着边际——术语总是人根据事实加以理论化而概括命名的。如果稍微展开一点，科学研究者（当然也包括教育科学研究者）亦应是术语的创造者。

按着这一思想，库恩提出了"概念箱子"的概念。从他的叙述中，可以看出，范式事实上早就被塞进了"概念箱子"，因为"在一段确定的时间内，一个科学共同体所信奉的信念之诸组成成分中，总是有一种明显的随意因素"，"然而，这种随意性因素并不意味着科学团体无需一套共同信念就能实践科学事业"。他所说的"总有一种"就指的范式，他又一次说明范式的存在是必然的，关键在于你如何认识它、提炼它。此外，范式也是伴随着科学思维的，他想更清晰地表明：科学思想的准则离不开科学思维，而科学思维、科学思想需要一个科学概念来表达。库恩找到的正是范式这一概念，意即范式揭示了科学思维，表明了科学思想是伴随着科学思维产生的。总之，范式原本就在科学的发展中，在科学的革命中，在科学的结构中，在科学实验的设计中……库恩的贡献就在于发现了它，提炼了它，揭示了它，为我们提供了认识科学世界、分析科学结构的一把金钥匙。

2.范式在循环使用中逐步聚焦：学科基质

在进行了前十三章的论述后，库恩终于在最后一章"后记——1969"中想对范式作一个初步小结（当然，仍不是非常清晰）："我们要问范式可能是什么。"是啊，范式究竟是什么？我们首先应该把库恩的论述作一梳理。其一，库恩说范式是指具有共同特征的成就以及成就中的范例与模式。"凡是共有特征的成就，我此后便称之为'范式'。"紧接着他又说："我选择这个术语，意欲提出某些实际科学实践的公认范例——它们包括定律、理论、应用和仪器在一起——为特定的连贯的科学研究的传统提供模型。"共同的科学成就及其所提供的范例、模型，他认为是范式。后来，他依着这种界定，分别作了阐述。比如，他认为："范式是示范性的以往成就"，"范式就是一个科学共同体所共有的东西"；比如，他认为："一个范式就是一个公认的模型或模式"，但是，"许可这种合适的模型和模式的意义，并不完全是在范式定义中通常包含的意义"。可见，范式又并不等同于模型或模式。

其二，他认为范式是指一种对象。他这么认为："范式是一种在新的或更严格的条件下有待进一步澄清和明确的对象"，而且，"是一种很少用以重复的对象"。严格地说，这不是对范式的定义，而且强调范式总是有对象的，不是简单地指向对象，而是对对象的明确化与清晰化；而且这种明确化和清晰化是在一定条件下进行的。可以说，明确化、清晰化是对事物对象本质的揭示，正如他后来的解释：范式所表明的是特别能够揭示事物之本质的那类事实。通过运用这些事实解决问题，范式就能使这些事实以更大的精确性和在更多样的情况下得以确定。可见，范式源于对象，又服务于对象。

其三，范式有两种意义，即它既是整体，又是整体中的一种元素。所谓"整体"是由"一个特定共同体的成员所共有的信念、价值、技术"构成的；所谓"一种元素"，是"把它们当作模型或范例"。这两种意义中，第一种指的是"主题"，第二种指的是"示范性的以往成就"。这些论述似乎不易理解，但仔细阅读，前后对照，他是在强调范式的一些基本规定性及其所折射的基本思想——这恰恰是最重要的。

库恩最后作了一个小结，用的是"基质"这一概念。小结从范式与理论的关系来进行。他认为："在当今科学哲学的用法中，'理论'一词所意指的结构，在其性质和范围上都远比这儿所需要的要狭窄。在范式能摆脱眼下的含义之前，为避免混淆我宁愿用另一个词。这个词我建议用：'学科基质'（disciplinary matrix）"，"所有或大部分我在原书中当作范式、范式的一部分或具有范式性的团体的承诺对象，都是学科基质的组成部分，并因而形成一个整体而共同起作用"。这段论述，廓清了几个关系：一是范式与理论的关系。理论要比范式的内涵狭窄，范式不是理论，但包含理论，可以产生理论。二是范式与学科的关系。范式是关于学科的，科学是一门门专门的学科组成的，意即范式具有学科性，并不具备普遍性，亦即只能说××范式。三是范式与学科基质的关系。范式或范式性的对象是学科基质的组成部分，因此范式与学科基质是同义的，学科基质揭示了范式的最基本的性质和最基本的成分。这些基本成分是：（1）符号概括。即范式应概括成符号，或自然科学中的定律，或公式，或定义。（2）共同承诺的信念。这种信念表现为特定的模型。(3)共有价值。共有价值使自然科学家同属一个共同体，共有价值是大家判断的依据，同时"价值与预言有关"。正如鲁洁所说："价值是理想中的事实。"①(4)范例。库恩认为，学习从范例开始，范例提供精细结构，用范例来说明符号概括。库恩还认为范式或学科基质还可能有其他成分。

至此，我们可以对范式的本义作一个概括：第一，范式隐含在科学设计与实验中，是由共同体中的科学家们发现并提炼形成的；第二，范式表明科学家们的共有价值，表现为一种信念；第三，范式揭示了科学实验的基本性质和基本成分；第四，范式不是理论，但具有理论性，可以产生理论；第五，范式可以进行符号概括，总之学科基质是范式的本意与本质。

二、教育科学研究中的范式：文化价值与方法论意义

由此可见，范式同样受到教育科学研究者的青睐。这当然是好事。问题在于，有的使用者并未搞清范式的本义，有的未能理解范式的意蕴，严格来说，仍处于"未决"的状态，存在着窄化与矮化的问题。我以为，这里有一个概念使用的问题，更有一个彰显它的文化价值的问题。若此，范式的使用才可能更有内涵、更有指导的力度。

文化价值之一：研究范式，推进教育科学的革命

库恩总是把范式与科学的革命联系在一起。开宗明义，第一章就以"历史的作用"为题，讲了范式对推动科学革命的贡献。他描述了科学革命的路线图：常规科学→非常规研究→非常规时期产生新的科学或新的科学结构。他认为：从常规科学过渡到非常规时期，就是科学革命；革命是一个内在的过程，"内在的过程"源于内在的原因的改变，内在原因的改变就是"改宗"；改变相似的关系，即"改宗"，亦即改变范式。他进一步解释："每一次革命都迫使科学共同体抛弃一种盛极一时的科学理论，而赞成另一种与之不相容的理论。每一次革命都将产生科学所探讨问题的转移，……问题解决的标准也相应地产生了转移。……以至于我们最终将需要做这样的描述，即在其中

---

① 鲁洁. 当代德育基本理论探讨［M］. 南京：江苏教育出版社，2003.

进行科学研究的世界也发生了转变。"这就是范式的"历史作用"。原来范式的作用如此之重要！的确，这不仅仅是一个概念使用的问题。

正因为如此，教育科研不可小觑范式，不可使范式的使用窄化。如何发挥范式推动教育科学革命的作用，是我们首先面临的一大问题。事实并不难理解。我们可以关注一下教学研究范式的变化。盖奇是美国著名的教学研究专家，从20世纪60年代末到80年代，他对教学研究的范式共进行了三次研究。第一次是在60年代初，当时盖奇还不了解库恩关于范式的概念，提出"终结—近似"的连续体，其中，教师的教学效果即学生成绩的提高被视为终结标准。70年代末，盖奇对教学研究范式进行了第二次研究。这一次他把研究范式界定为决定研究共同体的研究意图、方向及方法的宏观指导和理论框架，他更注重课堂环境以及在该环境下学生的认知是如何在教师的教学行为变量和学生的行为结果变量之间发生作用的。80年代中期，盖奇进行了第三次研究。这一次他把教学研究范式重新界定为实在的概念、变量、问题及其与之相应的研究方法和手段的组合。从盖奇对于教学研究范式的三次研究，可以看到，研究的方式从单一走向整体，从终极走向过程，从成绩标准研究走向认知在行为中发生作用的研究。[1] 的确，研究范式的转变推动了教学改革，用库恩的话来说，世界也在改变中。联系到常见的管理范式、培训范式、活动范式等的研究，其主旨不能仅仅定位在方式或模式上，更重要的是在于推动这方面的改革或曰革命。

文化价值之二：范式，推动教育共同体的建构

值得我们注意的是，库恩也总是把范式与科学共同体联系在一起。他首先认为范式就在共同体之中："范式就是一个科学共同体的成员所共有的东西。"他甚至说："假如我重写此书，我会一开始就探讨科学的共同体结构。"可见，共同体之于范式是多么重要。那么，什么是共同体呢？他直截了当地回答："共同体就是科学知识的生产者和确认者的单位"，"一个科学共同体由共有一个范式的人组成"，因此，"只要分析一个特定共同体的成员的行为就能发现范式"。范式之于人的意义，他认为，在含义最广的层次上，是所有

① 胡秀威．西方教学研究范式的演进［J］．比较教育研究，2003（2）.

科学家的共同体，在稍低层次上是科学的专业团体。这些还是显而易见和容易理解的。在较深的层次上，他强调的是共同体的主题。他认为："每个科学共同体一般有一个它自己的主题。在科学中，在共同体中都有学派，即以不相容的观点来探讨同一主题。"所谓主题，不仅仅是共同的话题，更重要的是对问题的认识，由此生发的价值判断及信念确立。因此应对范式进行检验，检验的标准就是主题，他说："范式检验是作为两个敌对范式之间为争取科学共同体的忠心而竞争的一部分而出现的。"这样，共同体—人—主题（价值、信念）—检验，形成了范式的共同体链条。

由此，我们应该确立这样的理念：教育科研中的范式研究是为了建构一个研究共同体。我们可以以南京市江宁高级中学的"教师发展学校——校本培训新范式的研究"为例作些分析。课题中的"新范式"意味着旧范式的转变，库恩称之为"前范式"。课题的价值很清楚，通过"教师发展学校"的研究与实践，寻求校本培训的新范式，亦即在校本培训上有革命之意。我以为，这一实践性很强的行动研究，重点不在建构校本培训的理论模型，而重在人才培养模式的建构，进而培养优质教师、名教师。这种"教师发展学校"的"新范式"新就新在把学校建设成学习的共同体、研究的共同体、人才成长的共同体。

英国现代思想家齐格蒙特·鲍曼对共同体进行了专门的研究，那本《共同体》专著可视作他关于共同体的宣言。美国的彼得·圣吉则把共同体称为学习型组织。他说，人的成长必须实现自我超越，改变心智模式，其成功的方式是团队学习，因为"团队的集体智慧高于个人智慧，当团体真正学习的候，不仅团队产生出色的成果，个别成员成长的速度也比其他的学习方式为快"[1]。但是，共同体也存在矛盾与碰撞，那就是自由与确定性。鲍曼说："确定性总是要求牺牲自由，而自由又只有以确定性为代价才能扩大。但没有自由的确定性与奴役无异；而没有确定性的自由与被抛弃和被丢弃无异。"[2] 解决这一矛盾应是共同价值观的追求。"教师发展学校"的共同价值应是为了教师的发展、学校的发展，最终为了学生的发展，把江宁高中建成教师的精

①［美］彼得·圣吉.第五项修炼［M］.郭进隆，译.上海：上海三联书店，2002.
②［英］齐格蒙特·鲍曼.共同体［M］.欧阳景根，译.南京：江苏人民出版社，2003.

神家园和文化栖息地。其实，我们的研究，重点也不在界定范式，而在推动共同体建设，推动教育科学的革命。

文化价值之三：范式，探求教育科研的基本规定性，增强教育科研的规范性

范式具有很强的指导性和示范性。范式这种指导性和规范性是科学研究成熟的标志，唯此，范式才能成为科学研究的依据。范式的示范性在很大程度上来源于它的基本规定性。需要注意的是，范式的基本规定性不等于规则。库恩这么判断："常规科学是一种高度确定性的活动，但它又不必完全由规则所确定。"于是，他认为："规则导源于范式，但即使没有规则，范式仍能指导研究。"因此，讨论和关注范式的基本规定性，不能局限在规则的范畴。

那么，范式的基本规定性究竟是什么呢？库恩没有明说，但指向是非常明确的，那就是学科基质。我认为，学科基质既是范式的整体建构与表达，又是对基本规定性的基本规定。忠于学科基质就是从根本上建立起科学研究的规范，在核心问题上使规范与范式接榫。此外，库恩还提出"不可通约性"的概念，从另一个角度论述了范式的基本规定性。这一切，都在引导我们关注、研究和建立教育科学研究的基本规定性，增强教育科学研究的规范性。

一是要有共同的价值追求和承诺。无可置疑，缺乏共同的价值追求，不可能形成共同体，不可能形成主题，也不可能形成范式，进而形成学派。当下的教育科研的价值指向与定位，有时会为过度关注研究的内容和方法所冲淡或掩盖，而课题研究的主旨不够准确、假设不清晰、目标不集中及范式提示我们用共同的价值追求来支撑和引领我们的研究。

二是要有准确的符号概括。符号概括是一种提炼和升华。库恩明确指出："一门科学的力量看来随着其研究者所能使用的符号概括的数量的增加而增强。"不过，符号概括不能简单地理解成公式，库恩说："范式通常以文字表述。"教育科研中的问题主要是：研究的内容与经验往往止于经验的罗列、现象的描述，而未能从中寻找"共同的东西"，从理性上加以概括，因而缺乏深度。

三是关注不可通约性，体现不同课题研究的不同个性。库恩把数学中的"不可通约性"迁移到范式的研究中来，颇有新意与深意。他的意思是，科

学研究往往以特定的经验作出特定的选择，其中就会有矛盾，而"这一过程就是说服。两个人以不同的方式感知同一情形，而又使用同样的词汇去讨论，他们必然以不同的方式使用这些词汇。这就是说，他们按我所谓的不可通约的观点来谈论"。教育充满着个性，严格说来，不同的课题研究有不同的边界、不同的内涵、不同的方式，但实际上往往雷同，"通约"的结果消弭了研究的个性，因此，也就谈不上真正意义上的范式。

让我们记住库恩的话："范式——改变，这世界本身也随之改变了。"范式之于教育科学研究的文化价值意蕴值得我们去开发。

● 苏派与苏派研究

教学流派是课程改革和教师专业发展必然的重要命题。当下，这一命题引起了更热切的关注和日益深刻的讨论，也是对"教育家办学"召唤的积极应答。事实证明，随着思想的进一步解放和培养人才制度、模式的革新，漫步心灵的优秀教师们，更充满教育的勇气和无限的创造力，有着更高的专业追求，也有着不断提高的研究、实验的能力与水平。他们渴望在教学改革的实践中，努力探索自己的教学风格，进而和合作伙伴一起，逐步形成不同的教学流派。这种喜人且动人的景象，本身就是教学改革和教师专业发展走向深处的具体生动的表达。因此，教学流派应当进入课程改革的视野，应当成为教育研究的重要课题。其中，"苏派"是一个充溢着现实意义和战略意义的课题，更应加以研究。

一、关于"苏派"

的确，在教学流派的研究中，我们应当把关注的目光和研究的视野更多地投向江苏，投向江苏教学流派。其实，江苏教育人，江苏教育研究工作者，对"苏派"的关注和研究，就是"回到事物本身去"，以便使自己在教育改革的时空中，明晰当下的位置，并寻找未来的位置，进一步提升自己的专业身份，进行教学改革，如教育厅厅长要求的，"形成百花齐放的江苏教学工作新局面"。

1. 教学流派的规定性

教学流派有着十分严格的科学界定。对教学流派的研究不得随意，不可轻率。对教学流派的追求与研究，既检验提升我们研究、实践的能力，也检验并提升我们研究、实践的品质。

不言而喻，流派是指某一种派别。中国古代的学术派别也称"家"，而西方的教育流派则多以"主义"相称。无论是"家"还是"主义"，流派有其十分明确的规定性，教学流派亦然。

其一，教学流派一定有一名或数名领袖式的核心人物或代表人物。流派是人的集合，更是人的创造。研究流派、形成流派离不开对人的关注和研究。流派之所以形成人的集合，是核心人物的吸引力、召唤力和凝聚力所致；流派之所以是人的创造，是核心人物的原创性研究带动其他人的参与。领袖式的核心人物在教学流派的形成与发展中起着学术支撑、研究引领和组织指导的重要作用。必须指出的是，教学流派的形成，不是一个人"单枪匹马"，还需要一批合作者，他们是核心人物的响应者、追随者、继承者。随着时间的推移，他们其中也有人会成为这一流派的代表人物。这样，以核心人物或代表人物为中心，一批人正式或非正式地结合在一起，形成了一个团队，形成了研究、实验的共同体。

其二，教学流派一定要有共同的教学主张。教学主张是教育思想的个性化、具体化，具有鲜明的独特性和稳定性。它是主导教学流派发展的核心思想，是教学流派的支撑性理论，应是科学的、严谨的、完整的。独特性是教学流派的生命之所在，而独特性首先来自教学主张的独特。没有独特的教学主张，教学改革就会走向同质化，就会无个性、特色可言，也就会无教学流派可言。当然，独特性也是相对的。教学主张的稳定性，也是教学流派成功的原因，没有稳定性，就有可能使核心思想分散、漂移，其结果是教学流派失去了思想之魂。但稳定性并不意味着静止和封闭，而是在开放状态中不断发展与完善。

其三，在教学主张的引领下，一定要形成教学的操作体系。教学流派是能流传、能延续的。能"流"起来，"传"下去，重要原因是它的可实践性、可操作性。不仅如此，教学流派还应逐步形成教学模式。更为重要的是，操作体系经过了长期实践的检验，被证明是科学而可行的，极大地推动了教学改革，有效地促进了教学质量的提高，得到了教师们的深切认同和真切的运用。

其四，核心人物和一些代表人物一定有自己的教学风格。和教学主张一样，教学风格具有鲜明的独特性，而独特、稳定的教学主张，会促使独特的教学风格的形成。在教学主张、教学风格的推动下，教学流派逐步达到艺术的审美境界。教学流派的教学风格，往往以核心人物或一些代表人物为标志，但在教学流派这一共同体中，教学风格不是单一化的，而是"和而不同"的，团队成员可以根据个人的特点、要求，追寻自己的教学风格，呈现多姿多彩的生动的局面。不过，各种不同的教学风格仍坚定地体现着教学流派的共同主张和宗旨。

其五，教学流派一定要有重要影响，为同行、专家所公认和赞许。教学流派不是孤芳自赏，不是独善其身，更不是"自恋"，它的独特的魅力吸引人、凝聚人，以显著的成果为别人所借鉴、所学习，其影响有较大的范围和可持续性。

2. "苏派"是当代中国一个重要的教学流派

不难发现"苏派"是长期的客观存在，并且，它有自己鲜明的个性、独特的优势，立于各种教学流派之中，地位尤为突出。在流派纷呈的今天，"苏派"成了当代中国十分重要的教学流派。与其他流派相比较，"苏派"呈现出以下特点。

第一，"苏派"有悠久的历史、深厚的底蕴、优良的传统。中国教育史明晰地告诉大家，江苏素称教育发达的省份，乃人文荟萃之地。汉以前，江苏的教育落后于中原地区，但六朝时，中国政治经济重心第一次南移，为江苏教育的发展奠定了初步基础。公元12世纪，宋室南迁，中国的政治经济重心再次南移以后，江苏教育逐步建立了比较完整的体系与制度。明清两代，繁荣的江南经济使江左士俊冠盖全国，及至近代，西学东渐，江苏得风气之先，成为新式教育的发源地之一，并日趋发达。新中国成立后，江苏教育更是迅速发展，取得辉煌成就。改革开放以来，江苏确立科教强省的战略，在全国率先完成义务教育阶段的"两基"达标战略任务，并努力率先实现教育现代化，积极鼓励教育创新，大力提倡教学改革实验，江苏成了教学流派诞生、发展的最大最好的文化栖息地。简要地回顾，不难作出这样的判断：可以说，"苏派"的形成和确立，不是偶然的，也不是一时的，而是在漫长的历史发展过程中逐步形成的。悠久的历史，丰厚的积淀，优良的传统，自然孕育并催生着"苏派"的诞生，促使并保证"苏派"日益成熟、壮大和繁荣，并使"苏派"呈现积极良好的发展态势。这一特点和优势，为全国各地同行所认可，也为他们所称羡。

第二，"苏派"有鲜明而坚定的教育主张。如果说以"救天下万世，其论道归于一""风声雨声读书声声声入耳，家事国事天下事事事关心"为江苏明清两代书院、学派的主张，如果说"中学为体，西学为用""父实业，母教育"为清末江苏新学的基本主张，如果说"生活即教育，社会即学校，教学做合一"等为民国时期陶行知和一些教育家的主张的话，那么，我们可以说，高举教育现代化大旗，坚定不移地推进素质教育，全面提高学生素质，促进学生个性发展，即为当今"苏派"的教育主张。从 20 世纪 90 年代初开始，江苏开始了素质教育的探索，积极进行教育教学的各项改革，在全国产生了极大反响。在历经反复以后，江苏再次从规范办学行为入手，推动素质教育的健康发展，切实减轻学生过重的负担，课程改革取得了新成果、新经验。可以说，正是在素质教育的统领之下，童心母爱教育、情境教育、尝试教育、小主人教育、乐学教育、情智教育、"链"派语文、自学·议论·指导、"先学后教，当堂训练"等各种教育教学主张相继提出，与主张相适应的教改实验也应运而生，且不断深入。同时具有学校、学科特点的教学主张仍在研讨、形成和发展之中。"苏派"的教学主张是鲜明的、丰富的，也是稳定的。

第三，"苏派"有领袖式的核心人物和代表人物。江苏聚集着一批优秀人才，历代在政治、军事、教育、文学、艺术、科学、哲学、历史等方面都有杰出人物，其中不乏教育家，而且诸多学科的杰出人物也影响着教育家的不断涌现。据统计，从 1840 年到 1920 年这 80 年中诞生的教育家，在全国居首位的是江苏；即使据《教育家大辞典》所载 398 位中国教育家中，在地理分布中，江苏虽居次位，但历史上上海也属江苏，如此合计，江苏教育家比例超过了浙江。就近现代而言，江苏的张謇、陶行知、黄炎培、陈鹤琴、江谦等都是全国著名的教育家。就当代小学而言，著名儿童教育家斯霞、李吉林，还有王兰、邱学华、于永正等名师在全国享有很高的声誉。新生代的孙双金、薛法根、华应龙、阎勤、徐斌、周益民等，在全国崭露头角，影响越来越大。值得注意的是，"苏派"的一些代表人物已走向全国。以核心人物为中心的团队逐步形成、逐步扩大，"张兴华与他的弟子们"就是各地同行对这一流派团队的亲切真诚的赞誉。

第四，"苏派"以历史名校和实验性示范性学校为载体，进行有新意和深度的改革实验研究。江苏有一大批历史名校，有改革实验研究的优良传统。廖世东教授曾兼任东南大学附中（现南师大附中）主任，将该校作为中学教育实验的重要基地，先后进行了"道尔顿制"和采用"三三学制"的实验；俞子夷、吴研因等在江苏一师附小（现为苏州市实验小学）先后进行过新教授法、儿童自治、自学辅导和弹性升留级、设计教学法等实验和研究，并自编教材。当今，江苏一批实验性、示范性中小学以更积极的态度，以更具校本化、本土化，同时又具国际视野的课题，进行新的研究实验。一些研究项目，已被推到了全国小学教育改革的前沿。

第五，"苏派"具有鲜明的教学风格。金陵文化、汉楚文化、淮扬文化、吴文化及长江、太湖之水滋养着江苏的教育儿女，改革开放的春风给江苏教育儿女送来了全球化的文化视野，苏北、苏中、苏南的交流和融通，又孕育着江苏教育人"和而不同"的文化胸襟。正是在长期的实践中，"苏派"形成了鲜明的教学风格。目前，我们还很难作出全面、准确的概括和描述，但是有几个关键词可以引起大家的讨论。比如，清简。精简的教学内容、洗练的教学结构、简洁的教学方法、明快的教学节奏，洗出"白水明田外，碧峰出山后"的清简风格。比如，精而不拘。"苏派"讲究课堂教学的精致，进行精耕细作，但精致不是追求极致，不是追求游离内容的形式，也不是拘泥于无甚意义的细节，而是在宏观和全局的视野下去设计和生成。比如，活实兼重。活中见实，实中有活，在活与实的相谐中，追索教学的智慧。如此等等。"苏派"的风格犹如太湖之水的清澈与灵动，又犹如长江之水的涌流和澎湃。

以上几方面的描述，可以初步描述"苏派"的主要特征。正是这些特征，使"苏派"充盈生命活力，呈现领走、领跑的态势，成为当代中国一个重要的有影响的教学流派。

二、关于"苏派"研究

"苏派"永远是一个发展的过程。"苏派"研究也置于"苏派"的发展过程之中，并通过研究促使"苏派"的进一步发展。

1. 深入研究"苏派"的意义，准确把握"苏派"研究和实践的宗旨

"苏派"研究，之于实现教育现代化、建设教育强省，之于教育家办学、学校内涵建设，之于促进教师专业发展、名师培养等，其意义是不言而喻的。不过，在具体的实践中，有些问题还必须把握好，尤其是研究与实践的目的。其一，"苏派"研究与实践，一定要也一定会推动江苏名师较快较好成长，推动教育家办学，鼓励教师成名、成家、成"派"。但更为深层、更为深远的意义，是为了办好每一所学校，教好每一个学生，整体提升江苏基础教育的水平，说到底，"苏派"是为学生发展服务的。这应是"苏派"研究与实践的宗旨和信条。假若偏离了这一根本目的，"苏派"就失去了真正的价值，也不会为社会、为家长所承认、所接受。历史上"苏派"的代表人物都是全心全意为学生的，"捧着一颗心来，不带半根草去"，是他们共同的心愿和信念，同样，也应是今天"苏派"的信条。其二，"苏派"研究与实践，一定要也一定会推动江苏教育自身的改革和发展，促使江苏基础教育的教学进入一个新阶段。不可否认，兄弟省市，尤其是经济发达地区，都在加快教育教学改革和研究的步伐，"海派""浙派""鲁派""京派"等教育流派的研究也在起步，有的起步还较早，而且在不断深入。面对这蓬勃发展之势，我们在受到鼓舞、启示的同时，也受到挑战，甚或还略感"压迫"之势。有这样的感受和认识并不是坏事，相反挑战与"压迫"可能会成为一种动力。但是，"苏派"研究与实践不是为了和兄弟省市竞赛。理论一再告诫我们，竞赛恰恰是教育的大忌，功利与浮躁必然违背教育的规律。"苏派"应从江苏自身的实际和发展的需要出发，在传承江苏优秀教育传统的同时，进行制度创新，探索江苏基础教育教学改革之路，形成江苏自己的特色，在这过程

中，加强与兄弟省市的交流和互动，以此丰富自己、提升自己。其三，教学流派一定要也一定会出人出书出成果，但必须在文化的土壤里自然生成。因此，促进教学流派的形成，文化创新是前提和条件；同时，教学流派不仅可以引领教学改革，而且会引领文化创新。"苏派"的研究与实践的本质是教育文化再次建构，所以，要着眼于构建具有中国特色和江苏特点的教育文化，用文化的方式，培育和积蓄文化能量，促进江苏基础教育更有深度的改革，以实现恩格斯的判断和预言："文化上的每一次进步都让我们向自由迈进一步。"

2. 深入研究江苏优秀的教育传统，准确把握"苏派"的发展基础

"苏派"的诞生有历史之根，根就是江苏在悠久历史进程中所形成的优良教育传统。如何看待传统，如何对待传统，不仅影响对"苏派"的认识，而且会影响"苏派"的进一步发展。其中有两个问题必须明确。一是何为传统。当代美国著名的社会学家爱德华·希尔斯对传统下过这样的定义："传统是围绕人类的不同活动领域而形成的代代相传的行事方式，是一种对社会行为具有规范作用和道德感召力的文化力量，同时也是人类在历史长河中的创造性想象的积淀。"行事方式、文化力量、创造性想象的积淀，是"传统"的三个关键词，其中，行事方式可以"代代相传"，文化力量"具有规范作用和道德感召力"，而创造性想象的积淀可以影响未来。因而，一个社会不可能完全破除其传统，一切从头开始或完全代之以新的传统，而只能在旧传统的基础上对其进行创造性改造。从这个意义上说，传统不仅属于过去，也不仅属于现在，传统也属于未来；传统不是过去时，而是现在进行时；只有真正尊重传统，传统才能成为"真正的传统"。显然，"苏派"的研究和实践，只有站在传统的基石上才能寻找到"根"，"苏派"也才能生成和发展，才能不断提升和繁荣。二是何为江苏教育传统。如前文所述，江苏教育有悠久的历史，在漫漫长河中，江苏诞生了自己的教育思想，提炼了教育主张，形成了教育风格，积淀了丰富的经验，出了教育家，出了名校。但是，江苏教育传统的魂在哪里，精髓是什么，特质如何理解，形态怎样划分，与兄弟省市的教育传统相比较显现出什么不同的显著特征，此外，这些传统如今有了什么变化和发展，等等，我们还不十分明了，把握得不够全面，开挖还不

深入，这样，认识难免停留在表面而不深刻。因此，对江苏教育传统需要我们静下心来，耐得住寂寞，作仔细深入的探寻，寻找到了根，也就找到了方向，找到了土壤，在这块文化土壤上才会长出新的更茂盛的枝叶来。

3. 深入研究"苏派"的内涵，准确把握"苏派"的文化特性

不可否认，"苏派"是个地域概念，但更是个文化概念。地域必然与地方文化、地方性知识紧密相连。地方性知识是人类学、文化学的一个新概念。地方性知识主张的背后隐含着对普遍性知识的反动以及对地域内的知识、文化的尊重。地方性知识概念的首创者、当代美国阐释人类学家克利福特·吉尔兹非常强调，地方性知识并不首先指一种区别于其他地方知识的特定地方知识，而首先是指一种新型的知识概念，一种对于知识产生及其有效性的态度。这种新型知识观念和新态度，随着后现代主义在理论上的异军突起，拒斥普遍性，关注特殊性，反思全球性，重视地方性。地方性知识理论可以帮助我们理解和把握"苏派"的知识论基础和文化基础，从地域文化的角度剖析"苏派"的意义，由此坚定我们的一个认识：在关注教育共性、普遍性规律的同时，要更多关注地域文化，关注地域文化对教育教学改革的影响，关注地域性的教学流派，以使教育更具个性。所以，"苏派"的内涵是由文化来界定的，是由地域文化来建构和判断的。

正因为"苏派"是一个文化概念，所以它具有鲜明的开放性，因为文化可以到处流动。况且，"苏派"的开放性，还在于当今地域的边界既清晰又逐步在模糊，经济的发展、科技的发达、时代的进步，往往能打开地域的边界，走向交流、走向对话、走向整合，也许这儿可用得上弗里德曼关于"世界是平的"的理念。由此，我们还应坚定一个认识："苏派"在坚守区域文化特色的同时，应当打开一扇又一扇窗户，聆听窗外的声音，呼吸外域的空气，吸纳新鲜的经验，以外域文化、多元文化充实自己。其实，"苏派"在向外域开放的同时，才能更明晰自己的文化身份和特点，彰显自己的个性和特色。

摆在我们面前的要研究的问题是明确的，即"苏派"内涵的完整把握，尤其是其文化特性的追寻。这是研究的基点，也是"苏派"发展的原点和生长点。

4. 深入研究"苏派"的不同形态，准确把握研究的方向和关注的重点

"苏派"这一概念具有整体性和统领性。江苏教学流派好比一个大家族，在同一个家族里的兄弟姐妹具有不同的特点和风格，因而形成"苏派"的不同形态。为此，"苏派"研究应当针对不同的形态进行个性化探讨，这样才能促进不同流派的形成和发展，形成"苏派"百花齐放的繁荣局面。

从地域看，"苏派"可以从苏南、苏中、苏北乃至有关市、县的不同角度来研究，形成地域性"苏派"形态。这种地域性的"苏派"形态，可以形成更鲜明的地域特点，在较大范围内产生整体效应。比如南通教育流派研究。从南通现象到南通教育流派，是对南通教育的深度阐释，从中可以提炼南通教育成功的密码，进而寻找地方教育发展的规律。比如苏南小学教学流派的研究。苏南的地理环境、人文基因、开放态势，以及在历史上颇具影响的"南学"学派滋养，铸成了苏南教学流派的文化气质和鲜明的教学风格。

从代表人物看，"苏派"可以从三个方面进行研究。一是比较成熟的，已形成了流派，且已有很大影响的。这样的类型，研究的重点应放在对流派重要因素的梳理、概括、提炼上，通过研究，扩大宣传、推广，以影响和引领课程改革和名师成长。二是已成雏形的，而且正处于上升势头的。这样的类型，研究的重点应放在服务和帮助上，促使流派的进一步成形，完善其框架，明晰其教学主张和教学风格及其操作体系。三是具有可能性的教师。他们还很年轻，但已有了较为深入的研究和实践，并取得了较大进展，在全国产生越来越大的影响，显现出形成流派的很大的可能性。这一类型，研究的重点就在鼓励和指导上，为他们提供更好的条件，搭建更高的平台，促使他们健康发展起来。

从流派的载体看，江苏版的教材日趋成熟，使用范围不断扩大，逐步形成了教材风格和流派。更为重要的是，这些教材有效地指导、促进了教学改革，教材风格、教材流派正在转化为教学风格和教学流派。比如洪宗礼主编的初中语文教材，张庆、朱家珑主编的小学语文教材，孙丽谷、王林主编的小学数学教材。这一类型研究的重点应放在"转化"上，探讨与教材相适应的教学流派。这样的研究同时会促使教材更完善、更成熟。

此外，以学校为基地的研究，比如洋思中学的"先学后教，当堂训练"

等，同样应予以关注，给予必要的服务和指导。

5. 深入研究"苏派"的教学主张和教学风格，准确把握"苏派"的核心要素

教学流派是由教学主张相同、教学风格相近的教师所形成的派别。不少教学改革研究实验收到了明显效果，也经受住了实践的检验，但难以深入和提升，教学主张不明晰，是其中一个重要原因。教学风格是教学艺术的最高境界。风格好比人的背影，又好比众多合唱声中领唱者的旋律，是教学流派的核心要素之一。当下，不少名师正在努力追求自己的风格，但风格究竟是什么，也并不明晰，同样影响了流派的形成和发展。因此，"苏派"发展中，要关注和加强教学主张、教学风格的研究。关于教学主张、教学风格的核心要素，我已有专文论及。

"苏派"研究可以采用不同的方式，不过，从近期研究的实践来看，个案研究是比较合适且有效的方式。事实证明，个案研究促进了不同教学流派的形成和发展。我们应当坚持运用和完善这一研究方式。

"苏派"研究还有不少问题亟待深入。我们相信，随着研究的推进，这些问题都会有新的进展。"苏派"精彩纷呈的春天一定会到来。

●苏派研究的文化视角

苏派教育应当建构并拓展文化的视角，甚或说，苏派教育研究的本质是苏派教育文化研究。

文化是一种力量。恩格斯早就这么判断："文化上的每一个进步，都是迈向自由的一步。"苏派教育最终要迈向自由的境界，从某一角度讲，苏派教育应当是一种自由的境界，无论是她的过去，还是她的现在，还是她的未来，都是向教育自由境界迈进的过程，而这些都要依靠文化力量的推动。不过，问题的讨论还可以再深入一点，那就是文化建设即是发展。联合国就是这么认定的。联合国教科文组织在《文化政策促进发展行动计划》中指出："发展可以最终以文化概念来定义，文化的繁荣是发展的最高目标。"显然，从文化的视角进行苏派教育的研究，不仅可以拓展研究的视野，而且可以开掘研究的深度；不仅可以用文化力量推进研究，而且可以把苏派研究和苏派发展定位为文化建设、文化发展的过程。

（1）苏派教育研究的意义，从文化的视角来认识，就是要形成和坚守集体的文化记忆，并以此有一种文化责任的担当。

据我了解，对于苏派和苏派研究，至今都是有不同意见的，简言之，有些人是不同意的。我坚持认为，任何一项研究有不同声音是十分正常的。为此，我要求自己提防研究的浮躁和功利，并努力做到从不同意见中汲取营养，来丰富自己，也来调整研究的内容和方式。不过，对此，我也常纳闷和不解：为什么艺术界、学术界可以有这家这派，而一提及教育的这家这派，有人就反感，就不赞同呢？原因常常不得而知，不过，我隐隐觉得，教育是保守的。当然，一定会有人这么质疑：难道提"派"就开放就进步吗？是的，进步不进步，开放不开放，绝不能看名称、看概念、看符号，但是，教育究竟为什么不能成家立派呢？好像还没有人出来说得很清楚。

李铁映有一篇文章《让理论之花开得更加美丽》。他说："理论是要立学立派。理论只要对实践，对社会有指导作用，就有人拥戴，就有人追随，也就自然有名了。理论的名声不是吹出来的，不是靠炒作能得来的，而是来自实践，来自社会，来自大众。中国的理论界应该鼓励成名成家，立学立派。……我们要努力创建中国自己的理论、概念和话语体系。"是的，江苏教育立学立派，江苏教育人成名成家，要理直气壮，声音要大一点。

其实，苏派教育是历史的存在，是客观存在。在长期的教育发展和改革的历史进程中，涌现了一大批有影响的教育家，涌现了一大批教育理论，形成了具有江苏特色的教育体系。这些理论和体系具有鲜明的个性，但又具有共同的区域特点，形成了江苏的"教育地图"，成为江苏的教育流派，这不是炒作起来的，是江苏教育人创造的，因此，是历史的存在，是客观存在。这种历史的存在和客观存在是一种文化存在，是文化发展的过程。文化存在和文化发展必然在人们的心里打上文化印记，随着积淀的不断增加，逐渐形成特有的文化心理结构，最终形成集体的文化记忆。

法国著名社会学家哈布瓦赫在其著作《论集体记忆》中说，记忆有两个重要转向，其中之一是个体视角转向了集体视角。他的观点可以概括为：对于那些发生在过去的，我们感兴趣的事件，只有从集体记忆的框架中才能重新找到它们的适当位置。当这些框架变化的时候，相应的记忆变化就会发生。自然联想到苏派和苏派研究，旨在找回这种集体记忆，并强化、优化集体记忆框架，再从集体记忆框架中找到江苏教育事件、人物、理论的适当位置。实事求是地说，江苏教育的集体记忆框架还有待进一步建构；值得注意的是，这种集体记忆有逐步淡忘的可能。因此，苏派和苏派研究，就是要回归出发地，承继传统；立足现代，对传统文化进行创造性转换。

（2）苏派特征的研究，从文化的视角来看，就是要研究、提炼苏派核心人物的文化人格，并以文化人格推动苏派团队的进一步形成和壮大。

苏派研究不能不研究苏派的共同的基本特征，或曰不能不研究苏派的教学风格。共同的基本特征也好，教学风格也好，其核心是鲜明的独特性，否则就无教学风格可言，亦无流派可言。到目前为止，我们已经对苏派特征作了梳理，比如苏南小学教学流派的教学风格，比如苏派的教学风格。实事求是地说，这都是初步的；加之，现在是一个"达则兼济天下"的高度开放和融合的时代，各种流派、各种风格、各种文化价值观都汇聚在一起，经过碰撞、吸收而逐步融合起来。因此，要把苏派的基本特征和教学风格概括得十分准确是相当困难的。但是，正因为此，苏派研究要深入要具体，苏派在广泛吸收的同时，更要"独善其身"，要坚守自己的边界和个性。

在这样的形势下，文化要发挥重要的作用。文化是需要解释的，文化是可以解释的，文化具有鲜明的力量，称之为文化解释力。文化解释力可以帮助我们从理论和时间两个方面对苏派的基本特征和教学风格进行解读。具体地说，在文化的理论解释方面，我们可以侧重在苏派核心人物的精神追求、核心价值的确定上，进行探讨和解释；在文化实践的解释方面，我们可以侧重在教育教学实践，尤其是在生活教育中，从苏派核心人物的生命外化的形态、人际交往的特点，以及自身教学的实践建构来进行梳理。其实，文化解释的两方面的语言可以聚焦在苏派核心人物的文化人格上。

风格即人格，吴冠中的"风格是人的背景"正是风格即人格的具体表述。因此，研究风格就是要研究人格。而人格又与文化紧紧关联。文化即人化，其内涵是：以文化人，人创造文化，文化成为人的精神家园。在文化学的意义上，苏派的基本特征或教学风格，即是文化人格。我认为，研究苏派核心人物的文化人格更具形而上学的意义。

有人从文化素质、文化水平、文化涵养和文化境界等四个方面对文化人格及其层次的攀升作了分析，认为"文化素质是对于一个人有无'文化'进行评价的基础层次"，"在文化素质的基础上，文化水平关乎的是人的文化能力，包括人的认知能力和创造能力"，"文化涵养是内涵的养成而不是外表的矫饰，它不仅需要知识的学习、能力的培养，往往更需要情操的陶冶，它是一种文化人格，更是一种道德人格"，文化境界"对于大多数文化人而言，其实也是源自人的文化良知的一种追求"，是对"高层次文化人格的评价"；"如果说，文化素质关乎'有无'的问题，文化水平关乎'高低'的问题，文化涵养关乎'厚薄'的问题，那么，文化境界关乎的是'阔狭'的问题"。[①] 这是对文化人格的一种解释，这样的解释为我们分析苏派核心人物的文化人格提供了一条思路。当然，我们未必就按此对苏派核心人物的文化人格进行逐一分析。

苏派核心人物的文化人格，还应从苏派核心人物出发。我认为，苏派核心人物的文化人格主要在以下三个方面。

其一，"人生为一大事来"——不断追求人生意义和教育意义的精神。陶行知先生总是把教育放在民族的进步、社会的发展的大局中来考量，总是把校长和教师的地位、使命和教育的意义与道德、与生活、与儿童的发展密切联系在一起。他说，人生要为一大事来，此"大事"正是教育的发展、良好教育的追求、生活教育的展开等。为此，他认为，教师的精神是"捧着一颗心来，不带半根草去"；教师的职务是"千教万教，教人求真"，而学生的职务是"千学万学，学做真人"。陶行知这种精神境界影响着苏派核心人物的文化人格，可以说，陶行知的思想已在苏派核心人物的心灵深处播下了种子，形成了苏派的"文化基因"。这种"文化基因"不断发育和壮大，支撑着苏派的灵魂，形成苏派核心人物的精神特质。李吉林正是具有不断追求精神的苏派核心人物。她一辈子做小学教师，一辈子做好教师。她的人生大事就是教好每一个孩子。因此，她用教育研究与实验去探寻教好孩子、做好教师的规律，用科学的方法去进行教育教学工作，从情境教学到情境教育，从情境教育到情境课程，从情境课程到儿童的情境学习，研究与实验从来没有停下前行的脚步。正是"人生为一大事来"抱负的激励，正是"捧着一颗心来"的境界，正是对"千教万教教人求真"信条的践行，才会不断追求，不断创造，苏派核心人物的文化人格才会如此美丽。

其二，"一切为了孩子"——朴素而深刻的教育情怀。陈鹤琴先生亲自创办了南京市幼稚园，进行幼儿教育实验，解放后又任南京师范学院院长。他提出，"一切为了孩子"，"为了一切孩子"，"为了孩子的一切"，成为教育的最高宗旨。他和陶行知一样，对苏派核心的影响是深刻的、深远的，"一切为了孩子"也已悄然地、深深地印刻在苏派核心人物的心灵里，成为又一"文化基因"，培育了苏派核心人物的广阔的教育情怀。由此，我们自然想起

① 于平. 文化人格的层次攀升［N］. 光明日报，2011-02-05.

斯霞。斯霞早在"文革"前就形成了"童心母爱"的教育思想。在南师大附小的校园里，一块石碑上有一个大大的鲜红的"爱"字，这是斯霞的手笔。不能说爱就是教育，以爱代替教育，但教育不能没有爱，爱要走在教育的前头，以爱的方式进行教育，孩子就是在爱的教育下成长起来的。斯霞不仅有爱心，还有可贵的童心，抑或说，斯霞是童心萌发了爱心，爱心滋养了童心。童心是可以超越年龄的，童心是圣人之心，童心是创造之心。斯霞的童心母爱已成为苏派的共同的文化人格，成为苏派的"文化符号""文化心灵"，既朴素、真实，又很深刻、丰富。正是这一博大的教育情怀，使苏派核心人物走得高，走得远，走得好。

其三，"教是为了不教"——先进的教育理念、精致扎实的教学品质。苏派的课堂教学总是那么引人关注和羡慕，因为它精致、扎实，但又十分生动，充溢着灵气。无论是孙双金的情智，还是薛法根的清简，无论是祝禧的文化，还是周益民的诗化，也无论是华应龙的"容错"，还是蔡宏圣的和谐，无论是徐斌的"无痕"，还是许卫兵的简约……一个个苏派新生代的核心人物都初步形成了自己的教学主张，逐步锤炼着自己的教学风格，在全国产生了越来越大的影响。可以说，精致、扎实不仅是苏派的教学风格，而且是苏派的教学品质，正是这样的品质影响着教学风格。值得讨论的是，苏派这样的品质和风格，有先进的教育思想和理念的强力支撑，其核心理念是叶圣陶的"教是为了不教"。"教是为了不教"，把教与学的关系，用最简单的、浅近的语言表达出来。其内涵相当丰富，十分深刻，揭示了教学的实质，阐明了教育的宗旨，提升了教育的境界，使教学在本质意义上获得了重大的回归。这是苏派教学的主导理念，这一"文化因子"也已成为共同的"文化基因"植入苏派的心灵。邱学华的尝试教学、张兴华的基于儿童的数学心理研究，都是这一基本理念、主导思想的深刻体现。

基于文化人格的研究，苏派核心人物的风格，乃至于整个苏派的教学风格可以有一个更有深度、更为准确的开掘和把握，并以核心人物形成苏派团队。

（3）苏派形成和发展的动因研究，从文化的视角来看，就是要研究和提升苏派赖以生存和发展的文化生态，使学校成为有利于创新的文化栖息地。

马克思说："人们自己创造自己的历史，但他们并不是随心所欲地创造，并不是在他们自己选定的条件下创造，而是在直接碰到的、既定的、从过去继承下来的条件下创造。"①历史正是这样。这种"直接碰到的、既定的、从过去继承下来的条件下创造"的文化，指的是特定的地域文化。中国不但是历史悠久的文明古国，而且是地域辽阔的多民族统一的大国，不但社会经济发展很不平衡，文化的发展也有显著的差异。因而形成了各具特色的地域文化。在中华民族文化的大背景下，正是这种有着显著差异的地域文化推动着经济社会的发展，并影响着推动着教育的发展。

处在长江中下游的江苏，长期以来的探索、创造、积淀逐渐形成了"既定的"具有江苏特色的地域文化。值得注意的是，与所有的地域文化一样，江苏地域文化"在产生之初当然是精确的，但由于漫长的历史逐渐泯灭了它们的地理学意义，变得疆域模糊，景物易貌，人丁迁移，只剩下大致的所在地区了"，"这种模糊的'地域'观念已经转化为对文化界分的标志"。②江苏的地域文化循着这种文化发展的轨迹，越来越开放，尤其是20世纪80年代以后，江苏更加开放，更加尊重并吸纳多元文化。在开放的过程中，地域文化的地域特征也逐渐模糊。因此，要非常准确地把江苏地域文化概括出来，是很难的。但是，不管怎么模糊，江苏地域文化的特质依然存在，它已深入到江苏人的心理结构中，形成特有的文化人格，突显了江苏与其他区域文化的不同之处。比如，研究表明，作为江苏地域文化典型意义的吴文化，与相邻的越文化相比，就有"好礼乐"与"善野音"之差别。尽管这说的是吴越在音乐上的不同风格，但"从一个侧面反映了吴越在文化上的差异——文野之别"③。这就不难理解苏派教学的显著特征——精致了。

从地域文化切入，无非是想讨论一个问题：江苏地域文化渐渐营造了江苏的文化生态。正是这种文化生态孕育着、影响着，乃至决定着苏派的发育、生长和壮大。

我认为，文化生态首先是核心价值观问题。所以，价值是事实中的理想。江苏一直鼓励学校、倡导校长应当有自己的理想追求，在明晰自己核心理念的基础上，逐步建构起学校的教育哲学。正如江苏省南菁中学一直高瞻

① 马克思恩格斯选集（第一卷）[M].北京：人民出版社，1995.

② 陈广忠.两淮文化[M].沈阳：辽宁教育出版社，1998：2.

③ 张荷.吴越文化[M].沈阳：辽宁教育出版社，1995：43.

远望，校长要做"放眼未来的教育管理者"，学校要以"为民族培养未来强者"为育人目标，因而形成"自主为先，学科培优，国际融合"的学校特色。而他们的理想追求，始终得到各方领导的鼓励与支持，如今在"幸福江阴"的背景下，他们的理想追求更为坚定。这种良好的文化生态，同样让江阴实验小学、江阴华士实验小学、江阴高级中学等学校声名鹊起。

文化生态聚焦在领导的理念及其制度设计上。江苏人曾经有这样的记忆："文革"前及改革开放初期江苏的领导有这样的要求——江苏不要"东张西望"。其主旨很明确：要以我为主，不要随波逐流；要稳扎稳打，不要做表面文章。在这样的要求之下，江苏教育人在追求理想的同时，教育教学总是务实的，形成了朴实、扎实的总体风格。但是随着改革开放的深入，江苏呈现出鼓励开放、创新的文化发展态势，各种教改实验和研究风生水起，蔚成创新的风气。李吉林的情境教育，李庾南的"自学·议论·引导"，洪宗礼的中外母语比较研究，中小学课标教材的编写等，都在自己教育主张的引领下，向教学的深度开掘，并在省市教育行政部门的支持下获得批准，成立了相应的研究所。江苏的制度是有利于名师成长，有利于流派形成的。

江苏的文化生态建设中，师范教育文化和教科研文化显得尤为突出。江苏有完整的师范教育体系，尤其是曾经有一批办得相当出色的中等师范学校，培养了一大批德才兼备的优秀学生，他们至今都发挥着极大的作用。我们怀念这样的师范教育。其实，在办好师范教育的后面，有一个重要的主导理念：省教育厅在某种意义上说就是师范教育厅。尽管这出自某位厅长之口，实际上已成为大家潜在的共识。同样地，江苏一贯重视教育科研，教育科研的普及与提高相结合，理论与实践的越走越近，宏观、中观、微观问题研究的相互影响与渗透，区域研究、学校研究、个人研究的并重，形成了江苏教育科研的大格局，而且越来越得到普遍认同与欢迎，并为各种流派的生成与发展提供了平台，也提供了专业支撑和引领。

如果作些概括的话，那就是：江苏正在进一步发展良好的文化生态，不少地区和学校正逐步成为名校的成长、研究共同体建构、各种流派形成和发展的文化栖息地。

第二辑
教育家的联想

　　关于教育家，我们有许多美好的想象，比如，教育家与知识分子，教育家与好老师，教育家与儿童……这些想象其实是对教育家内涵及其成因的探寻。想象，不在结果，而在对教育家美好人格的追索与赞美。

教育家：双手放在历史的舵轮上

"谁是教育家"是一个不错的话题。其实，这一话题倒不在于具体地指向哪个人是教育家，其真正意义在于，讨论什么样的人才是教育家，抑或说，教育家的特质究竟是什么。通过讨论，我们就会确立基本理念：教育家不是自封的，也不是某个行政部门授予的。

至今还没有一个权威的标准来判断谁是教育家，不过，关于政治家的标准倒有一个。马克斯·韦伯在其著名的演讲《政治作为一种志业》中说："有资格将手放在历史舵轮上的人必须具备三种素质：一是对事业炽烈的热情，二是对实现目标的神圣感和现实责任感，三是冷静理智的判断力和洞察力。只有这种情、意、知协调地结合在一起的人才有资格做政治家。"教育家与政治家是有差异的，但我们至少可以这么认定，教育家也应是将手放在历史舵轮上的人。

如今，教育的历史舵轮正驶向哪里？《国家中长期教育改革和发展规划纲要（2010—2020年）》非常明确地指出：全面实施素质教育是教育改革发展的战略主题。因此，教育的舵轮必须坚定地行驶在素质教育的航道上，教育家的双手必须牢牢地把握好这一方向。要知道，教育是对未来的定义，素质教育是指向未来的，是为了未来的，是可以创造未来的，是可以让中华民族再一次自立于世界先进民族之林的。有这样的认识和把握，才算得上有冷静理智的判断力和洞察力，才算得上有实现目标的神圣感和责任感。值得注意的是，当下，有些"名校长"和"名教师"，也包括一些教育科研工作者，至今都在为应试教育"打抱不平"，甚至要为应试教育正名，在行动中总是打上应试教育的印记。对缺少道德的应试教育恋恋不舍的人，怎能称得上是教育家呢？这样的人，哪还有什么知识分子的良知可言？这样的人肯定与教育家这一神圣的称号沾不上边。

我所理解的韦伯的"对事业炽烈的热情"，是应当表现在对教育理想与理想教育的追求上。我们自然会想起清朝著名军事家左宗棠的话："择高处立，就平处坐，向宽处行"。择高处立，指的就是要有崇高的理想，要在"昨夜西风凋碧树"的时候，"独上高楼，望尽天涯路"。那天涯的尽头，正有理想闪烁着光芒。说到这，总有人批评说，你们总是讲要有理想，要有梦想，可现实呢？不可否认，现实不尽如人意，可一点理想都没有的人，怎有炽烈的感情？怎会用理想引领现实的改造和建构？况且，左宗棠说得十分完整：不仅择高处立，还要在平处坐，而就平处坐，又不是画地为牢，而是在脚踏实地中，面向宽处而行。教育家就应当是如左宗棠所要求的人，是理想和现实双向建构的人。一个论述政治家，一个论述军事家，但似乎他们都在对"谁是教育家"作出回答。

如果这样论述还缺少一点教育家特质的话，那么，我认为教育家必须有自己的教育主张和风格。教育主张，就是教育思想，不过，教育家的教育思想更具个性化，也更鲜明、更坚定。远的不说，且说陶行知、叶圣陶，且说斯霞、李吉林，哪个没有自己的主张？陶行知的生活教育，叶圣陶的"教是为了不教"，斯霞的童心母爱，李吉林的情境教育，都闪烁着思想的光芒和独特的色彩。此外，将帕斯卡尔的话用在教育家身上是最合适不过的：教育家是靠思想站立的，教育家的全部尊严在于思想，在于自己的教育主张。

教育家是有鲜明风格的人。风格是教育家的最高境界，风格也是区别教育家的显著标志。英国当代思想史家伯林爵士将西方思想家与作家分为两大类型：狐狸型与刺猬型。狐狸型意指无所不知的百科全书型，但缺乏深度；刺猬型则有一中心主轴，自有一套思想体系，有自己的理论框架，绵厚精深。因此，有人将这两种类型当作两种不同的风格。我并不认为狐狸型有什么不好，但是倘若大家都朝"狐狸"努力，也许就没有一只"刺猬"了。因此，教育家应当具有"刺猬"的精神，更显"家"的风范与风格。

教育家文化品位的定格

研究教育家，推动教育家办学，教育家的文化品位是一个重要的命题。

文化具有渗透性和弥漫性，教育家的文化品位必定表现在教育家工作和生活的方方面面，有各种表现的形态和方式。不过，我认为，教育家的文化品位应首先定格在他的文化使命感上。

其一，以教育家的神圣感和智慧，用文化教育人、影响人、塑造人的心灵，使文化成为教师和学生共同的精神家园。马一浮先生在《对浙江大学毕业诸生的讲演词》中说得十分明确十分坚定："国家生命所系，实系于文化。"是的，只要这个民族的文化活着，这个国家肯定是活着的。教育家的文化使命，就在于教育中，用文化的方式唤醒师生的道德理性和文化意识，学生在文化的熏陶中成为现代中国人，进而共同建构中国的文化品格。"悠悠万事，唯此为大。"真正的教育家，眼睛绝不是盯着知识，更不是盯着考试和分数。知识是文化的组成部分，但是，知识不等同于文化。教育家的文化使命不是让学生成为"拥有知识的人"，而是成为"睿智的人"（杜威语）。在新的知识观下，知识是一种力量，但只有文化才能真正深入人的骨髓，流淌在血脉中。执迷于应试教育，只注重知识教育的人，绝不是教育家，也绝成不了教育家。这样，教育家的文化品位定格在人的塑造和对国家的生命、民族的未来的关注上。

其二，以教育家的敏锐和深邃，用文化的价值理想引领人，构筑学校的精神高地。文化的核心是价值观问题。价值往往凝练成思想和精神。马一浮先生在阐明文化与国家生命的关系后，紧接着说："文化根本则在于思想。"而"思想的运用和思想本身就能把地狱变成天堂"——《失乐园》的作者密尔顿失明后，用这一人生感悟道出了思想的无限力量。人的思想来自实践，也来自对星空的仰望，来自对理想的瞭望。用思想提炼成精神。鲁洁老师说得好："价值是理想中的现实。"教育家的文化使命，在于引领教师和学生，立足现实，又透过现实，看到理想。让师生共同去描绘学校的愿景，塑造校园精神和形象，改变教师和学生的思维方式和行为方式。这一切，成为学校的文化追求，在追求的过程中，构筑起学校的精神高地，在精神高地上挺起中华民族的脊梁。显然，教育家的文化品位定格在理想的价值、思想的张力和精神的品格上。

其三，以教育家的勇气与胆量进行文化创新，推动教育的改革与创新。文化的生命在于创新，创新是文化进步的灵魂，同样，创新也是教育家的文化使命和文化追求。如何对待创新，教育家面临着三个问题。一是如何对待传统。传统的本质不在过去，而在现在，甚至在未来，所以，创新不是对传统的否定，不是从零开始，可以是"有中生无"。但是，创新还应该"无中生有"，即对传统有理性的认识、客观的评价，在扬弃中去创新，创新也应重新出发。这就需要思想的解放，以及改革家的勇敢与真诚。教育家正是"不媚平庸"的创新者。二是如何对待创新的结果。因为创新存在巨大风险和不确定性，所以"绝大多数创新思想不会产生有意义的结果"（彼得·德鲁克语）。这就需要宽容、宽松以及宽厚的文化环境，需要教育家的胸怀及境界。三是如何对待创新的"叛逆性"。创新是对原有观念和方式的突围与突破，具有一定的叛逆性，也会使人有点不安。此时，需要教育家的坚信与坚守，更需要教育家的鼓励与指导。我们甚至可以说，教育家是陈规陋习的叛逆者。从根本上说，教育家的文化品位应定格在文化的创新上。

教育家在完成文化使命中提升了文化品位，文化品位成就了教育家，成为教育家的文化特征。

教育家要有美学精神

讨论教育家有不同的角度，不同的角度其实是教育家成长不同的维度。角度与维度建构了教育家成长的不同视野、不同格局。比如，教育家的美学精神就是一个不可忽略的角度。

我们谈教育家的精神并不少，包括教育家的情怀，但真正从美学精神的角度来讨论的并不多。而美学精神恰恰是教育家的重要特征，也是教育家成长的精神动力。习近平总书记在文艺工作座谈会上提出，文艺创作要弘扬中华美学精神，这一指示同样适用于教育家。我们应该用美学精神来照耀教育家的成长历程；换个角度说，教育家的成长过程正是培养美学精神的过程。在我看来，美学精神恰恰是教育家成长的最高境界。

不难发现，古希腊三大哲学家苏格拉底、柏拉图、亚里士多德都有不少关于美学精神的论述。他们都是哲学家，也都是美学家，当然他们也是当之无愧的教育家。非常有意思的是，师徒三人对美的认识与论述都有不同的角度和观点，相互补充，相得益彰，相当精彩。这本身就告诉我们，美、美学精神是多彩的、和谐的，充满着美的张力。如毕达哥拉斯所说："和谐是杂多的统一，不协调因素的协调。"这就不难理解，教育家应当具有不同的风格，各有不同美丽的侧面，诸多不同的风格和美的侧面才会编织成教育家五彩斑斓的图谱。

先说苏格拉底。被称作"西方的孔子"的他，十分重视道德伦理，甚至提出了"美德即知识""美德即智慧"的命题，尽管遭到了后人的质疑，但却透射出他的道德哲学思想。正如亚里士多德所说："苏格拉底不研究物理世界，而研究伦理世界，在这个领域里寻求普遍性，第一个提出了定义问题。"这暂且不论。我们要说的是，苏格拉底对美的一个定义：美是正义的行为。其实，这一定义又延续了他一贯的道德哲学思想。苏格拉底认为，美不是指一种正义的思想，而是指正义的行为。而这个正义的意思就是合适的，发挥其自己功用的意思。一个人只有充分地实现了自己，充分发挥了自己的功用，就是具有美的人，是个美丽的人。

在苏格拉底眼里，美学精神是正义的行为，当然，他并不简单地排斥正义也是一种思想。教育家必须具备这种美学精神。由此，自然想到鲁迅。鲁迅不止一次地发出"救救孩子"的呐喊，这是正义的呐喊。当下，"救救孩子"仍然严峻地考验着我们，考验着教育家，尤其考验着成长中的教育家。应试教育仍然制约着我们，结果是苦了孩子、累了孩子、伤了孩子，甚至毁了孩子，我们该怎么办？教育家陈鹤琴执着地说：一切为了孩子，为了一切孩子，为了孩子的一切。一个连孩子都不放在心里，只计较分数、注重升学率的人，怎能称之为教育家？他的良心到哪里去了？他的正义感到哪里去了？这样的人不仅不具备美学精神，而且颠倒、抹杀了真、善、美。美，是一种正义，让正义这一美的精神成为教育家成长的试金石吧。

再说柏拉图。他是苏格拉底的学生，据说在苏格拉底的梦中，他的膝上飞来一只天鹅，很快长出了羽翼，唱着嘹亮美妙的歌，飞向了蓝天。这只神鸟就是柏拉图。多美的故事！也许，柏拉图是为美而生的。柏拉图对美也有不少定义，说明他正在不断地探明、求证。最后，柏拉图得出一个结论：美是永恒的，无始无终，不生不灭，不增不减。它不是在此点美，在彼点丑；在此时美，在彼时丑；在此方面美，在另一方面丑……美并不是表现为某一篇文章、某一个学问……美是永恒的尺度，这就是美学精神。

教育家应具有柏拉图式的美，教育家本身就是美的。他不是一点美、一方面美，而是各方面都美；不是作品美、学问美，而是人格美；不仅追求美，而且要用美作为尺度，时时丈量自己、评判事物、澄明世界。教育家具有了这样美的品格，就会渐渐走向文化自觉、美的自觉。李叔同正是这样的人，他对学生的"温而厉"，讲诚信，讲人格，体现在自己的一言一行、一举一动中。李叔同是很美的，美学精神让他成为教育家。

　　不能忘掉"吾爱吾师，吾更爱真理"的亚里士多德。"更爱真理"正是一种美学精神。而且，亚里士多德还将美学作为一门独立的学问，称为"创制知识"。所谓创制，即为创造，艺术属于创制的知识。关于模仿，亚里士多德不仅不反对，而且提倡，但是，他更倡导创造，倡导让情感、意义彰显在所创造的事物中。创造，是崇高的美学精神；创造，让艺术家获得真正的美，也让教育家在美中获得进步与成功。

　　教育是极富创造的事业，创造是教育的本质。所有的教育家都富有宝贵的创造精神。陶行知是一个创造、创新的典范。"人人都说小孩小，谁知人小心不小。你若小看小孩子，便比小孩还要小。"多妙的一首诠释儿童、解读教育、弘扬创造的诗。当下正在成长中的教育家们，深谙此理，努力探索，积极创造，逐步形成自己的见解和主张，这是了不起的进步。但总觉得少了点什么。究竟少了什么？大概是少了那种崇高的美学精神，因而，少了点纯粹，少了点从容，少了点大气，少了点境界。创新，是忘我的。成长中的教育家们，能做到吗？

● 先生之风，山高水长

何为教育家？

自然想起捷克作家伏契克的《论英雄与英雄主义》。他说："英雄——就是这样一个人，他在决定性关头做了为人类社会的利益所需要做的事。"教育家就是这样的英雄，论教育家就是在论英雄。

自然想起费孝通先生。他曾引用中国古语称："以力服人者霸，以德服人者王。"这就是所谓的"霸道"与"王道"之分。教育家施行的是王道，永远以崇高之德唤醒人，鼓励人，点燃人，在教育的天地里建起价值坐标体系，又从教育出发，以价值引领整个社会向前。

自然想起庄子。他提出了极富个性特点的理想人格论："至人无己，神人无功，圣人无名。"教育家当是圣人。庄子又说："圣人者，原天地之美而达万物之理，是故至人无为，大圣不作，观于天地之谓也。"教育家无名，却在历史的册页中留下了一个个英名，留下了一个个闪光的人格。

英雄、王道、圣人，还有韦伯描述的舵手……这些对教育家的高位描述，固然有其道理，彰显了其伟大，但我更喜欢这样的描述——教育家是先生。先生，既是对教育家最本真、最崇高的称呼，也是对教育家最质朴、最深层的赞美。先生，即是教育家最伟大、最可敬之处。我们从心底里呼唤：先生，回来。

究竟是什么让教育家伟大？是"先生之风"。"云山苍苍，江水泱泱。先生之风，山高水长。"先生之风，温润我们的身心，让我们向往崇高；先生之风，改造、优化教育，让教育充满无限的魅力；先生之风，影响着社会，让社会有序、健康、进步。先生之风，山高水长啊！那历史的、时代的舵轮，乘着先生之风可以驶向未来；那英雄、那王道，迎着先生之风，可以让人顿生温情和敬意；那圣人之人格，闪烁着的正是先生之风带来的道德与智慧。今天，让先生回来就是让先生之风回来，让先生之风在教育的田野上吹拂，让草根焕发生命的力量，于是田野有了希望，有了永远的春天。

何为先生之风？先生之风，民族之风骨。马相伯把自己比作一只狗："我是一只狗，只会叫，叫了一百年，还没有把中国叫醒。"对祖国的忠诚，对中华民族彻骨的热爱，不言而喻。正是这种忠诚，让他"居身不使白玉玷，洁志直与青云齐"。钱穆，在台湾给学生上最后一课，那是在他家里，课文的最后一句话是："不要忘掉，我们是中国人啊！"他合上了书本，闭着眼睛，但心里那团炽热的爱国之情仍然熊熊燃烧着。于漪也有自己的最后一课。读小学时，日寇入侵，老百姓到乡下逃难，音乐老师在最后一课时教他们唱《苏武牧羊》，那种民族的悲壮、民族的血性、民族的情怀，至今都在她心头激荡。后来，她教语文，教学生学习法国都德的《最后一课》，那情感、那情景仿佛又回到了自己小学的最后一节音乐课上。

所有教育家都充满着家国情怀，先生之风，说到底是民族的风骨，是民族的自尊心、民族的自豪感、民族的自信和振兴中华民族的志向。正是这风骨，筑起了新的万里长城；正是这风骨，挺起了民族的脊梁。其实，民族的风骨是民族的核心价值观造就的。在推进具有中国特色的社会主义现代化建设中，在努力实现中国梦的今天，在深化教育改革的当下，我们更需要这种教育家的民族风骨，让教师，让学生，让中华民族，在世界多元文化、多元价值激荡的今天，站稳我们的脚跟。让先生的民族风骨回来！

先生之风，知识分子之社会良知。先生应当是知识分子。知识分子之所以是知识分子，不在于知识和知识的多少，而在于社会责任感和批判的勇气。季羡林，感动中国的人物。"心有良知璞玉，笔下道德文章。一介布衣，言有物，行有格，贫贱不移，宠辱不惊。他用自己的学问，铺成了大地美丽的风景，把文化汇入传统，把自己的心留给东方。"如璞玉的良知，是社会的责任感，支撑社会责任感的是他的道德文章。镇江籍教育家童琤，近代新式回民教育的先驱。他一生竭力倡导"唯有教育普及，才是振兴中华、改变回回贫愚落后面貌之根本"。他何止是为了回民呢？同是镇江籍的教育家茅于燕，一心为了弱智儿童。她说："让他们享受人生，让他们体验人生，因为他们自身是封闭的，希望他们同普通儿童一样得到人的权利，这就是我的一种愿望，这是我最大的愿望。"当然还有镇江籍的中国学前教育事业的开拓者左淑东，她把幼儿教师无私奉献的职业道德视为教书育人的立身之本。他们都是知识分子，永远闪耀着道德的光芒。

道德，人生之路不灭的光源；道德，智慧的内核；道德，幸福生活中德性的生长与实现；道德，最高的内心的法律……因此，在普遍意义上来说，道德是"人类的最高目的，因此，也是教育的最高目的"。赫尔巴特指出教育的本质是道德事业。因此，"国无德不兴，人无德不立"，习近平总书记指出了道德的崇高价值。知识分子的道德塑造了社会的良知，而社会的良知则是道德的体现。在道德处于困境的今天，面对"知识分子到哪里去了"的发问，教育家的回答是：我们，是知识分子，是公共知识分子。让先生的道德之光、知识分子的良知回来吧！

先生之风，崇高之美学精神。吕凤子，这位艺术教育家，他的美学精神具有中华民族文化之精髓、特质。他说："最合理教育云者，即穷异成异、穷己成己之谓。""美育是穷异成异，还人为人的非物教育，不是造就人上人的教育。"穷异，充分了解他人，发展他人；成异，使其他所有不同的个体均能取得成功；穷己，充分了解自己、发展自己；成己，尽己所才，尽己所能，使自己获得成功。美育，非物教育，而是成人之教育也。其精神是正则，即正心、诚意、修身、齐家、治国、平天下，讲规矩，讲规范，讲人品，讲品位，追求崇高，向往精神之伟大。吕凤子，这位先生，是美学精神的典范。

台湾画家蒋勋先生认为："美是看不见的竞争力。"这种看不见的竞争力，用黑格尔的话来说，就是"美与审美让人有解放的感觉"。解放，让人迈向自由境界，走向创造。中国的美学精神植根于中华优秀的传统之中，具体体现为致虚守静的修养方式，以及坐忘的心态与精神，去功利，去浮躁。先生们的审美追求与操守，影响着教育的品格。一如高尔基所言：美学是未来的伦理学，有学者将其演绎为：美学是未来的教育学。处在消费时代的教育，应当以美学精神抵抗享受与娱乐化的生存，去塑造师生美好的心灵。让先生的美学精神回来吧！

先生之风，鲜明独特之风格。风格，教育家追求的境界；风格，"是打开未来之门的钥匙"；风格，让我们过更专业的生活；也正是风格，形成了教育家的个性，成为教育家的文化符号。无论是于漪，还是李吉林、洪宗礼，无论是当代的，还是历史上的，无论是镇江籍的，还是全国的乃至国外的，教育家们无不彰显着鲜明而独特的风格。用诗人余光中的话来说，风格让自己长寿，学术生命永远年轻。

风格的深处是思想。风格是"思想的血液"，风格是"思想的浮雕"。而思想聚焦于人，指向学生，因此，教育家始终坚定地说，教育学是人学。教育家的风格，永远闪耀着人性的光辉。在教育越来越同质化的当下，在教师面对着有可能成为教书匠的当下，让先生的风格回来吧！

先生之风，山高水长啊！

先生之风，是一种教育文化，它让教师"再圣化"。是文化的力量改变着教育，是文化定义着发展。先生之风，山高水长，实质是文化让教育走向远处。我们应向先生学习，让先生之风充盈心灵，真正做一名好教师，让自己也有先生之风。这，正是为师之道。

●教育家的风骨

先生之风，山高水长。先生之风，首先当是他的风骨。

教育家最看重风骨，教育家最具风骨；风骨，教育家最伟大、最可贵之处。风骨，人之气概、气节、品格也。崇高的人格，不屈的气节，宽广的胸怀，刚毅的性格，爱憎分明之情感，独立自由之精神与思想等，构成了教育家的风骨气象。向教育家学习，首先是学习他们的风骨。

马相伯，乾坤朗朗、风骨清奇，尽显"国家之光，人类之瑞"。华东师范大学教授黄书光的这一评述实在恰当。1840年4月生于天主教世家的马相伯，把一生献给了教育事业。1879年，他做了一生中最惊人的一件事：将自己继承的三千亩田产献给耶稣会，作为创办后来被称为震旦学校的"中西大学堂"的基金。他还立下字据："自献之后，永不反悔"。在他63岁时，他为学校规定了三条原则：崇尚科学、注重文艺、不谈教理。叫醒中国的赤子之心，怎能不让人钦佩、崇敬？马相伯告诉我们，教育家心中应有对祖国的赤诚，有民族振兴的责任、使命，应有忘掉自己、牺牲自己的气概和精神。这叫什么？这叫风骨。

唐文治，无锡国专的创始人。面对国难，他风骨铮铮，教学生做人，教学生做有民族气节的人。他从《尚书》中提取"作新民"三字定为校训。他又亲自撰词创作校歌："俭以养德，静以养心，建功立业，博古通今。为生民立命，为万世开太平。"何等的气概！1931年"九·一八"事变以后，日寇侵华的枪炮声震国人，抗日救国的情绪在无锡国专师生中沸腾，唐文治校长以他特有的方式激发、鼓励学生的爱国感情，他同意并支持学生停课三天，让学生去城里作抗日宣传。他还在膳堂里悬挂大字书写的《膳堂铭》："世界龙战，我惧沦亡；生聚教训，尝胆越王；允文允武，阳明继光；明耻教战，每饭不忘。"何等感人！当年12月24日，无锡上千名学生赴南京请愿，要求政府出兵抗日，双目失明的唐文治亲自送请愿的学生至校门口，一直凝望着学生远去……这情景至今都使人难以忘怀。1932年1月，上海发生"一·二八"事变，日军烧杀焚掠，惨无人道。学校经费严重困难。为了学校，为了学生，为了让学生面对外侮，永远有民族的气节，从4月起，作为校长的唐文治带头减薪，带动全校教员集体减薪三至四成。这件事让学生刻骨铭心，永志不忘。唐文治告诉我们，在国家、民族危难之际，当有民族的脊梁、民族的血性，同仇敌忾，奋勇抗争。这叫什么？这叫风骨。

自然想起陶行知。他有民族之魂，永揣理想，执着于实验研究，为了民众，奉献自己，永远在行知路上前行。他人格崇高，风骨峻峭。芝加哥大学历史系教授曾评说陶行知等人有可能成为甘地，但他们最终没能成为，其中一个重要原因便是政治权力的产生压迫着他们，理想无法实现。陶行知绝不是为了成为英雄，而是为了民众，为了教育，因此，面对权力的重压而无所畏惧。当晓庄学校被查封，陶行知被通缉，流亡日本，一年以后回国，仍然坚持办学校，搞教育实验。当"普及教育""义务教育"无法实施时，抗战时期他提出"大众教育"。抗战胜利后，他又提出"民主教育"，向师生宣告"学习民主，帮助创造民主的新中国"；还高呼"大家都来上民主第一课"。陶行知告诉我们，一个有良知的教育人，心中永远有人民，永远为大众，永远怀抱教育的理想，而理想又化为一个个教育信念和教育实验，永不退缩，越战越强。正是在"行知"中，陶行知成了人民教育家。这叫什么？这叫风骨。

教育家一个个远去了，给我们留下了一个个背影。从他们的背影，我们看到了教育家的风骨；虽是背影，却又看到了一个民族的正面。这是先生之风啊，先生之风，山高水长啊！

进入21世纪，时代变了，社会进步了，技术变了，生活方式变了，世界变得越来越丰富多彩，价值观变得越来越多元、复杂，教育面对着越来越多的问题，将会接受越来越严峻的挑战……我们需要追问的是，有什么是不能变的？有什么不仅不能变，而且越发要坚守？教育家告诉我们，这仍是风骨。

永远记着斯霞。她以庄重的口号说：我是普通的小学教师，我为自己是小学教师而自豪。组织上曾请她担任南京市教育局副局长。做了一个多月，她回来了，回到她所熟悉所钟爱的小学，回到她喜欢的课堂，和可爱的孩子们在一起。教学改革越来越深入、具体，各种实验模型不断涌现时，斯霞说，不管什么改革、什么研究、什么模式，有一条原则是不能变的：不能加重孩子们的负担。这就是爱，是童心母爱。她清楚地知道，教师只有母爱是不够的，但是，她很认真地说，教师应当有母爱——最高尚最无私的爱。当然，斯霞的母爱已成了教育爱、教师爱的代名词，既是母爱，又超越母爱。教一年级语文时，课文中有"我们爱祖国"的句子，斯老师让小朋友说说什么叫祖国。孩子们说，祖国就是南京。她说，南京是城市的名字，是祖国的一座城市。孩子们又说，祖国就是国家。她说，是的，祖国是国家，可是世界上还有美国、英国……好多国家呀。孩子们终于明白了：祖国就是自己的国家。斯老师非常肯定地说：是的，祖国就是我们自己的国家，我们爱自己的祖国。于是，教室里回荡着稚嫩却坚定的声音："我们爱祖国。"这声音永远回荡在孩子们的心里。斯霞告诉我们，童心母爱是温柔中的坚定，是坚守中确立起的信念，是教育的情怀，这就是教育家的风骨。教育家的风骨是具有美学精神的，正是这样的美学精神，引领着教师发展走向崇高境界。

至此，我们可以回答：当今社会，作为教育家什么不能变？何为风骨不能变？那就是永远的民族精神，永远的家国情怀，永远的教育理想，永远的人格尊严，对学生永远不变的爱，对学术追求永远不变的品格。这些都是金钱买不到的东西。完全可以说，在任何时候，金钱买不到的东西就是风骨。我们坚信，只要风骨在，精神就在；只要风骨在，人格尊严就在；只要风骨在，教育家就在；而教育家在，教育的希望就在。"教育是未来的定义"，这一判断的另一层意思是，教育家可以定义未来，因为他们有风骨。

行文到这里，本该结束了，又总觉得还有什么没说完。是什么呢？哦，那就是"为生民立命，为天地立心，为往圣继绝学，为天下开太平"；哦，还有那"厚德载物，自强不息"；当然还有"嚼得草根，做得大事"。也许这些"中国梦"铸就了教育家的风骨，铸就了所有教师的风骨——我们应当有这份自信，这是中国教师的自信，中国教育的自信。

教育家的风度

教育家既要有风骨，也应该有风度。

风骨与风度总是紧密相连，有时候，风骨显现与表达的就是风度，而风度则是风骨的折射。不过二者还是有些微差异的，不准确地说，风骨是教育家的可贵、可敬之处，而风度则是教育家的可亲、可爱之处。无论可贵、可敬，还是可亲、可爱，都是伟大之处，二者的联系与和谐统一，形成了教育家的整体风貌。

需要说明的是，正因为这些微的差异，才显现了教育家的不同个性。讨论风度，我们知道，教育家伟大，但他是人而不是神，虽崇高，却可亲近；虽风骨铮铮，却有着无声的温情。关注教育家的风骨，不能不关注教育家的风度。

风度常常表现为一种独特的姿态。季羡林先生的姿态大概就是在路上从容前行。有这样一个故事：一位新来的大学生为了去报到、注册，请这位看起来像是校工的老者代为看管行李。这位老者老老实实，忠于职守，在行李旁看管了一个多小时。第二天开学典礼，这个新生看到了那位老者坐在主席台上，他满脸惊奇，老者竟然就是著名学者季羡林，在北大校园里，只要看到这位长者穿着布鞋，慢慢地走着，在他后面所有的人都会放慢脚步，也慢慢地走着；骑自行车的人立马跳下车，推着车跟着前行。因为他们知道，前面慢慢走着的那位长者就是季羡林。慢慢走，从从容容，不急不躁，但从来没有停下前行的脚步。这就是一位教育家的姿态，是教育家的风貌，也是教育家的风度。

风度常常表现为一种独特的状态。不必去细分状态与姿态，只是想从整个状态上看看教育家的风度。"文质彬彬，然后君子"，大概就是教育家的状态。想起辜鸿铭先生，当他被聘为教授时，他把那根"文明棍"交给那位外国人助手，气宇轩昂地走上主席台去致词。潇洒、超脱中带着一种中国人挺直腰杆的姿态，一种精神状态——自信、自尊与自豪。当然，这既是一种风度，也是一种风骨。想起陈寅恪，当他双目失明时，他第一件事不是去医院，而是叫他女儿立即通知学生，今天的课不能上了，请假。后来，他家的阳台成了教室，他坐在书桌前，静静地等待。上课铃声响起来，他会换上长衫，拄着拐杖，迈着步子，走向阳台，坐在椅子上，开始上课。讲到某处，或者听到学生回答到某处，他总是眯着双眼，凝视着远方。不管身体如何，也不管境遇怎样，教育家总是意气风发，风华正茂。这是教育家的状态，仪式感里有着神圣感，是外在的，更是内在的。这是教育家的风度。

风度常常表现为一种独特的才情。小学语文特级教师、情境教育的创立者李吉林是一位才情满溢的儿童教育家。她会朗诵，那些诗篇在她吟诵中像是一幅幅鲜活的图景；她会当主持人，那是"文革"刚结束，她要报幕，翩翩从台后走到台前，风采照人；她会拉手风琴，在悠悠的琴声伴随下，孩子们跳起了舞蹈；她会游泳，雨中拉着女教师一起跳下学校的荷花池，自由自在地游了起来；她会书法，为专著题写书名，俊逸、遒劲；她是省女排队员，曾是跳伞运动员；她可以演话剧，可以作画……多才多艺，有才情有才趣，而这一切又都自然地体现在情境教育里。教育家的风度当是一种风华与风采。

姿态、状态、才情、风貌、风发、风华、风采说到底是一种风范与操守。而风范操守会带来一种风气，积极向上，快乐自由，真诚认真，文明和谐，这是文化的影响，彰显的是文化的力量。风度的意义、价值的确不在其本身，而在于文化的吸引力和影响力。

再说说张伯苓当校长的故事吧。张伯苓一生的事业在教育，先后创办了南开中学、南开大学、南开女中、南开小学和重庆南开中学，等等。南开者，"难开"也。办学艰难，张伯苓走武训的路子，今日乞东家，明日丐西家，以自家面子来换银子。向人讨钱，这是什么感觉？还有什么风度可言？可张伯苓愿意。员工工资一涨再涨，最高月工资升至300元，而他自己呢？原地踏步，一直在100元。一天去一个豪华会局，别人都开着豪车，而张伯苓，这位大学校长，粗布陋裳。门卫拦着他，问："你是什么人？"他坦然答道："校长。"门卫立正，问："张校长，您的车呢？车号是多少？"张伯苓又是坦然一笑："11号。"对于张伯苓来说，所谓风度，就是为了学校，为了教师，其他一切都是无所谓的，坦然、发自内心的遵从，这是最美的风度。

史上流传着"只有一位学生的老师"的故事，故事的主人公是金岳霖。这位刚从哥伦比亚大学获得博士学位回国，在清华大学教书的教授，要开办哲学系。他想招收学生，可报名的寥寥无几，要求又很高，招不到理想的学生，大半年过去了，只招到一名学生。这名学生叫沈有鼎。沈有鼎在大家眼里是怪人：外表邋里邋遢，一件蓝布长衫，不穿破穿烂就不会脱下；一边走路一边思索，眼睛里总是很迷蒙、茫然；匆匆地走，想他自己的事，从来不和别人打招呼。可金岳霖说："我的门下终于有人了，这个学生我要了！一心做学问的是不注意生活细节的。"有时上课，沈有鼎会直截了当地说金教授："你讲错了！"有次说到美国数学家、逻辑学家、哲学家哥德尔的著作时，金岳霖想借来看一看，沈有鼎对他说："老实说，你不懂的。"可金岳霖先是"哦哦"两声，然后说："那就算了。"金岳霖没感到下不了台，没感到学生冒犯了他，而是对学生宽容，甚至是尊重。有教师说，金岳霖太宽容了，太过度了，可金岳霖却不这么认为。金岳霖没风度吗？他风度扫地了吗？答案当然是否定的。所谓风度，不是表演，更不是炫技，其核心是为了学生，爱学生，尊重学生，引领学生发展，舍此，还有什么风度可言呢？即使有了一些为人称道的风度，又有什么存在的价值意义呢？风度是有温度的，而且是有方向的。风度绝不在表面，不在形式，而是在其内核和实质。

我们可以对教育家的风度作一个梳理。教育家的风度当是君子风度。君子风度表达的是君子之道，君子之道是"君子怀德""君子之德风""君子成人之美""君子坦荡荡""君子中庸""君子有礼""君子知耻"①。教育家风度当是知识分子风度。知识分子表达的社会责任感、批判的勇气，以及坚持真

① 余秋雨. 君子之道 [M]. 北京：北京联合出版公司，2014：14.

理、正义，不是靠思想而活，而是为思想而活。知识分子风度代表着人类的良心。教育家的风度当是学者风度。学者的风度表达的是科学的态度、严谨的治学品质、研究的品位追求。梁启超将此称作"为学与做人"。他演讲时说："'你为什么要求学问？''你想学什么？'恐怕各人的答案就很不相同，或者竟自答不出来了。诸君啊！我替你们回答一句罢：'为的是学做人。'"①做一个真正的人，学问才会表现出一种风度。教育家风度从不离弃教师的风度。教师的风度表达的是为人师表，学高为师，身正为范。教师在学生面前有永远被学生称羡的风度。这是教育家永远的风度。

教育家风度，映射着"先生之风"，而"先生之风，山高水长"，像是汩汩的清水，流进我们的心里，流进学生的心田。教育家的风度，本身就是教育，本身就是一种文化。我们仰慕教育家的风度。

---

① 梁启超.梁启超清华大学演讲录［M］.北京：东方出版社，2015：1.

●教育家的风格

在我国，风格最早是用来指一个人的风度、品格的，是对人之品貌的全面评价。在西方，风格一词的语意也是不断延伸和拓展的。法国博物学家、文学家布封在《论风格》的演说中说："风格为人的思想的一种秩序的安排和运转的方式"，认为作品所含的知识、事实都是身外物，而"风格却是本人"。江苏省教育科学研究院资深研究员孙孔懿认为："风格是特殊的人格。"正因为此，歌德在《自然的单纯模仿·作风·风格》一文中说："在我看来，唯一重要的是给予风格这个词以最高地位，以便有一个用语可以随手用来表明艺术已经达到和能够达到的最高境界。"我理解，"随手用来表明"，意思是风格能最简洁、最准确，也能最方便用来描述和全面评价一个人的整体风貌及其独特性。为此，我们也应该"随手"用风格来描述和评价教育家。

确实，风格不只是外在的东西，它关乎思想，关乎艺术，关乎人格，风格追求与形成的过程，正是人格的塑造和完善的过程，正是思想的锻造和提升的过程，也正是艺术不断臻于最高境界的过程。不难作出这样的结论：风格是教育家的显著特征，是未来教育家的必然追求和重要条件，甚至还可以这么论断，风格是造就教育家的重要途径和突破口。讨论教育家的成长，风格是一个绕不开的问题。

一、教育家当有鲜明的个性和独特的风格

丰子恺先生曾经写过一篇随笔《李叔同先生的教育精神》，文中比较了李叔同与夏丏尊的不同风格。夏丏尊先生曾经指出李叔同做人的一个特点：做一样，像一样。李先生一做教师，就把洋装脱下，换上一身布衣，灰色长布衫，黑布马褂，金边眼镜换成钢丝边眼镜。他对学生和蔼可亲，从来不骂人。学生犯了过失，他当时不说，过后特地叫这学生到房间里，和颜悦色，甚至低声下气地开导他，态度的谦逊、真诚、郑重，使学生感动不已。这是李叔同的风格。夏丏尊则不同。夏先生心直口快，学生生活上大大小小的事情他都要管，像母亲一样爱护学生，学生也像对待母亲一般爱他，都知道他的骂是爱。因为他的头像木瓜，学生给他取个绰号叫"夏木瓜"。其实这不是绰号，而是爱称。

李叔同与夏丏尊有着共同的特点：爱学生。所以，丰子恺称"李先生和夏先生好像我们的父亲和母亲"。相同的爱，却有不同的态度和方法，不同的态度和方法表现的是不同的风格。丰子恺的这段回忆，让我们对教育家及教育家的风格有了许多新的认识。其一，教育家有着真实的人性。在学生面前，他首先是一个真实的人，不同的态度和方法是从心底里流淌出来的，学生感受到的是发自心灵深处的爱，因而学生能接纳、会感动。风格，确实是人格的特殊表现形态。其二，教育家既具有共同的人格特征，又具有不同的个性，教育家是具体的，是"这一个"，是"那一个"，教育家是一个丰富多彩的人的世界，而不是抽象的、笼统的。学生面对这一丰富多彩的世界，才觉得教育生活完整、多彩、有趣，才觉得教育家不仅值得敬重，而且可爱，是可亲可学的。其三，风格有着一些重要的特征，但其本质特征应当是独特性。所谓独特，有人用比喻来诗意地描述：风格是众多合唱声中领唱者的旋律。领唱的旋律与合唱声浑然一体，又与众不同。教育家应当是合唱队中优秀的、独特的领唱者。教育需要领唱者，需要有与众不同的旋律——风格。

用这样的故事以及观点来观察当下对教育家的宣传和解读，不难发现，在对教育家的认识上有失偏颇。主要问题是没有去关注和研究教育家的个性，亦即没有认真探讨教育家的风格。讨论与宣传教育家的精神思想，尤其是宣扬教育家的事业心、爱心，固然是对的，而且是必需的，但只解读这一

方面而不关注个性风格又是很不够的，其结果往往会造成一些假象，误以为教育家是"神"，可望而不可即，深不可测，高不可攀。倘若如此，风格被遮蔽了，个性被淹没了，说到底，朴实而崇高的人性，可能被神秘化了。这是其一。风格的"缺席"，往往使教育家失去了鲜活个性，失去了活力，从某种意义上来说，这样的教育家是不完整的，也是不真实的。讨论与研究教育家的风格，让教育家回归真正的生活世界，让大家真切地触摸到教育家完整内心世界的这一面与那一面，这一种与那一种，从而倾听到真实的心灵的声音，感受到教育家就在我们身边。这是其二。如前文所述，风格的追求与形成可以作为教育家成长的重要途径和突破口。教育家的成长有多个核心要素，也有多个发端，多个切入口和突破口，但因风格是特殊的人格，所以风格可视作教育家成长关键性的核心要素。从追求与形成风格入手，可收牵一发而动全身之效，推动教育家核心成长要素的实现，让未来教育家在成长之路上可以走得更好更高。这是其三。正因为此，在教育家成长的实践和研究中，应当将风格的讨论置于十分重要的位置。让风格永远在场，就是让真实的、完整的、鲜活的教育家永远在场，就是让我们广大教师、学生永远和教育家在一起。同时，让优秀、杰出教师有这样的追求：也许我成不了教育家，但我永远有教育家的情怀，永远有着自己的主张和风格，永远努力像教育家那样去教书育人。我认为，这才是"教育家办学"的崇高境界，也才是教育家培养工程或奠基工程的最高使命与旨归。

二、教育家风格的核心是爱的真诚与无私

1979 年春天，南京大学校长匡亚明收到一封奇怪的告状信。告状信没有原告的姓名，只注"一名教师"，也没有被告。更奇怪的是连申诉的理由也被"匿"了，被告有什么不当之处，也只字不提。匿名信的大意是：匡校长，我不想把我向您反映的意见写出来，只是希望您能在晚上 11 时后，到教职工宿舍前站一站，看一看，就可以晓得我的意见是什么，知道我批评的是谁了。如果您第一天看了没有悟出来，第二天再去就一定会全然明白我告状的主要内容。匡校长接到匿名告状信以后，按匿名信所述于夜里 11 时赶到了教职工宿舍楼前。那时的楼不高，只有四层，他一看，一层、四层灯火

通明，可是二层、三层一片漆黑。他一看就明白了：开灯的在开夜工，关灯的已经入睡，而开夜工的是教师，早眠的是行政人员，行政人员住的层次好，教师住的层次差。他知晓了：行政人员"欺负"教师。这怎么行！大学里不能容忍行政化倾向，匡校长立即要求给教师调换房子。这一举措，提升了知识分子的地位。

这就是教育家，这就是教育家的精神。匡亚明这位教育家以他亲自的行动告诉我们，"教育家应当有精神，教育家的精神不虚空，因而也算不上伟大"，它具体、实在。我们常说，教育家的精神是挚爱教育事业，而匡亚明则用行动诠释了热爱教育事业必须落实在热爱教师和学生身上。我想，真心实意地爱教师、爱学生是热爱教育事业的核心，一个不真心实意爱教师、不把自己的心灵献给学生的人，怎么可能是教育家呢？

匡亚明的事迹还告诉我们，真正付出爱是需要勇气的。匡亚明心底无私天地宽，不怕得罪学校行政人员，没有瞻前顾后，没有纠结，而是当机立断，毫不犹豫地作出决策，立即采取了行动。这让我想起了一个重要概念：知识分子。知识分子敢于坚持真理，敢于追求光明，敢于发表自己出自道德良知的独立见解，这才是真正的勇气，这样的人才是真正的知识分子。教育家首先应当是这样的知识分子。

说到爱学生，不得不提胡适。胡适是教育家，他爱学生，一心一意，真真切切，又把爱隐藏起来，让学生不知觉，表现了一种大爱的情怀。林语堂是他的学生，出国留美留德的费用，名义上是向北大借的钱，其实是胡适个人资助的 2000 美元，当然是无需归还的。没有这笔留学款，林语堂可能就不是今天的林语堂了。青年陈之藩不是胡适的学生，比胡适小了好多岁，后来成了忘年交。出于对青年才俊的爱惜，胡适同样资助 400 美元作为保证金，让陈之藩出国留学，使之完成了学业，当然也无需他归还。胡适说："我借出的钱从来不盼望收回，因为我知道，我借出的钱总是'一本万利'，永远有利息在人间。"确实，胡适用自己无私的品格铸就了最重要的利金。"永远有利息在人间"，就是他的爱，他的帮助，永远在他所热爱的学生中，而学生又去帮助其他人，"利生利""息生息"，越滚越大。为着未来，为着民族，他的爱永远生发着巨大的效益。

教育家对学生的爱，因为是无私的，所以是悄悄的，从不张扬，也从不炫耀，反之如果爱的行为越轰轰烈烈，倒可能不是真正的爱，他很可能成不了教育家。有教师常常这样追问自己：今天我爱学生了吗？学生感受到了爱吗？第一句，固然重要，但第二句更重要，缺少爱的艺术，爱可能会变异，学生感受不到爱，爱的价值也就失去了。英国哲学家罗洛·梅有部著作的名字叫《爱与意志》，他认为爱与意志是教育中的两个因素，应当相提并论，缺一不可，没有爱的意志只是一种操纵，缺乏意志的爱，必然只是一种无谓的伤害。爱的意志是什么？爱的意志在哪里？教育家告诉我们：在对学生爱得真诚，对学生爱得无私。

三、教育家的风格是思想的血液

风格的深处是思想。福楼拜说："风格是思想的血液。"别林斯基则说，风格是"思想的浮雕"。血液也好，浮雕也罢，是思想铸就了风格的力度和厚度。可以说风格是思想的另一种表现方式，思想常常融化在风格中。所谓风格的独特性，主要是思想的独特性，独特的风格表达的正是独特的思想。我把独特的思想称为教育主张。教育主张是教育思想的个性化，教育主张较之一般意义上的教育思想或教育理念，更具稳定性，也更具体，教育主张也是教育思想学科化的表达，教育思想或理念化为教学见解，体现了教育思想与学科特征的融合。

我们可以先举一些其他的例子，因为"家"是相通的。张季鸾是民国时期最具声望的报人。1926 年，张季鸾郑重其事地提出了独立办报的方针，即"四不"方针："不党、不卖、不私、不盲"。"不党"主要是防范编辑工作受到政治理念的干扰；"不卖"则力图排挤金钱对报纸的腐蚀；"不私"主要从报纸功能上明确为公服务的原则；"不盲"则主要是从编辑主体角度阐明实践中应规避的行为。这是张季鸾的办报宗旨。办报主张，形成了办报的风格，独立、鲜明、坚定。正是由于这样的主张，在他主持笔政的三十余年间，办出了最好的报纸。夺得国际建筑界最高奖"普利兹克奖"的王澍，尽管他反对别人用风格来总结，但他确实有着自己独特的个性，因为他有自己的主张："我作为一个建筑师之前，是一个知识分子，一个文人"，"造房子就是造一个世界"，"我的建筑会呼吸"，"尊重过去，而不要只是把它抹掉"。

王澍不是教育家，但这些主张用之于教育（何况他是大学教授）不也道出了教育的真义与真谛吗？如此看来，无论是报人，还是建筑师，还是其他什么"家"，有没有自己的主张，风格是不一样的。

尽管"家"是相通的，还是要回到教育家上来。叶圣陶，著名教育家，他有自己的教育主张。他讲过这样的话："小学教育的价值，就在于奠定小学生一辈子有真实明确的人生观的根基"，"学校教育的目的就在于使学生养成正确的人生观，因而不能不注意教育与人生的关系"。在这一核心主张与引领下，他又提出了"七大观"："学校教育应当使教育者一辈子受用"的教育本质观，"教育就是要养成良好习惯"的素质教育观，"就是为了达到不需要教"的教育哲学观，"受教育的人的确跟种子一样"的学生主体观，国文是"发展儿童心灵的学科""应付生活的工具"的语文教育观……历史走过了这么多年，至今我们都沐浴在"养成习惯""教是为了不教"以及"学生跟种子一样"等主张的阳光下，感受着丝丝清凉和永远的温暖。读着他的话，我们眼前浮现的就是叶圣陶那和蔼的面容、扬起的寿眉、智慧的眼神，那人格，那风格，一直抚慰着我们的心灵，撞击着我们的思想。

教育主张是教育家风格的灵魂，它让教育家站在一块高地上，俯瞰教育田野，瞭望教育的未来世界。教育主张让教育家的风格中满含学术的色彩和研究的含量，因而有厚度、有深度、有力度。用这样的观点来观察一下当今未来教育家的成长，不难发现，有些人虽努力、刻苦、勤奋，但缺失的是自己独立的人格、自由的精神，缺失的是独特的见解、鲜明的主张、深刻的思想，因而往往面面俱到而略显"平面"。当然这也是一种风格，"风格"一词源于希腊文，原义为雕刻刀，但原义用歌德关于"风格是艺术所能企及的最高境界"等论述来考量，这样的"风格"偏离了风格的深刻意蕴，缺失了思想的血液，因而它一定是平庸的，而且算不上教育家的风格，至少不是大家所认可、所称道、所仰慕的风格。

四、教育家的身份与风格以及必须谨防的"官风"

教育家的风格与他自己的身份认同和追求紧密联系在一起。教育家自己认同什么身份，追求什么，就会在实践中形成什么样的风格。从这层意思来说，风格的确是特殊的人格。当代画家吴冠中认为，风格是人的背景，其含义是，风格是人格的投射，而且风格应当任别人去评说。

教育家应当有什么身份？应该形成什么样的风格？又应当警惕和谨防什么样的不良作风？

教育家首先是知识分子，应当有知识分子的人格和风格。季羡林曾被评选为"感动中国人物"，组委会给他的颁奖词是：心有良知璞玉，笔下道德文章。一介布衣，言有物，行有格，贫贱不移，宠辱不惊……我认为，这是对季羡林最朴实然而又是最高的评价，季羡林是真正的知识分子。知识分子有自己的人格特征，那就是具有璞玉般的社会良知、独立性，以及批判精神，而且具有平民的情怀。显然，衡量知识分子的根本尺度不是知识。教育家的风格应当是：宠辱不惊、贫贱不移、不卑不亢、求真求实，脑中装着知识，但心中装着社会、祖国与民族。这样的风格与一些当官人的风格截然不同。

教育家应当是学者，应当有学者的风度和风格。教育家视学术为生命，绝不以金钱、利益、地位、官职为追求。一心追求学术的人，体现出的气质肯定与一心当官的人不同。梁启超，著名的思想家、教育家。作为教育家，梁启超的学问，自不待言。其实，他不仅学问做得好，站在讲台上，亦别有一番风采。他给清华大学的学生上课，走上讲台，眼光向下一扫，然后是简单的开场白："启超没有什么学问"，眼睛向上一翻，轻轻点点头，"可是也有一点喽！"谦逊，又不乏可爱的自负。这是一种学者的风格、名士的风度，事实亦如此。同样是学者的熊佛西回忆他的老师梁启超道："先生讲学的神态有如音乐家演奏，或戏剧家表演：讲到幽怨凄凉处，如泣如诉，他痛哭流涕；讲到激昂慷慨处，他手舞足蹈，怒发冲冠。总之，他能把整个灵魂注入他要讲述的题材或人物，使听者忘倦，深入其境。"学者，学术铸就了自由的品格和风格。

教育家应当是研究者，应当有研究者的品格与风格。教育家不是教书匠，研究是他的方式和习惯。而研究者的态度是实事求是，承认无知，从问题出发，深入研究，力求突破。王国维，大师也。他讲课逻辑性强，凡经他做过精深研究的课题，都有严谨分析，有肯定的结论。但是，当他碰到某些问题时，又常以"这个我不懂"一句就带过去，有时一节课下来，竟说了几个"我不懂"。"我不懂",不乱讲、不搪塞;"我不懂",需要研究,需要搞懂。教育家总是在研究中求学,以研究对待教学,研究是教育家的品格,形成了研究的风格。

　　说以上这么多,无非是说,教育家不是官,不应有"官风",千万不能沾上官气,染上官腔,"官风"不是教育家的作风,也不是教育家的风格。遗憾的是,当下的一些名校长、名师对此缺少应有的警惕,甚至有所沾染,这,很危险。研究教育家的风格,必须让教育远离官僚化。让教育家以自己的身份,以自己的风格与品格,去引领教师,与大家一起推动教育改革。

教育家与知识分子

几年前，北京 958 展览会上，放映了《先生回来》的纪录片，片中选取了民国时期著名的校长、教授，有蔡元培、梅贻琦、胡适、陈寅恪、梁漱溟、陶行知等。记得有人说过这样的话：那些背影让我们发现了民族的正面。

评说得真好。其实，那些背影，并没有远去，而民族的正面永远向着未来。他们是真正的教育家，无论是背影，还是正面，都在宣告：教育家首先是知识分子，教育家首先要做真正的知识分子。是知识分子的风骨，让他们挺起了民族的脊梁；是知识分子的风骨，让他们显现了民族的正面。于是，一个话题摆在我们面前：教育家与知识分子。

何为知识分子？在我的阅读视野中，捕捉到这样的信息：当年，俄国一批有知识的人，茶余饭后在酒吧、咖啡馆聊天，聊的不是私事，而是当前的社会和民生，是俄罗斯的今天与明天，后来这批人被称为知识分子。此外，在法国，左拉、卢梭他们为一个普通的小战士辩护，因为政府判小战士犯了叛国罪。这是天大的冤屈，可谁敢于和强大的政府对抗？有，就是左拉、卢梭这批有知识的人。小战士被无罪释放的时候，一些政府官员酸溜溜地说，左拉、卢梭他们是知识分子。这两个案例告诉我们，是不是知识分子，不是看他有没有知识，以及知识有多少，而是有比知识更重要的尺度。

这尺度是什么呢？有学者对知识分子的本性与品性作了分析。比如，《知识分子都到哪里去了》的作者弗兰克·富里迪说："定义知识分子的，不是他们做什么工作，而是他们的行为方式、他们看待自己的方式，以及他们所维护的价值。"可见，知识分子是超越职业的。依我看，所谓知识分子，第一，要有强烈的社会责任感，有社会的良知，家国情怀、民族认同永远在心中；第二，关注真理、正义和时代趣味这些全球性问题；第三，追求独立和自由的生活；第四，"为思想而活，而不是靠思想生活"，为思想而活，是为了思想，为了理想，诞生新思想，捍卫新思想；第五，保持批评的态度，有批判的勇气和能力；第六，总是处在紧张的、积极的、创造的状态；等等。

知识分子的这些精神、思想、情怀、品质，还有方式，教育家都应该具备，知识分子与教育家在本质上应是一致的。看看那些教育家吧。马相伯，这位在孩童时代就喜欢和太阳对话的少年，后来，他这么说："我是一只狗，只会叫，叫了一百年，还没有把中国叫醒。"叫醒中国，是他纯真的良知与崇高的社会责任感，他愿做一只狗，但他的人格却无比伟大。蔡元培，毕生倡导教育救国、学术救国、科学救国，推动中国的思想启蒙和文化复兴。他说："只要培养一大批学者，国家就有希望。"后人评价道："他是新文化运动之父，他通过改变一所大学进而改变了一个民族。"梁漱溟呢，他的信念是：通过乡村建设工作重新建立中国新秩序。他曾大声呐喊："国性不存，我生何用？"他不认为自己是国学大师、哲学家或者教育家，用"三军可以夺帅也，匹夫不可夺志也"来评价他，是最合适的。还有梅贻琦，还有陈寅恪，还有陶行知……面对他们，我们从心底里呼唤：他们是先生，是真正的知识分子，是伟大的教育家。

如今，我们需要教育家，呼唤教育家办学，其实是需要知识分子，呼唤知识分子回来。教育正处在转型期，教育综合改革正在推进，立德树人的根本任务要落实，学生发展核心素养要研究，要着力培养，课程改革要深化……透过教育，我们还应看到党中央"四个全面"的战略目标、"五个发展"理念，看到社会主义核心价值观，看到法治，看到"一带一路"等等，古老的中国正在走向世界，中国梦正在催发我们的斗志和行为。名师们、未来教育家们，该怎么办？我们要管好自己的"一亩三分田"，但又不能只管"一亩三分田"，抑或要把"一亩三分田"与偌大的中国梦、中华民族复兴联系起来；我们决不能只盯着那知识，更不能只盯着那几个升学率，"只要学不死，就往死里学"，"掉泪掉肉不掉分"，这哪里是一个有社会良知的人说出来的话？面对着应试教育越来越公开化，我们该怎么办？我们急切地呼唤：知识分子，你到哪里去了？也许，这时候，比呼唤"教育家，你在哪里"更急切、更紧迫。我们应该响亮地回答：知识分子在这里，我们是知识分子。

教育家只能是少数，而知识分子应是绝大多数；教育家可能是单数，而知识分子一定是复数。知识分子可以走向教育家，也不一定非走向教育家不可；当教育家一定要成为知识分子，而且教育家应当引领知识分子。遗憾的是，当下，讨论教育家的热度很高，而讨论知识分子的声音却是那么小。应该倒过来吧，这样，教育改革和发展才有真正的希望。当然，也许是话语方式不一样，知识分子这一概念使用得还不够。不过，我想，知识分子的声音，关于知识分子的声音，关于教育家与知识分子的声音会越来越大。

•教育家与好老师

常常想起两位教育家：钱穆先生、叶圣陶先生。他们都曾经做过小学老师。钱穆先生在上大学讲台之前，多年在无锡一带的小学当老师，还做过小学校长。晚年他最怀念的就是那段当小学老师的岁月。他说，当年争取到了编排课程的自由，所以音乐课、体操课与国语课同为全校师生每天的必修课。92 岁时，钱穆先生在台湾素书楼上最后一课，那时他已目盲力衰，课快结束时，钱先生忽然慷慨激昂地呼喊："你是中国人，不要忘了中国！……做人要从历史里探求本源，要在时代的变迁中肩负起维护中国历史文化的责任。"

叶圣陶先生，1917 年春，到苏州水乡古镇甪直的小学任教。他和老师们一起自编各种课本，创办生生农场、利群书店、博览室，造礼堂、建戏台、开同乐会、恳亲会，辅导学生自编自演话剧，组织学生远足旅行。他说，那几年充满了快乐、希望。"教是为了不教"，"学了还要学"，"学生是教师的伙伴"……这些真知灼见，无不与他当小学教师的经历有关。

走过了一个时代，但历史的镜头总在我们的眼前闪现，"你是中国人，不要忘了中国"总在心里回响；"教是为了不教"，总在今天的课堂里实践着、实现着。在以往的著作、报刊中，以上的一些描述，大多是作为教育家、国学大师的思想、理论、学术出现的，而很少见作为教师的钱穆和叶圣陶的思想出现。我想说的是，钱穆先生、叶圣陶先生是教育家、大师，但请不要忘了他们曾经是个老师，是个好老师，而且在大家的心目中，他们永远是个好老师。因此，一条逻辑主线在我们面前清晰起来：教育家首先应该是个好老师，要从好老师开始，走向教育家。钱穆先生、叶圣陶先生，还有许多教育家，为今天正在成长中的教育家树立了好榜样：努力做个好老师，永远做个好老师。

毋庸置疑，中华民族需要教育家，伟大的时代需要教育家；也毋庸置疑，中华民族能够出教育家，伟大的时代能够诞生教育家。如果把当今的中国教育当作一片高地的话，那么，教育家就是高地上耸立起来的高峰，没有高峰的高地，必然是平庸的；如果把教师们比作优秀合唱队的话，那么，教育家就是合唱队里杰出的领唱者，没有领唱者，合唱队也优秀不到哪里去。历史的经验，教育改革的历程，已证明了这一论断：我们需要教育家。但是，转换一个角度看，没有高地，怎么可能有高峰？没有合唱队，领唱者还有什么价值？所以，历史的经验，教育改革的历程也不止一次地证明另一个论断：我们需要大批的教育家，而且，更需要一大批好老师。

把目光投向世界吧。联合国教科文等四个组织，共同提出一个口号："复兴始于教师"。教育的复兴，始于教师；国家的复兴，始于教师；中华民族的复兴，始于教师；复兴教师，才能复兴教育，只有复兴教育，才能复兴民族。当然，教育家也是教师，不过，"复兴始于教师"这一口号，其核心思想是，要建设好教师队伍，把复兴的希望寄托在广大教师身上。习近平总书记在教师节号召全国教师做个好老师。他并没有忽略教育家，也没有轻慢名师、大师。在文艺工作座谈会上，习总书记提出文学艺术的高地与高峰，我想，其中内在地包含着教育的高地与高峰。但是，一再提倡、鼓励大家做个好老师，却有着十分重要的意义，应是一种战略意义。对此，我们必须深入领会，准确把握。所以，当下在推行教育家工程、项目、工作室的时候，千万别忘了广大教师做个好老师这一更宏大的工程，也千万别忘了教育家工程、项目、工作室，重点应放在首先做个好教师上，否则，有可能变成一片浮云。

什么是好老师？又想起三位当今的教育家：于漪、李吉林、洪宗礼。他们至今都还在学校，仍然是老师，而且是好老师。于漪老师说："我做了一辈子教师，我一辈子学做教师。"一辈子做教师，表达的是忠诚与执着，一辈子学做教师，表达的不只是谦逊，更重要的是对专业的永远追求与深度的修炼，让自己更专业、更智慧、"更教师"。这样的老师肯定是个好老师。李吉林老师说："我是一个竞走运动员，又是一个跳高运动员。"竞走运动员，表达的是永不停歇、永远前行、永远不离开大地的精神和情怀；跳高运动员表达的则是目标、意义不断提升的境界，让自己永远在研究、实验、改革的路上攀登。这样的老师肯定是个好老师。洪宗礼老师说："我把工作当作学问来做，我要站在讲台上，又要站在书架上。"把工作当作学问来做，表达的是，教学即研究、教师即研究者的理念，站到书架上去，表达的则是读书、钻研的愿望，其实，他本身已变成了一本书。这样的老师肯定是个好老师。他们都用自己切身的体会、感悟演绎着习总书记关于好教师的要求——"理想信念、道德情操、扎实学识、仁爱之心"。好老师自有标准，更重要的是自有扎实的行动。好老师之好不在他的口号，而在他教书育人的行动中。我们坚信，好老师的要求、标准不低，但经过努力是可以逐步实现的。

好老师不等于就是教育家，教育家的标准、要求更高，更有深度、更有厚度、更有宽度，因此也更有难度。但是，如果不以好老师为基础，不从做好老师开始，一步步向前走，是诞生不了教育家的。当然，我们做好老师的时候，心里想的不应是做教育家，而是内心呼唤着：为了我们的孩子们，为了我们伟大的中华民族而做好老师。

●教育家与儿童

有一首歌一直在我们教师之间流传、吟唱，名字叫《教师歌》。内容是这样的："来！来！来！来到小孩子的队伍里，发现你的小孩。你不能教导小孩，除非是发现了你的小孩。来！来！来！来到小孩子的队伍里，了解你的小孩。你不能教导小孩，除非是了解了你的小孩。来！来！来！来到小孩子的队伍里，解放你的小孩。你不能教导小孩，除非是解放了你的小孩。来！来！来！来到小孩子的队伍里，信仰你的小孩。你不能教导小孩，除非是信仰了你的小孩。来！来！来！来到小孩子的队伍里，变成一个小孩。你不能教导小孩，除非是变成了一个小孩。"

这是中华儿童教育社的创始人陈鹤琴先生邀老朋友陶行知为该社同仁谱写的社歌。陈鹤琴先生是儿童教育家，是教育家。"来！来！来！"成了他发自内心的呼唤，真诚，急切；"发现你的小孩"成了他研究教育的重大主题，平实，深刻；"了解""解放""信仰"成了发现儿童的必要前提，而且是大前提，坚决，无可置疑；而"变成了一个小孩"则成了一种境界，崇高，伟大。这首《教师歌》，诠释了陈鹤琴先生的儿童观。所谓儿童观，就是如何看待儿童，如何对待儿童。陈先生就是这么看待和对待儿童的。

一个伟大的教育竟然以"发现儿童"为主题，而且如此真诚，如此强烈，如此坚定。这是一种精神、一种品质、一种情怀、一种责任。陈先生从心底里发出这样的声音：教育是关于儿童的教育，离开儿童就没有真正的教育，更没有良好的教育。从中，我们深切地领悟到：教育家离不开儿童，离开儿童无所谓有什么教育家，无所谓有什么儿童教育家。从本质上讲，教育家是儿童教育家，是儿童研究的最优秀、最杰出的人。于是，教育家的研究和成长，应有一个共同的、永恒的话题：教育家与儿童；有一个共同的核心理念：教育家在儿童研究与教育中成长起来。

历史证实了这一点。《教师歌》又让我们自然想起了陶行知。陶行知先生也是一位教育诗人。他写过《小孩不小歌》："人人都说小孩小，谁知人小心不小。你若小看小孩子，便比小孩还要小。"这首小诗略带一点俏皮，还有一点调侃，甚至还有一点讥笑，似乎陶行知微笑地盯着我们看。他以诗诠释：小孩不小，小孩很大，小孩有人的最伟大之处，小孩应当是成人之父。道理说得十分简明：小与不小，不在年纪，而在他是不是内心丰富，是不是内心有无比强大的创造潜能。大教育家写出了儿童诗，陶行知先生从另一个角度诠释并演绎自己的名字：永远了解儿童、知晓我们的孩子；永远伴随着儿童前行，永远行进在发现儿童的旅程中。对儿童的热爱、认识与发现，应当是教育家最具本质性的属性和根本任务，也应当是教育家发展的动力与成长的最高境界。

不只是教育家，古代的学者们也这样去论述儿童。明代的李贽论述过童心："夫童心者，真心也；……若失却童心，便失却真心；失却真心，便失却真人。"而老子这样判断：圣人的精神状态，最后要复归于婴孩。婴孩，与圣人在精神上是一致的、相通的。难怪世界上有几部关于"复归生命"的电影，比如《返老还童》。美国著名导演伍迪·艾伦曾说过："下辈子，我想倒着活一回。"这个戴眼镜的怪老头设计了实现"倒着活一回"的步骤：第一阶段就是死亡。第二阶段是他在敬老院睁开眼，一天比一天感觉更好，直到因为太健康被踢出敬老院，领上养老金，然后开始工作。第一天就得到一块金表，还有庆祝派对。第三个阶段是40年后，够年轻了，可以去享受退休生活了。狂欢，喝酒，准备上高中了。接着上小学，然后变成了孩子，无忧无虑地玩耍。不久，成了婴儿，直到出生……这是一种想象，想象回到婴孩的复归过程，在学术上叫作"生命复现"。《回归种子》的古巴作家阿莱霍·卡彭铁尔这样说："人在孩提时期和耄耋之年这两个极端的相似性，从某种意义上说生命是可以复现的。"因此，教育儿童，其实质是在引导他们，并且自己也在经历"生命复现"的过程——教育与生命紧密地、自然地联系在一起，教育是何等神圣。教育，其实是"回归种子"，教育家其实是培育"回归种子"的人。

我们应该成为一个儿童，尤其是教育家。陈鹤琴先生说："让我们重温一下儿童的生活吧。"陶行知先生说："等到您重新身为一个小孩子，您会发现别的小孩子是和从前所想的小孩子不同了。"他还这么想象，假如重新做一个小孩，"我要立志做小事，立志做大事""我要多玩""我要亲近万物、大自然、大社会，云游公园、山林"。教育家李吉林老师说，自己是一个"长大的儿童"。教育家蒙台梭利称自己是一个"作为教师的儿童"……他们说的都是同一个意思：教育家在本质上应当是一个儿童，教育家应当首先做一个儿童。用陈鹤琴先生的话来说，"除非"这样，你才可能真正成长为教育家。也只有这样，教育家才能真正建构自己的教育立场——儿童立场。儿童立场是教育的根本立场，是教育的出发点与归宿；站在儿童立场上的人，才能回望历史，也才能瞭望未来。未来也将证实这一点。

是的，教育家是永远站在儿童立场上的人。比如斯霞，"童心母爱"是这位教育家对儿童立场最生动、最丰富、最精彩的概括。"文革"结束后，学校里来了不少外国客人，斯老师指导三年级学生以此为内容练习作文。一位小朋友这么写："今天学校来了许多外国客人，其中一位法国女阿姨特别漂亮……"办公室里的老师一听，说"法国女阿姨"是个病句。斯老师说："是的，这句子有毛病，但我暂时不想改，因为这是小孩子的视角，是小孩子的表达方式。"随课文识字，是斯霞老师倡导的识字教学法和阅读教学法，这不只是个技术问题，更重要的是顺应儿童学习、发展的应有节奏问题。尽管有不少识字教学法，还有不少阅读教学法，但是这所有的教学法最终都是作用于儿童的。而儿童是个整体，他不会去和你的教学法一一对应，他有自己内心的渴求和内在的发展节律。因此，一切的一切，都要基于儿童已有的经验，从儿童的需求出发，采用适合他们的方法去施教，才会有良好的教育效果。无疑，斯霞老师是最懂儿童的，是有鲜明儿童立场的，她不愧是教育家，不愧是儿童教育家。

值得注意的是，教育家与儿童的关系认识，还不能止于以上层面，因为时代在发展，社会在进步，儿童也在改变发展中。"新童年社会学"的研究在深入展开，对儿童的认识也随之而深化。与过去的童年研究不同，"新童年社会学"的研究既不将童年理解为一种普通存在的生物学现象，也不将儿童视作社会化过程中未完成的消极个体。"新童年社会学在认识论上有两个新的突破：首先，它认为儿童不是消极的、接受建构的对象，而是积极的社会行动者，是建构自身现实存在的参与者。"① 这些研究的新成果，为当下的儿童研究开辟了新领域，提出了新课题。无疑，名师们、正在成长着的未来教育家们，如何提升自己的研究视角，如何对儿童的研究从"类"的研究转向个体研究，如何对童年经验和意义有新的文化解释，如何突显儿童发展中的主体性、积极参与性……都迫切地期待着我们去研究。

陈鹤琴、陶行知、斯霞、李吉林等教育家对儿童的认识和发现并未过时，仍然是我们宝贵的财富，毫无疑问，我们要继承、要弘扬，同时也要有新的发展。教育家永远与儿童在一起，儿童永远在教育家的心灵里，教育家与儿童的互动、对话、推动，教育的发展，也必然推动教育家站在教育的制高点上。

---

① ［英］艾莉森·詹姆斯等. 童年论［M］. 何芳，译. 上海：上海社会科学院出版社，2014.

第三辑
先生回来

　　教育家总是与先生自然相联，折射出中国教育的情境和脉络。先生之风，山高水长……让先生回来吧。

● 先生回来

2015 年，江苏省镇江市举办了一场特别的座谈会，邀请于漪、李吉林、洪宗礼三位语文大家讲述自己的故事。三位都是镇江人，这次是一起回家。座谈会邀请我主持，一开始，我就说，这次座谈会有个主题："先生回来"。很巧的是，前些年在北京曾放过一部纪录片，介绍的是民国时期的校长和教授，题目也是"先生回来"。

"古者称师曰先生。"先生，一个崇高的称谓，古朴、悠久、厚重，有浓浓的文化味儿。不是所有教师都可以被称为"先生"的，因为"先生"乃是一种修为，纯粹，慎独。依我看，名师、教育家应当是"先生"，"云山苍苍，江水泱泱。先生之风，山高水长"。要成为名师，成为教育家，首先要让自己成为真正的先生。

先生回来，不仅仅是于漪先生回家了，李吉林先生回故里了，洪宗礼先生重返故乡了，更是师德、师风、为师之道回来了。因为他们带来了教育家的情怀，高尚的师德，深邃而素朴的思想，高超而高效的艺术，尤其是那颗永远为孩子、为民族未来而跳跃着的火热的心。

是的，久违了，我们需要重温师德、师风，需要回到为师之道上来。如今，全面改革、深化改革、综合改革，改革的何止是课程、教材、教法？何止是办学条件、资源开发、管理创新？人是目的，教师是改革的主体。2010 年 10 月 5 日国际教师节，联合国教科文组织等四大机构确立了

"复兴始于教师"的主题；我国一再明确"教育大计，教师为本"。可见，世界各国都在强化一个战略思想和伟大举措，即依靠教师去创造真正的教育、良好的教育，去创造更美好的未来，因为教育是对未来的定义。尤其是在当下，教师面临着更为严峻的挑战：多元文化、多元价值观涌来，难免产生价值困惑，乃至价值迷乱；金钱社会，道德下行，人格逐渐矮化，教师已不是先生，而是被称为"老板"，以至斯文扫地。学者遍天下，而先生阙如，这是一个不争的事实。因此，我们急切地呼唤：先生回来，先生回来。

这是时代的呼唤，是教师原义、本义的呼唤。先生回来，就是让崇高、神圣、纯洁、本真回来；先生回来，一言以蔽之：教师的精神、思想、道德要"再圣化"——教师需要有神圣感、崇高感、伟大感。如此，才能让所有教师面对着先生，让所有人面对着真正的教育，产生这样的"心流"：高山仰止，景行行止，虽不能至，心向往之。重温习近平总书记2014年教师节论"好老师"，是多么中肯、多么具有穿透力。其实，名师、教育家，说到底是个好老师，是个"先生"。

想起了于漪先生。于漪说："我做了一辈子教师，我一辈子学做教师。"一辈子做教师，更多的是情怀、态度、价值取向；而一辈子学做教师，则是求真、求善、求美的过程，坦荡，谦逊，坚守，精进。先生带回了情怀与品格。

想起了李吉林先生。李吉林说："我是一个竞走运动员，又是一个跳高运动员。"竞走运动员，更多的是不离大地坚韧不拔地前行，永远追逐地平线；而跳高运动员，则是目标不断提升，追求更高的境界，仰望星空，逐向山峰之巅。先生带回了精神与境界。

想起了洪宗礼先生。洪宗礼说："我把工作当作学问来做，我要站在讲台上，又要站在书架上。"把工作当作学问来做，更多的是要做学问、做研究，教学即研究，教师不是教书匠；而站在讲台上和书架上，更多的是要读书、学习，教师永远是读书人，永远在书的海洋里徜徉。先生带回了读书的品质与工作的方式。

这些就叫先生回来。

先生回来，让道德回来。赫尔巴特说："道德普遍地被认为是人类的最高目的，因此，也是教育的最高目的。"蔡元培认为："若无德，则虽体魄智力发达，适足助其为恶，无益也。"苏霍姆林斯基作出重要判断："道德是照亮全面发展一切方面的光源。"教育是事业，首先是道德事业，无德则无教育，甚或是反教育；教师首先是道德教师，无德则无真正意义上的教师，教师也不会在讲台前挺起脊梁。古训曰："修身齐家治国平天下"，首先是修身，是道德修养，然后才可能齐家、治国、平天下，其中十分重要的是道德意义的生长和道德力量的焕发。

十分遗憾，十分痛心，社会的道德、教育的道德、教师的道德进入困境，在道德两难前，少数教师非常困惑，作出了错误的选择，师德从来没有像现在这么重要、这么现实、这么严峻。蒋梦麟先生说："社会之中，各个人之价值愈高，则文明之进步愈速。吾人若视教育为增进文明之方法，则当自尊重个人始。"马相伯自称是"狗"，"叫了一百年，还没有把中国叫醒"。爱国，爱人民，爱教育，爱学生，先生之大爱大德也。先生之德，回来吧，用我们的道德，唤醒正要沉睡的教育。

先生回来，让思想回来。人的全部在于思想，独立之精神，自由之思想，应当是所有教育者的共同追求。蔡元培先生毕生倡导教育救国、学术救国、科学救国，推动着中国的思想启蒙和文化复兴。"思想自由，兼容并包"，这一校训至今闪耀着真理的光芒，恢复这一校训，实质是让思想回来，让思想照亮教育改革与发展的征程。所谓思想，是对教育深刻的认知、准确的把握、独特的见解、鲜明的主张。而这些都聚焦在什么是教育、什么是真正的教育，什么是学校、什么是伟大的学校，什么是课程、什么是先进的合适的课程，什么是教师、什么是学生，等等，几乎涵盖教育的方方面面。当年，陶行知先生阐明自己的教育主张："生活即教育，社会即学校，教学做合一。"陶行知闪光的教育思想，一直影响至今。当下的行政"官员"们、校长们，还有教师们，怎么让自己在思想中站立起来？让先生回来，让思想回来。

先生回来，在我看来，就是让知识分子的风骨回来。知识分子的本质特征、评判标准，不是知识，而是社会的良知、批判的勇气，是具有中华美学精神的风骨。在困惑面前，在困难面前，在挫折面前，在违反规律的现象面前，都能看得清、把得准，脚跟站得稳，都能坚决地说："不，这不行！"挺起脊梁，担得大事，为了中国梦而抱有教育的理想，面对金钱的诱惑，可以高傲地仰起头，面对错误的价值冲击，予以澄清而去践行核心价值观。这就叫作风骨，这就是真正的知识分子。有了风骨，才可能有所谓的风格。

先生，回来吧！

"活教育"的核心理念及现代意义

在教育教学改革日益深入的今天，我们常常想起陈鹤琴。因为陈鹤琴已成为一种教育符号，代表着中国教育的品格和风格，他的教育思想、教育理念至今都是先进的、科学的、鲜活的，至今都有重要的指导意义。陈鹤琴是永恒的。重温陈鹤琴，再一次认识和发现陈鹤琴，开掘陈鹤琴教育思想的现代意义与价值，是一项重大的工程和永恒的课题。

一、"活教育"：陈鹤琴教育思想的主体与主导

陈鹤琴教育思想犹如一座宝库，有开发不完的矿藏，内涵极其深厚和丰富，既有宏观的视野，又有微观的深入；既有理论的阐释，又有实践的指导；既有幼儿教育的深刻阐述，又有关于小学、中学、师范学校教育的精到论述；既有课程的专论，又有具体教学方法的探微。我认为，在这座思想宝库中，其主体思想是"活教育"的思想；"活教育"思想在陈鹤琴教育思想体系中起着骨架支撑作用，主导着教育思想的发展、教育理论的建构及教育实践的方向。

陈鹤琴的"活教育"思想呈现着以下特点：

第一，"活教育"是一种新的教育制度。在对旧的教育制度进行揭露与反叛以后，他从儿童的发展出发，从根本上构建了新的教育制度，以此推动

教育的进步和社会的进步。因此，"活教育"绝不仅仅是一种理念，也不仅仅是一种教育方法和手段，更是强大的制度性力量。

第二，"活教育"是一个完整的教育体系。从教育目标的设立、教育原则的确定，到课程的构造、教材的编写，从教育原理的阐述到教学方法的规定，都围绕着"活教育"展开。它并非随意，而是具有鲜明的目的和严谨的计划；它并非零散，而是具有整体的设计。

第三，"活教育"是教育理论指导下的一项实验。陈鹤琴在新教育理论指导下开展了教育实验，先后于 1923 年在他创办的南京市鼓楼幼稚园和 1929 年在上海中华儿童教育社进行实践和研究，形成了"活教育"的雏形，然后在江西他所创办的国立幼师及幼专进行深入的实验，最终于 1940 年 10 月诞生了"活教育"。它不是一种口号，也不是实践经验的简单总结，而是实验的成果，既具有理论性，又具有实践性。

第四，"活教育"具有教育的普适性。陈鹤琴说："虽然这个新的运动的活动范围目前主要限在小学及幼稚园，但我们深信，随着时间的推移，它将在高中、学院和大学展开。"事实也正是如此。"活教育"的精髓——培养"活"的儿童、"活"的人，各级各类教育都应追求和坚持。它不仅适用于幼儿园，而且具有普遍的指导意义和价值。

第五，"活教育"虽不是陈鹤琴的首创，但陈鹤琴为之作出了巨大的贡献。陈鹤琴曾说："活教育并不是一项新的发明，它的理论曾经被世界上不同的教育权威创导过。"陈鹤琴坚持了它、完善了它、发展了它。具体表现在：（1）"活教育"的本土化。他说："这并不是泛美国化的东西是不应当用的，而是因为这两个国家的国情是不同的。……要晓得我们的小孩子不是美国的小孩子，我们的历史、我们的环境均与美国不同……所以，他们视为好的东西，在我们用起来未必都是优良的。"将外国先进的教育理论与中国的国情相结合，陈鹤琴使"活教育"具有了民族的品质、特点和风格。（2）"活教育"在幼儿教育领域的具体化、体系化。陈鹤琴在《活教育》的发刊词上完整地勾勒了"活教育"的体系，并与"死教育"作了比较：课程——"整个的"，"以大自然大社会作主要的教材，以课本作参考资料"，"时间倒为功课所支配"；教学——"多在户外"，"启发式、诱导式"，"自动的"；教师——"快乐、乐观"，"慈爱"，"负责"，"了解儿童心理"，"创造能力，研究精神"；

行政——"学生自己管理的","考核成绩在活动",等等。

通览《陈鹤琴全集》，梳理陈鹤琴的理论体系，观照陈鹤琴的改革实践，我们不难发现，"活教育"是陈鹤琴的主要追求，是陈鹤琴教育思想核心之所在，他的教育教学改革的具体观点、举措和实践操作，都是围绕"活教育"展开的。研究陈鹤琴，应当着力研究他的"活教育"；继承陈鹤琴的教育思想，应当准确把握他的"活教育"。我们不仅要把"活教育"刻印在陈鹤琴的旗帜上，也应写在今天幼儿教育改革的大旗上。

二、"活的儿童"："活教育"的核心理念

陈鹤琴非常明确地指出，活教育是为了培养"活的儿童"；"以儿童为中心"的教育才是真正的教育，才是"活教育"。其一，在对"活教育"十个特点的概括与揭示中，位列首要的就是"活教育的中心是儿童"。他说："在整个学习过程中，儿童就是能动的核心，学校中一切活动是为儿童。"这一核心理念诞生于对旧教育的批判中。在破除清王朝旧的教育制度以后，他敏锐地指出："与过去几十年实行的旧教育制度相比，真是迈进了一大步。但是，在教学方法上还是很不足的。……是教师而不是学生构成学校活动中心，教师们教导学生学习、讲课、布置作业，命令学生做这做那，教师们简直就是他们统治的小小教学领地的'皇帝'。""我们清楚地看到传统学校里的儿童，真是一些小可怜虫。"陈鹤琴一语中的，击中了旧教育的症结，揭示了"活教育"的核心，言之凿凿，对儿童充满着同情，而且毫不迟疑，毫不含糊地宣告："活教育的中心是儿童。"其二，这一核心理念凝练于幼儿园的教育改革实践中。他对自己所创办的鼓楼幼稚园的教育原则作了概括，主要是三条："幼儿应自由活动和游玩；家庭与幼儿园应对儿童教育共同负责；应允许儿童们在户外游戏……"三条原则都离不开儿童，都是为了儿童，都是以儿童为主体的，不难理解，在陈鹤琴的话语中，"儿童"永远是主语。及至改革开放以后，年届88岁高龄，为南京幼师题词，陈鹤琴把"以儿童为中心"演绎为"一切为儿童"。加上"一切"，更强调了教育教学的全部工作、全部任务、全部努力，都是为了儿童，这是不容讨论的，因而就更凸显了儿童的主体地位。

"以儿童为中心"形成了陈鹤琴的儿童观。这一儿童观的要义是：其一，儿童不是"小大人"。陈鹤琴说："常人对于儿童的观念之误谬，以为儿童是与成人一样的，……所不同的就是儿童的身体比成人小些罢了。……我们为什么叫儿童穿起长衫来？为什么称儿童叫'小人'？为什么不准他游戏？为什么逼他一举一动要像我们成人一样？这岂不是明明证实我们以为儿童同成人一样的观念吗？""儿童有独特的生理心理特点"，尤其有"好动心、模仿心、好奇心、游戏心"。其实陈鹤琴强调的是，儿童就是儿童，儿童是独立的人，不是成人形象的简单类比，更不能用成人标准去衡量、评价儿童。其二，儿童是自己的主人。"儿童的世界是儿童自己去探讨，去发现。他自己所求来的知识，才是真知识，他自己发现的世界，才是他的真世界。"陈鹤琴把儿童的"活"与"真"联系在一起，没有儿童自己的寻求和发现，就没有真知识、真世界；儿童世界的主人不是别人，只能是儿童自己。其三，儿童有极大的潜力，儿童是可发展的。正因为此，"凡是儿童能够学习，而又应该学习的，我们都应当教他"。如果说，"儿童不是'小大人'，我们不能'高看'——当成人一样对待的话，那么现在则不能'小看'"，不能低估儿童内心存在的无限的创造能力。其四，儿童教儿童。儿童既是受教育者，又可能是教育者，儿童不仅是学生，也可能是老师，尤其儿童是儿童自己的老师。陈鹤琴所提出的"儿童教儿童"的命题，不仅是一种方法，更是一种理念，一种教育原则。其五，教师是儿童的朋友。同样，陈鹤琴将其作为一种教育原则来对待。这一原则对教师的角色重新定位，其意蕴非常深刻。因为"朋友"必定是平等的、合作的、真诚的。

在陈鹤琴看来，"儿童"绝不仅仅是一个生理学的概念，而更具有心理学、教育学、社会学和哲学的意义。他从不同的角度、不同的关系对儿童观作了深入浅出的阐释，全面而准确，言简意赅，意义深远。毫不夸张地说，当下我们的认识并没有超越陈鹤琴。

更值得我们注意的是，陈鹤琴揭示了儿童观的内核，即"以儿童为中心"的实质与目标。他非常明确地指出，"以儿童为中心"就是要发展儿童的个性，鼓励儿童创造。陈鹤琴对江西幼师幼专的校训作了内涵剖析，即"活教育"的内涵的意义解读，第一层即为："发展学生个性，引导体格健康，鼓励创造能力。"以儿童为中心，说到底是以发展儿童的个性为中心，以发展儿童的创造性为目标。紧接着，陈鹤琴敏锐地指出，在创造教育中儿童地位的重要。他认为：（1）"教师可以建议儿童去学什么，但最终是要学习者来处置的，不应由教师来控制。""建议"——"控制"，这一对立的词语，点击了教师应有的地位，突出了儿童这一"学习者"的主体地位以及自己"处置"的价值。（2）"应让幼儿自由活动和游玩。""自由"是儿童的天性，也是儿童存在的本质，同时是儿童创造的保姆。陈鹤琴把"自由"同儿童的个性、创造性发展联系起来。（3）"'做中学，做中教，做中求进步'，是我们的座右铭。"创造性体现在"做"中，"做"是儿童创造性发展的源泉。更为可贵的是，他进一步指出："不是简单的游戏，而是有思想参与下的做。"思想参与下的"做"，伴随着思考，伴随着讨论，必然导向创造。有无思想的参与，可能是与"简单游戏"最本质的区别。

三、"儿童的课程"："活教育"的载体

陈鹤琴的课程观是其"活教育"的重要组成部分，是"活教育"的载体和具体体现。"活教育"的课程观主要是建构"儿童的课程"。在陈鹤琴所规定的十七条教学原则中，前四条都是关于儿童的："凡儿童自己能够做的，应当让他自己去做；凡儿童能够想的，应当让他自己去想；你要儿童怎么做，就应当教儿童怎样学；鼓励儿童去发现自己的世界。"从中我们可以领会其要义：其一，课程是为儿童的。课程为儿童服务，为儿童发展服务，为"活儿童"的成长服务。其二，课程是儿童创造的。儿童不仅是课程的资源，而且是课程的创生者。其三，教师的教要服从于儿童的学，儿童的学要走在教师教的前头。这样，儿童不仅在自己的课程里发现自己，而且发现世界。陈鹤琴告诉我们：儿童自己的课程才是最合适的，最好的。

陈鹤琴"儿童自己的课程"观点建立在生活教育的理念之上。他说："1927 年，中国产生了'生活教育'运动，这是已故中国人民教育家陶行知博士在南京近郊晓庄创办了一个师范学校而提出来的。这个学校的确是独特无比的。"但是，他对生活教育的理论有独到的见解。一是体现在目标层次上。他认为，"在目标层次上，课程最重要的是帮助儿童目前生活，至于将来生活的帮助还在其次"。显然，课程是为了儿童"目前"生活的快乐和

幸福，不能为了"将来"的快乐幸福而牺牲"目前"的生活。二是在含义上，他强调在生活中进行教育，"尤其在自然中进行"。大自然最为丰富，最能给儿童以生动的启示。在大自然中，可能是无目的的，但都可能是好的教育。三是提出了"生活的哲学"。生活的哲学并不遥远也并不神秘。他用十个"经常"、一个"假如"、三个"当"解释了"生活的哲学"。尤其是："假如我是你，……"充满了生活的情趣和生活的哲理。可见，在生活的情境中才会有儿童自己的课程和真正的"活教育"。

由此，陈鹤琴创造了"五指活动"课程，形象、具体、生动、深刻。"五指活动"课程意味着课程是有"根"的；是一整体，综合性强，彼此独立但并不分离，更非割裂；是互动的，在联系中产生意义；是"动"的，是"做"的，在行动中生长知识和经验；是"计划"而不是"固定的课程"，计划的变化跟随儿童的变化，计划促进儿童的发展。

四、"活的儿童"现代意义的开掘

随着现代化进程的加快，随着素质教育的深入，"活教育"仍然有着重要的现代价值。我认为，"活教育"就是素质教育，素质教育就应是活的教育。特别是陈鹤琴"活教育"聚焦在儿童上，指向儿童的发展，指向"活的儿童"，更具有十分重要的现代意义。

1. 儿童永远是教育的主语

陈鹤琴的儿童观突出了儿童教育的主语，其含义是：教育的一切是为了儿童的，而且是为了一切儿童，为了儿童的一切；教育应从儿童出发，围绕儿童的发展展开课程、展开教育，而不是从成人出发，不是从社会出发，也不是从知识出发；儿童教育以儿童为主体，儿童既是受教育者，又是教育者，儿童教儿童，儿童与教师互教。

可是，社会在进步，而我们的儿童观有时却在退步。儿童教育不能漠视儿童，更不能"撞倒儿童"。卢森堡曾批评那些"赶往伟大事业的人"，"常常没心没肝地撞倒孩子"。这在现代社会的今天，还经常出现。不能撞倒儿童，首先要心中有儿童，要发现儿童。认识儿童、发现儿童是儿童教育永恒的课程。陈鹤琴不仅为我们确定了儿童观，而且为我们的实践作了最好的示范。

2. 认识儿童，要认识儿童的伟大之处

陈鹤琴反复肯定了儿童的创造性。循着陈鹤琴的思路，用现代的眼光，要进一步确定和发掘儿童的最伟大之处：儿童的可能性。儿童的可能性就是儿童的无限的创造潜能。这种无限的创造力还处在沉睡状态，需要唤醒；还未成熟，需要尊重和保护；还未确定，需要指点和引领；还未完成，需要鼓励和帮助。

儿童的可能性实质上就是儿童的童心。英国著名人类学家莫理斯在《人类动物园》中说："创造力就是童心不灭"，"创造力从根本上说就是儿童品性在成年时期的延续"。法国学者波德莱尔说："天才只不过是借助意志的行动而被重新发现的童年。"我国学者王国维说："伟大的词人之所以能够写出伟大的作品，是因为他们拥有童心（赤子之心）。"保护童心、尊重童心，就是保护和尊重儿童的最伟大之处。

儿童的创造力往往表现在儿童的好奇心、想象力和游戏心之中。在好奇、想象、游戏的同时，儿童的心智之门被打开，心灵的智慧开始生长。但是，儿童的好奇、想象、游戏常常以自己喜欢的方式来呈现，成人不一定了解，也不一定喜欢，成人有时也无法理解。此时需要成人的教育的敏锐性，在好奇、想象的一刹那就去发现、捕捉、保留。我们的教育最缺的就是儿童的好奇、想象被捕捉、被开发的那种最神圣的时刻。保护和开发儿童的好奇心、想象力，可以使我们建立起儿童教育哲学。

3. "成长"是幼儿园课程最重要的价值取向

课程为了儿童的成长。成长比成绩重要，成长甚至比成功重要。成长首先是一种生命的状态。状态的最显著特征是：舒展。在阳光下、微风中，舒展着自己的身体，舒展着自己的心灵，这才是儿童应有的生长状态，这才像个孩子。在这种状态下，孩子的心灵才是开放的，孩子的心智才是丰富的，孩子的头脑才是异常活跃的，知识、智慧都会在这种状态下一齐向孩子奔去。课程绝不能去束缚学生。陈鹤琴"让儿童自由"的儿童观及课程观凝练

和闪现着教育的最大智慧。

儿童的生命状态，儿童的成长，理所当然地包含着儿童成长的方式。儿童成长的方式应当是微小的，不仅需要自由、解放，还应包括以微小的方式去养成良好的习惯。坦白地说，如果以中国的标准来衡量，英国孩子在二年级以前学的文化知识少得可怜，一位数加减法做不利索的不止一两个，但对学生的生活习惯培养却毫不含糊。手工课、图画课，桌子上、凳子上很脏，一定要让他们自己清理干净，直到老师满意为止；上厕所，一定要在过道里等待，依次进入；等待时人手一本书，哪怕你装模作样；大小便后，听不到冲水声，一定让他去"补课"。儿童从来都需要保护、尊重，但也同样需要指导，需要严格要求。

4. 教师应当是长大的儿童

蒙台梭利曾对教师有过判断："作为教师的儿童"。马克思亦讲过类似意思的话：我们不可能再变成儿童，但难道我们不应在一个更高层次上回到儿童时代去吗？老子也说，圣人在最成熟的时候，他的精神状态往往复归婴孩。著名特级教师李吉林说："我，是一个长大的儿童。"其实，陈鹤琴早就是一个长大的儿童，让我们永远记住这位伟大的"儿童"！

在"活教育"思想现代意义的开掘中，陈鹤琴愈发伟大，我们亦愈发要从陈鹤琴"活教育"的思想中寻找到理论的源头、教育的命脉和文化的力量。"活教育"——素质教育——以儿童发展为本，就这样，带着优秀的教育传统，在陈鹤琴的指导和陪伴下，我们走向了教育的现代化。

●斯霞之"道"

我们怀念斯霞。

怀念的意义不只是在怀念的本身，其深层的意义在于传承。

斯霞是面镜子，怀念斯霞，就是用这面镜子观照今天。斯霞是根标杆，怀念斯霞，就是用这根标杆去希冀未来。这就叫传承。

也许，斯霞是不可复制的经典，但她的精神和品格完全应该在今天得到传承；也许，斯霞当年的一些具体做法当下已不太适合，但她的准则和风格在今天仍要延续。在怀念中传承，在传承中观照和希冀，于是，我们才有了真正意义上的怀念。

还是让我们回到斯霞本身去，这样，我们才会真正认识她，更深刻地发现她，因而也才可能在根本之处学习她，发扬她的精神和思想。这根本之处，我认为就是斯霞之"道"。

当然，我并不反对把"道"解读为规律和法则，但我更认同"道"是最强大的生命力。斯霞之"道"实则是她"天生斯人""斯人是范"的生命本源和本质。追寻斯霞之"道"，可以把闪亮的点点滴滴聚合成更为光彩的生命力，因而也开发我们的内在生命力，让我们拥有更强大的生命力，去发展，去创造。

一、斯霞的人生之道:"我为一辈子当小学教师感到自豪"

斯霞没有豪言壮语,她常常以最质朴、最日常的话语表达自己坚定的主张和执着的追求。恰恰是这种没有任何腔调(甚至没有教师腔)的话语最能感动人。"我为一辈子当小学教师感到自豪"就是其中最经典的一句。

卢梭在《爱弥儿》里说,人有两次出生机会,一次获得生存,一次获得生活。斯霞总是去追寻和生成生活意义,即使在新中国成立前初为人师之时。"好端端的一个姑娘,怎么去当小学教师呢?"面对别人真诚的惋惜,斯霞不愿当"花瓶",她为当"孩子王"而自豪,于是在乡间小路上轻声地哼唱起来,因为她想通了:我最适合当小学教师;既然做了小学教师,就要做好。她认定了这条道,就再也没有更改过,即使在最艰难的"文革"期间。"文革"后当她终于又站到了南师附小校门口时,她觉得魂去归来兮。当她再一次踏上讲台时,仿佛一下子年轻了 20 岁。是小学教育之魂让她心里安定,充满自信与自豪。她认定了这条道,就会永不放弃地走到底,即使是被上级任命为市教育局副局长时。她不想做官,一如凡·高所说的,她知道她是麦子,她的"麦田"在学校,在小学,在小学的课堂里,只有在自己的"麦田"里播种,才会有最大的收获。我认为在选择自己的职业和岗位,明晰自己的身份和位置方面,斯霞与凡·高有同样的见解和品格。她与凡·高一样伟大。

这就是斯霞对人生意义的认识。这就是斯霞的人生观、职业观、价值观和幸福观。而斯霞对人生意义的追寻又基于她对教育,尤其是对小学教育意义的深刻认识。在斯霞看来,世界上,"悠悠万事,唯此为大"——唯小学教育为大,唯小学教育为重。小学教育是对未来的一种定义。有什么样的小学教育就会有什么样的世界未来。因此,我们不仅要给孩子们一个美好的世界,更要给这个世界一批优秀的孩子,让他们去创造更加美好的世界。可以这么说,小学教师的双手是可以推动地球的。我相信斯霞是这么认可的,因此,她才会为自己一辈子当小学教师而自豪。

斯霞的小学教师之"道",折射的是她对人生境界的追求。如果说,在为人师之初,斯霞处在欲求境界和求知境界,多少还有点好奇心、新鲜感和功利心,那么,后来斯霞逐渐进入了道法境界。斯霞总是用道法标准要求自己，用道法的方式来展开教育。道法境界是崇高的，而斯霞的人生境界继续提升。最终进入最高境界——审美境界。审美境界，不是斯霞原来的美丽、温柔，不是教学中她对美感的追求，亦不是她功成名就时保持的本色，而是在教育生涯中永葆青春、永求意义的博大高远之境，表现为斯霞的整体的自然的审美风貌。她一直在寻求，也一直在超越，她的人生之"道"是道法的、审美的，因此，斯霞永远是美丽的。

在怀念斯霞时，我们是不是也应该向自己提问：我的人生之"道"是什么？我的人生境界在哪里？

二、斯霞的为师之"道"："作为一名教师，不仅要掌握知识，更要有童心，有母爱"

斯霞是智慧之师，智慧之师自有她的为师之"道"，自有她智慧之师的人格特征。爱心、童心、创造心是斯霞人格的三个核心元素。

斯霞用爱托起了整个教育。爱心是斯霞人格的核心和本质特征。对于爱，对于爱心，我们有许多诗意的表达，比如，爱可以推动日月星辰的运转，在爱中行走，等等。而斯霞对爱的阐释却如此平白："把学生当成自己的孩子一样来看待，这叫对学生的母爱。""老师爱学生，不是和农民爱土地、工人爱机器一样吗？"她的理解显然是：爱学生就是爱自己的孩子，对学生的爱是教师的天职，是使命，是义务，是责任，无需解释，无需说明，无需条件，当然也无需动员。这种质朴的理解恰恰最真诚、最深刻，因而最诗意。更为可贵的还在以下几方面：其一，斯霞对学生的爱始终如一，从不淡化，更不淡出，用哲学的表达方式说，她的爱永远在场；用时尚的话来说，她将爱进行到底。无论是年轻时，还是进入老年时，无论是成名成家时，还是受迫害受打击时，无论是担任班主任，还是担任学科教学，她的爱不改初衷，像是永开不败的鲜花，浓郁、芬芳。其二，斯霞把母爱与教师爱统一在一起。母爱神圣，但母爱难免自私，难免不科学。而斯霞从教育规律出发，把母爱与教师爱统一起来，追求爱的科学性、教育性，她的爱基于母爱，又超越母爱。因此，她的爱不排斥对学生的严格要求，也不排斥必要的批评。其实，斯霞的母爱是真正的教育爱。其三，斯霞爱一切儿童，尤其爱那些学习有困难、成绩比较差的学生。爱好学生几乎人人都能做到，爱成绩差的学生则是对教师的考验和挑战。可是，在斯霞的心目中，所有学生都是优秀的，都应该去爱。这种爱的一视同仁，甚至对成绩差的学生的偏爱，体现了斯霞的爱的公平。

斯霞用童心去认识和发现儿童。童心是斯霞人格的又一核心元素，是她教育成功的密码。与爱心一样，斯霞对童心也有自己的理解和定义。她说："与孩子打成一片，这叫有童心。"值得注意的是，斯霞强调的是"有童心"，而不是"教师的童心"。的确如此，尽管童心是可以超越年龄的，但不是所有的成年人都有童心。童心来自培育，来自在爱孩子的过程中的养成，童心要自己去获得，获得儿童般纯洁之心、赤子之心、圣人之心。接着，斯霞用最形象的语言，表达了何为"有童心"——"与孩子打成一片"。与孩子打成一片，是把自己变成孩子，了解孩子，理解孩子；与孩子打成一片，是与孩子学习在一起、游戏在一起、活动在一起，不讲亲疏，不分你我，这就消弭了师生间的边界；与孩子打成一片，是走进孩子的心灵世界，是心与心的对话，心与心的唤醒和鼓舞。总之，斯霞永远有一颗童心，因而她永远年轻，永远纯洁，永远高尚，用"完美的永恒"来描述并不过分。

爱心与童心的融合、撞击、编织、孕育、生成了斯霞的创造心。创造心是斯霞人格中不可或缺的核心元素。虽然斯霞总是以简单的形态悄悄地表达着，但它又总是时时刻刻起着作用。这种创造心，表现为教学的艺术、教育的智慧。当大家认为学生作文中"法国女阿姨"是病句时，斯霞却认为，这是儿童的思维，她站在儿童立场上，创造性地保护了儿童稚嫩的幼芽，鼓励学生去创新。当一年级学生把"祖国"理解成南京，理解成国家时，她轻轻地点拨，让孩子知道了祖国就是我们自己的国家。"祖国"走进了儿童的心灵。悄悄地引导是一种智慧，是一种创造能力。

爱心、童心、创造心是斯霞智慧的人格特征，她的为师之"道"是用爱心、童心、创造心铺就的。怀念斯霞，我们是不是也应该追问自己的心灵，追问自己的为师之"道"呢？

三、斯霞的教学之"道"："要提高教学质量，又减轻学生过重负担，我们必须从改进课堂教学，改进教学方法入手"

斯霞不只是一个和蔼、慈祥的祖母形象，她还是儿童教育家。她不仅创造了爱的教育诗篇，而且积累了小学语文教学宝贵的、丰富的经验，在我国小学语文改革史上留下了灿烂的一页，为我们开辟了小学语文教学改革之"道"。

斯霞的教学之"道"，首先是研究之道。她研究的主题是：既减轻学生过重的课业负担，又切实提高教学质量。这一长期纠结不清、左右为难、顾此失彼的难题，斯霞研究了，解决了。斯霞解决难题的主导思想是：从儿童身心发展的规律和特点出发，重点改革教学方法，主张智取。她认为这才是真正的"纲"，纲举才能目张。在改革教学方法方面，她既学习国内外先进的理论和经验，又不随波逐流，但也绝不随心所欲，而是"随体诘曲"，从自己的经验、课堂出发，另辟蹊径。因此，她的学生学得轻松、学得愉快，又学得扎实、有效。这就是斯霞，这就是"斯霞课堂"。

斯霞的教学之"道"，是创造之道。她创造了随课文识字法。斯霞首先认为识字是基础，任何时候都不能松懈，要认认真真、扎扎实实、仔仔细细。其次，她认为要把握好目标要求，"四会"（会读、会讲、会写、会用）的要求不切合实际，影响学生身心健康，于是提出了"四会分步走"的主张。最后，她创造了"识写分离"的方法。寓识字于阅读教学之中，把识字与听、说、读、写能力的培养结合起来。随课文识字已成为我国识字教学的一大教学流派。

斯霞的教学之"道"是建构之道。斯霞一直在探索，一直在改革，也一直在建构。"文革"前她就进行了"五年制教改实验"，从一年级到毕业年级，从识字到阅读到说话到作文，她进行了系统的研究，既有科学的调查，又有具体的实验方案，既有测查和考量，又有调整改进的措施。两个周期的实验，一步一步走来，"文革"后又深入研究，斯霞建构了小学语文教学体系。虽然她的改革是从识字教学开始的，但她的语文教学改革不是在一个个点上，而是在体系的建构上。

斯霞的教学之"道"，不仅建构了语文教学体系，而且逐步形成了自己独特的教学风格。斯霞的教学风格，可以用不喧嚣、不张扬来描述，因为她几乎到了炉火纯青的状态。斯霞的语文教学已成为我国小学语文教学的重要流派。斯霞的教学流派，只能用"斯霞流派"来概括，因为这一流派虽是独特的，却是典型的，具有普遍意义。

怀念斯霞，我们是不是也应追问自己的教学之"道"呢？尽管你每天都在教学中生活，但是思考了吗？把握了吗？

斯霞之"道"就这样在我们面前铺就，它充满生命的创造力，一直伸向遥远的地方。

中国情境教育的原创性与李吉林的求真品格

一、情境教育研究所：一个诞生理论的地方

随着课程改革的不断深化，我们常常有一种对理论的追索，而且越来越急切。显然，这是一个了不起的进步：我们尊重理论，我们需要理论，我们要培植自己的理性精神。同时，我们还有另一个追问：理论究竟是在哪里产生的？是以什么方式产生的？其实，不难发现，这一问题的背后是另一个追问：我们，中小学教师能不能创造理论？

这是一个被认为几乎"无解"的问题，甚至是个"禁区"。但是有人回答了，李吉林就是优秀回答者之一。30 多年来，她就研究一个课题：情境教育。这是一种精神——人生为一大事来，坚守的精神，踏实的品质；这是一种风格——刺猬型的研究风格、治学的风格，求深刻，在深刻中拓展；这是一种专业——情境教育探索儿童发展的特点和规律，揭开学习中的黑洞。不仅如此，这又是一种理论。

记得 20 世纪 90 年代，李吉林情境教育的研究、实验引起了学界广泛的关注。北京师范大学的一批博士生来到南通，来到情境教育的发源地——南通师范学校第二附属小学跟随李吉林访学，向李老师学习。在访学一段时间以后，讨论时一位博士生说：李老师，您这儿是诞生理论的地方。几十年过去了，回想起来，当年的博士生说了一句真话。当年的博士生今天已成了教

授，成了博士生导师。这句真话道出了他的理论敏锐性，而且这句真话在以后的实践中，被一次又一次证明。这折射出一个真理：理论是在实践的土壤里"长"出来的，随着实践的发展而发展。

事实正是这样。李吉林30多年来深耕实践，潜心实验，深入思考，不断提炼，课程、课堂，所有的资源，所有的教学现场，成了教育的田野，成了实验室、研究所。李吉林的自身亲历，打破了理论的神秘感，宣告了一个神圣的结论：中小学是可以产生理论的，中小学的老师是可以创造理论的。显然，这样的理论之树不是灰色的，而是长青的，不是模仿来的，而是具有原创性的。

往深处走，还有一个问题需要讨论，那就是什么是理论。"理论是在反复的社会实践中形成，随实践的发展而发展的。科学的理论是事物的本质及其规律性的正确反映。它在社会实践的基础上产生，并经过社会实践的检验证明其是正确的理论。"[①] 这是词典上对"理论"的定义，具有经典性。不过，我们也需要对理论的另一种理解。新加坡资政李光耀博士曾经这么谈论过理论："我们不是理论家，不会搞理论崇拜。我们面对的是实实在在的问题……我们可能读到过什么理论，也许半信半疑，但我们要保持现实、务实的头脑，不要被理论束缚、限制住……我认为，一个理论不会因为听起来悦耳，或者看起来符合逻辑就一定具有现实可行性。一个理论最终还是要放到生活中检验，也就是要看现实生活中出现了什么，要看给一个社会中的人民带来什么。"[②] 这是用描述来对理论进行阐释，其阐释的要义是：在理论面前，保持务实的头脑，理论最终要回到生活中去检验，要看给社会带来什么。这种描述和阐释与经典的定义是一致的，都强调理论源自实践，强调实践的检验，强调给我们带来什么，改变什么。我们需要描述、阐释的方法，需要这样的理论。

用这样的视角来审视情境教育。情境教育源自教学现场，来自实践中的实践、研究，它改变着人们对教育的理解、对教学的理解：究竟什么是教

① 赵德水.马克思主义知识辞典［M］.南京：江苏教育出版社、河海大学出版社，1991：887.

② 李光耀.关于理论［N］.报刊文摘，2015–07–01（3）.

育？学习究竟是在哪里发生的？研究的结果告诉大家，它解决了符号世界与生活世界脱节的问题，形成了一个体系，给儿童世界带来了学习的高效，带来了童年的快乐、幸福。情境教育理论具有鲜明的实践性，经受住了生活、实践的检验。这一实践性的特点带来了情境教育理论的原创性。

二、"为儿童研究儿童"是情境教育理论体系中的根概念，彰显了情境教育理论的深刻性、前瞻性和高格调

作为一种理论，它由一些概念组成而形成一个体系。在这一体系中应当有核心理念，还应有根概念，唯此，这一理论才有可能成为一个学派。毋庸置疑，情境教育的核心概念是"情境"，即教育、教学的一切活动都是在情境中发生的，儿童也是在情境中学习、发展的，因为"情境"这一核心概念才称之为情境教育。对于这一核心概念大家是理解的。问题是，情境教育有它的根概念吗？所谓根概念，应是所有概念产生之源，是理论研究之主旨，同时根概念也揭示了理论研究、实践展开的实质。

李吉林有一报告："为儿童研究儿童"。这是她30多年来研究、实践的又一次概括和提炼，以最平实、朴素的语言表达了极为深刻的内涵，这是她对30多年来的研究、实践的"重撰"，是"重撰"中的又一次"深加工"。"为儿童研究儿童"充溢着深刻的理论内涵，让我们感受到其间极大的思想张力。我认为，"为儿童研究儿童"正是情境教育的根概念。它早已孕伏在长期的研究、实践中，引领着研究、实践过程。随着研究的深入，这一根概念日臻明朗起来。"为儿童研究儿童"扎根在李吉林的心灵深处，处处显现出思想的光彩与魅力，而今天的再提炼、再阐发，让这一理论更具根性、更鲜明，也更具召唤力。

1. "为儿童研究儿童"揭示了情境教育的实质是儿童研究，显现了情境教育理论的深刻性

情境教育要研究课程、教学、学习，也要研究资源、途径方法等，但这一切研究究竟是以什么为核心展开的？情境教育的实质究竟该怎么定位？"为儿童研究儿童"解答了这一问题。情境教育中，课程开发与实施的中心

都是儿童，课程的深处是儿童，课程是儿童学习的课程，课程是为儿童成长铺设的幸福跑道。教学的核心也是儿童的学习，情境教育中，教师与学生既见教材更见儿童，既有教学更有儿童，教学育人成了教学的旨归。儿童学习，是儿童情境中的学习，只有当儿童学习是快乐的，儿童才会真正成为"情感的王子"，"以情为纽带"这一操作要义才是有生命的；只有当儿童的学习是高效的，儿童才会有获得感、成长感。快乐与高效成了情境教育的主题。

以上这一切，都在证明一个理论原点：情境教育的实质是儿童研究。情境只是手段而非目的，情境教育是个过程，在这过程中永远有活跃着的儿童，儿童学习、发展，最终成为活泼泼的儿童。儿童研究成了情境教育的底色，儿童发展是情境教育的实质，也是情境教育成功的根本原因。世界课程改革的潮流一次又一次发出研究儿童的呼唤，情境教育积极呼应着，并成功探索着。这一理论是深刻的。

2. "为儿童研究儿童"揭示了"教学即儿童研究"的规律，体现了情境教育理论的前瞻性

教学过程究竟是一个什么样的过程？教学过程与儿童研究究竟是什么关系？以往的理论不是非常清晰的，实践上也是比较模糊的，常常处在黑箱之中，形成黑洞。长期以来，教学就是教学，显得很"纯粹"，其实是让儿童研究从教学过程中剥离开来，于是教学与儿童研究成了两回事，变成两张"皮"，所谓的"纯粹"实质是教学过程的单一，与儿童研究相分割乃至对立。这一现象不只在中国有，国外也同样存在，呼唤让儿童研究回到教学过程中来，成为世界各国，尤其是各国理论界研究的重要课题。

美国哈佛大学教授、皮亚杰的学生爱莉诺·达克沃斯，潜心于教学研究和儿童发展研究，她的"最大贡献在于把皮亚杰的理论创造性地转化为一种教学价值论和教学方法论"。她的教学价值论（或教学哲学观）可概括为"课堂教学必须建基于每一个学生的独特性之上"。她努力地"将'临床访谈'发展为一种使教学与研究一体化的教学方法论……她认为，教学是学生

讲解、教师倾听的过程"。^①达克沃斯的"教学与研究一体化的教学方法论"，隐含着一个重要的理念和方法：教学即儿童研究。

李吉林的情境教育理论也正是要破解教学与儿童研究的关系这一难题，那就是"为儿童研究儿童"，其深意就是，在教学中研究儿童，研究儿童是怎么学习的，教语文的过程就是研究儿童怎么学语文的过程，教数学的过程亦即研究儿童怎么学数学的过程，所有教学都是这样。从另一个角度看，无论是教语文还是教数学，所有教学首先要研究儿童，而且是在教学过程中研究儿童。情境教育的核心元素、四大特点，以及操作要义，既是关于教学的，也是关于儿童研究的，既是教学过程，又是儿童研究过程，教学与儿童研究是自然地、高度地融合在一起的，是一体化的。

3. "为儿童研究儿童"，规定了儿童研究的价值立意，彰显了情境教育理论的高格调

儿童是研究的对象和内容，儿童研究是方法、手段，对象、内容、方法、手段等，不能代替研究的价值方向和价值立意。我们必须看到，不是所有的研究儿童或曰儿童研究都是为儿童的。不"为儿童"的儿童研究必定是功利的、浮躁的，而且很有可能异化为"伪儿童研究"，若此，儿童研究只是作为一个借口，作为一种名义，以"儿童研究"为名义的儿童研究必须警惕和反对。

"为儿童研究儿童"规定了儿童研究的价值方向，即为了儿童的发展，不只是为未来，也为当下，这一价值方向充满着道德性和旨归性。正如李吉林所说，"让儿童快乐自由成长正是情境教育诗篇的神韵所在"，"情境教育就是一首给孩子带来快乐的、让他们幼小心灵向往的《云雀之歌》"。^②因此，"为儿童研究儿童"亦是崇高的境界，它摒弃了教育的浮躁、浮华乃至浮夸，它消除了教育的功利主义。由此，还可以得出两个结论：第一，情境教育研究者是"长大的儿童"。当自己成为儿童时才能真正研究儿童，真正懂儿童，

①［美］爱莉诺·达克沃斯.精彩观念的诞生——达克沃斯教学论文集［M］.张华等，译.北京：高等教育出版社，2005：译者前言3–4.
②李吉林.潺潺清泉——李吉林教育随笔［M］.北京：教育科学出版社，2016：42，43.

真正为儿童。第二，儿童研究是真学问，真就真在来不得半点马虎和虚假；儿童研究是大学问，大就大在儿童可以定义未来，影响一个民族的振兴；儿童研究是深学问，深就深在它可以让教育的黑洞敞亮、澄明起来；儿童研究是难学问，因为真，因为大，因为深，它就必然难。"为儿童研究儿童"彰显了情境教育理论的深刻性以及深刻性的高格调。

三、情境教育植根于中华民族优秀传统文化土壤中，具有中国特色和中国品格，体现了理论自信和实践自信

情境教育受到国外母语教育思想和经验的启发，但它把根深深地扎在中华优秀传统文化的土壤中，从中华传统文化中汲取思想和理论的营养，又面对中国教育的现实，通过扎扎实实的研究，逐步地建构情境教育的理论体系与实践体系，而且理论体系与实践体系是融为一体的，不分离的，形成了理论化的实践，又形成了实践化的理论，因而彰显了中国特色、风格和品格。

首先，情境教育创造性地开发出中国传统文化中的"意境说"。一千多年前刘勰的《文心雕龙》以及近代学者王国维的《人间词话》，可谓"意境说"的代表杰作，是中华民族的文化经典。李吉林将其精髓概括为"情景交融、境界为上"。她说："读着它，不得不为其深广而震撼。'意境说'虽然原本是文学创作的理论，或更确切地说是'诗论'，但在探索情境教育的过程中，却可'借古人之境界为我之境界'。正如王国维所言，'一切境界无不为诗人所设'，而我觉得一切境界无不为我、为儿童所设。"[1]一个"借"，一个"无不"，道出了李吉林在深谙"意境说"内涵、要义基础上的借鉴、迁移与创造的精神。她又说："我从'意境说'中概括出了'真、美、情、思'四大特点，并从中得到启迪，进而影响了我的儿童教育观及课程观。"[2]这样的概括是"中国化"的，显现了中华文化的美学色彩。从文学、美学理论到

----

[1] 李吉林.激情萌发智慧——李吉林情境教育论文选［M］.北京：教育科学出版社，2016：353.

[2] 同上。

教育理论，这是一个转化过程，这样的转化实质是创新性发展。

其次，情境教育形成了自己的领域及其体系。从情境教学到情境教育，再到情境课程，再到儿童的情境学习，这不仅是研究、发展的脉络，而且是一种境脉，是教育教学领域的明晰与体系的建构，这一体系具有渐进性、进阶性、完整性，体现了研究的开创性与发展性。从课程结构看，情境教育有自己独到的理解，进行了新的建构。情境课程分为四大领域，核心领域——主要是学科情境课程，综合领域——主要是主题性大单元情境课程，衔接课程——主要是过渡性情境课程，源泉课程——主要是野外情境课程。这一划分不是以课程开发主体为维度，而是着眼于儿童的生活领域和发展阶段，将课程与儿童生活紧密联系在一起，情境课程带来儿童的在情境中的生活，情境课程就是儿童的生活。其中，"源泉课程"又突破了空间概念，引领儿童走进生活，寻找学习之源、发展之源。这是"中国式"的划分，具有鲜明的本土特色，散发着田野的味道，是开阔的，是审美的。

最后，情境教育用中国思维方式提炼、阐述中国儿童教育的思想和理论。基于中国优秀传统文化，立足于中国的教育实践，面对着中国儿童，用自己的话语表述中国教育改革、研究的理论与思想，是情境教育具有中国风格、中国品格的重要体现。情境教育既注重情感又注重理性，追求两者的统一与相互支撑。但有人将二者对立起来，有的认为，情感的盲目性、变幻性，带来欺骗性；有的认为，理性的永恒性、不变性，带来所谓的神圣性，二者是难以统一、结合的。而情境教育提出，"注重情、突出思"，"情切、意远、理富其中"，"以思为核心，以情为纽带"，臻于"以美为境界"。这是一种表达方式，深处是一种思维方式，是对"二元对立"思维方式的突破与超越，是"天人合一""和谐""中庸"思想在教育中的智慧运用。

与这样的思维方式、表达方式相联系的，是情境教育中艺术与科学的结合。教育是艺术呢，还是科学呢？艺术，追求、张扬个性，而科学，追求、注重规范性，两者似乎是矛盾、冲突的。而情境教育将二者统一起来，将规范性与个性结合起来，将理性与感性结合起来，将课堂教学当作一个"艺术品"。"艺术品"就不只是艺术了，其中有科学的内涵、科学的支撑。而这一"艺术品"具体演绎为李吉林的教学风格。李吉林的教学风格是在情境教育中形成的，其整体风貌是教育与教学、教学与研究、教师与儿童、课程与教学、教与学的统一结合，其独特性是情理交融，既活又实，具有鲜明的节律感与审美性。

由李吉林的教学风格自然论及到她的表达方式，她用感性来表达理念和理性，这是"美"的方式，我称其为"李吉林方式"。李吉林教学风格、"李吉林方式"都是情境教育理论的中国特色、中国品格的具体体现，因而形成了中国气派。情境教育与世界教育的对话，是中国教育与世界教育的对话。我们应当有这样的自信和更深切的期盼。

四、李吉林求真品格生发出情境教育的原创性，情境教育的原创性又丰富李吉林创造性品格

任何理论的诞生、教育模式的建构都不只是一个单纯的理论问题或是实践问题，更不只是方法、技术问题，它一定自然地和人的心灵的解放、人生意义的理解、人生境界的追求相联系，是形而下与形而上的结合。一如"文化的最后一级台阶"的论述："中华文化的终极成果，是中国人的集体人格。复兴中华文化，也就是寻找和优化中国人的集体人格。这也可以看作是文化的最后一级台阶。"[①]"最后一级台阶"还可以深入讨论和进一步斟酌，但给我们的启发是，在理论体系、实践体系的背后要看到人，看到建构者的人格，要从人格角度来认识理论与实践的建构。

情境教育的原创性与李吉林的人格紧密相连，并相呼应。李吉林的人格可以用"求真"来概括和描述。"求真"必然引导人去追求、去创造、去超越。"求真"的内涵十分丰富，我们可以从不同方面去认识李吉林的品格，去剖析情境教育理论的原创品格。

1.李吉林求真品格表现为诗意的生存方式、生活状态，以及折射出来的人生态度

用"诗意地栖居在大地之上"来描述李吉林的生存方式和生活状态是

---

① 余秋雨.君子之道［M］.北京：北京联合出版公司，2014：4.

很恰切的。记得海德格尔曾对"诗意地栖居"作过这样的阐发：人要抽离大地，透过艰辛，仰望神明，来到半空之中，再回到大地上去。海德格尔的解释告诉我们，诗意地栖居，要透过艰辛，即超越艰辛；要抽离大地，即有更高的向往；要仰望神明，即有崇高的理想追求；再回到大地上，即脚踏实地地学习、工作、生活。这是创造的过程和境界。李吉林也曾用两个比喻阐发这样的生存方式和生活状态："我是一个竞走运动员"——永不停步，永远向前，走得又好又快，但脚永远不能离开大地；"我又是一个跳高运动员"——目标不断升高，人生的高度不断提升，只有不断超越自己，才会在新的人生坐标体系中提升自己的位置。

诗意地栖居，是一种积极的生活态度。李吉林的生活态度是，热爱生活。她的生活多姿多彩，不囿于生活的框定，而是追求心灵的解放与自由，因而她多才多艺，喜欢朗诵、弹琴、跳舞；喜欢体育，尤其爱好排球，还要约上女同事，雨天中到荷花池游泳。她的生活态度表现为，改变自己。她的内心是不安分的，不安于现状，总试图去改变，总尝试新的"活法"，哪怕有人质疑，她也会坚持，并在改变中创新。她的生活态度还表现为，执着，但又洒脱。执着让她坚持不懈，刻苦钻研，在"深挖洞"中让自己深刻起来；洒脱让她多方面去涉猎，打开眼界，自在地工作，自在地思想，在"广积粮"中拓宽人生的宽度，丰盈自己的知识背景。李吉林的生活情境是开放的、丰富的、创造的，是有境界的。这样的生活方式、状态、态度与境界，会潜移默化在她的情境教育研究中。

2. 李吉林的求真品格表现为审美追求，折射出中华美学精神

李吉林有对美的追求，有着丰富的、深度的审美体验。而这种审美体验与追求又是中华美学精神的生动体现。一是"虚静"。虚静这一中华美学精神不只是安静，更重要的是谦虚。李吉林很自信，不轻信，更不盲从，但她有着可贵的谦逊，善于倾听不同的意见，反照自己，吸取合理的成分，丰富自己已有的认知框架，甚至会改变已有的认知框架，建构新的框架。李吉林不喜欢正儿八经地开会，不喜欢程式化的谈话，喜欢的是"聊"，喜欢的是"七嘴八舌"。正是在这种自由的对谈中，让自己的心灵"虚空"起来，"虚静"起来，从中获得启发，有新的发现，有新的想象。二是"坐忘"。坐忘

是中国文人、学者典型的美学精神。坐忘，是一种忘我的投入，耐得住寂寞，坐得住冷板凳。李吉林的坐忘聚焦在执着与坚韧上。比如，备一堂语文课，可以反复阅读，反复思考，不断走访，不断修改教案，有时甚至推翻重来，不厌其烦，精益求精。比如，练习书法，专心致志，心无旁骛，揣摩，欣赏，修改，思忖，一个女人写出了男子汉的气势，透出了她心中的豪气。比如，裁剪衣服，对照着书，比画着身材，想象着效果，一刀一剪，有时大刀阔斧，有时小心翼翼，精心制作。坐忘的精神既是做学问的精神，又是生活、工作的品格。教书、写作、开发课程，好比在裁剪，既是对作品材料的裁剪，又是对自己思想的淬化和优选。

虚静和坐忘，闪耀着中华文化的光彩，映射着中华美学精神。这样的美学精神让她的工作、学习、生活能静又能动，既活泼又扎实，既能大又能小，既着眼宏观又能着力微观……这是一种古典风格，又闪烁着时代的色彩。不难理解，在中华美学精神指引下才会诞生具有中国品格的情境教育理论。

3. 李吉林的求真品格表现为爱的情怀，映射出"长大的儿童"可贵的童心

所谓真，是指正确的认识，显示出对事物特有的规定性的准确认识与把握，保持存在与认识的一致性。李吉林对儿童的独特性有深入的理解，并且保持着认识与实践的一致性。在此基础上，李吉林将自己称作"长大的儿童"。"长大的儿童"首先是儿童。孩子都是人之初，童心是人的纯真之心，是人的天然本性和真情实感；童心，创造之心，是人创造、创新的源泉。"长大的儿童"饱含着对儿童真心的爱，又饱含着对创造创新的执着向往和追求，儿童的情怀，亦是创造创新的情怀。这样的情怀，让李吉林永远处在儿童想象的状态，处在紧张的智力创造状态，对真的追求，又是对真的真正、切实的回归。"长大的儿童"毕竟是"长大的"。"长大"，意味着成熟，意味着引领、教导的使命与责任，既在儿童中，又在儿童"外"，所谓"外"，是种超然的状态。正是因为此，情境教育才会凝练出"为儿童研究儿童"的根概念，才会以儿童发展为核心、宗旨，把情境教育建构成儿童成长之乐园，儿童发展之大厦。

与儿童情怀相关联的是李吉林的乡土情怀。李吉林热爱她的故乡南通，

永远忘不掉那条古老的濠河，永远忘不掉那条叫作官地街的小巷子，永远忘不掉那座有院子的小宅，永远忘不掉珠媚园，永远忘不掉北濠河畔的田野，以及夜空中的星星，田野上的蒲公英……浓浓的乡情让她有了家国情怀，家国情怀让她在语文教材的第一课写下："我们是中国人。我们爱自己的祖国。"

一次对教育本质的穷究

　　李庾南是著名的特级教师，她在教育改革中有诸多探索、研究和贡献，尤其在初中数学教学改革中有突破性的进展，集中表现在她写作的《初中数学自学·议论·引导教学法》中。

　　"自学·议论·引导教学法"的价值和可贵之处，首先表现在它不仅是一个学科的教学的改革，不仅是教学方法的变革，而且还是教学领域的较为全面的、带有根本意义的一种创新。因为它是对教学过程本质的研究，是教学体系的建立。

　　何为教育？赫尔巴特曾解释说："'教育'这个词是从训育与牵引两个词来的。据此可知，法语'教育'的基本含义有二：(1)引出，即它是一种内发的活动；(2)内发有一定方向。"教育的这种"内发"活动，决定了学生既是教育的对象，又是教育过程中的主体，教师的职责和功能在于"引出"，同时让"内发有一定方向"。可以说，没有学生的自主参与，没有学生的自己"内发"，就没有真正意义上的教育和教学。李庾南，从教育的这一本质出发，在数学教学中，把学生在教师指导下的学习，归结和提炼为"自学·议论·引导"。其中，主体是学生的自学和议论，而教师的引导则贯穿在自学与议论之中。好一个"引"字！这样，"以学生为主体"就落实在了具体教学过程中。我认为，这既是数学的，又可以迁移为语文的或其他学科的；这既是一种教学方法，更是一种教学的思想。这一研究和实践同时也在提醒我们，教学改革中教师既要面向教育的技术和方法，更要面向理念和思想。

"自学·议论·引导教学法"蕴涵的丰富的教育思想是：发挥学生的主体性必须活跃学生的思维，从某种意义上讲，学生的主体性是思维的主体性和创造性；教学本质上是学生的学习，教程要服从学程，教学要从学程出发，教师要研究学程，导进学程，教学模式说到底是学习模式；主体性的教育要聚焦在学生的学力上，而学力则是一种良好的能力状态、能力结构和能力品质，学力概念的引进和确立，使教学的指向更为明确和集中，教学的价值更为凸显。"自学·议论·引导教学法"既有理论支持，又富含和发展着教育理论。

李庾南的这项研究与这本专著的价值和可贵之处还在于它应和着基础教育课程改革的理念和要求，同时推动着课程改革的进展。课改要改课。课堂教学的改革是课程改革一个带有实质意义的环节和阵地，课堂教学不改，课程改革所预期的目标则难以全面地实现。课堂教学长期以来积累了太多困惑和难关，以至大家用"顽固的堡垒"来形容它。的确，课堂是学生上路的地方，是学生的一种基本生活；同样，它又是"捉摸不定的场所"。而恰恰对课堂教学，李庾南通过研究，进行了变革，教学过程摆脱了传统教学所搭建的"巢穴"，给以新的结构，推动着教与学的进程，改变了教学方式和学习方式，改善了教师与学生的生活状态，切实提高了教学质量。一次又一次的事实证明，"自学·议论·引导"的教学研究、实验效果很好。评价一项研究和实验，学生的发展是极其重要的标准，因此，大家对李庾南的研究成果是服气的。

随着课程改革的推进，教学中出现了一些新的问题，轻视学科中的知识价值就是其中一个。其实，自从斯宾塞在《什么知识最有价值？》中首次使用真正意义上的"课程"以后，课程总是与知识的价值联系在一起。我们反对知识的灌输，但并不反对知识的学习，并不否认知识的价值。课改丰富了知识的内涵，拓展了获取知识的途径。对此，李庾南有清醒和坚定的认识和主张。这一主张在这本专著中是处处可见的。这，实属难能可贵。

"自学·议论·引导教学法"虽是数学教学的体系，但它已超越了教学方法，因此，这一体系的影响不能低估。特级教师不是课堂教学的操作手，而应是设计师和创造者。如果特级教师能在教学体系上做一番研究和构建，那么课程改革、教学改革就会有更大的进展。李庾南正是这方面的探索者，是特级教师中的优秀的研究者。

第四辑
教学主张与教学风格

相同的教学主张、相似的教学风格，是教学流派的两个基本要义。

教学风格，众多合唱声中独唱者的旋律。教学主张，是教学风格的内核，是具体化的教育思想和个性化的教学表达。

用教学主张引领教学风格的追求，用教学风格映射教学主张。

教学主张：一片思想的丛林

《苏派新生代名师的教学主张》让我好不感动：主张的鲜明和独特，思想的开阔和深刻，风格的多样和表述的从容，建构向度的丰富和实践的扎实，都达到了一个较高的水准。他们努力继承，又努力超越，以自己的努力，显现着苏派更加欣欣向荣的未来。

他们代表着青春。他们的教学主张，就是以青春的名义对教学改革的一个崇高而郑重的约定，又以青春的约定表达着他们不懈的追求和切实的行动。他们的主张汇聚在一起，形成了一片思想的丛林，林中摇曳着青春的风铃，响起风格的青春序曲。我们向苏派新生代致敬，就是向青春致敬，向未来致敬。在这片青春的树林里散步，一定会得到关于青春与创造的启迪。

一、教学主张：思想的血液、风格的魂灵

萧伯纳曾经说过这样的话："一个人要是没有什么主张，他就不会有风格，也不可能有。一个人的风格有多大力量，就看他对自己的主张感觉得有多么强烈，他的信念有多么坚定。"他的意思很明显，风格来自自己的主张、追求。形成风格，首先要拷问信念和追求自己的主张。主张应当是风格的魂灵。

的确，风格离不开主张，离不开思想。思想的淡化乃至离去，风格之花必将会凋零、枯萎而死去。一个教师的教学主张有多坚定、多强大，教学风

格就会有多鲜明、多独特。

教学主张是一个教师的核心教育理念，是教育思想的具体化和凝练，也是个性化的表达，犹如一个人内心的指南针。它超越了实践，也超越了一般性教学观念，用许卫兵的话来说，这是对教学实践"形而上的关怀"，这关怀包括形而上的观照和引领。

这批新生代名师初步形成了自己的教学主张。如果对这15位名师的教学主张作一些初步梳理和归纳的话，可以看出他们所确立的教学主张有不同的视角。其一，侧重于文化与生命的视角。祝禧和王笑梅分别提出文化语文和生命语文的主张，文化语文主张语文教学要走在"回家"的路上，即要回归文化。生命语文则主张"语文成为儿童生命的泉眼"。其二，侧重于教育所面对的关系的视角。周益民探寻的是儿童与语言文字的关系，形成诗化语文的主张，"与儿童共同寻找语言家园"。蔡宏圣认为数学与儿童有着和谐的本源，和谐是数学教育的固有姿态，和谐成为他数学教育的主张。施延霞从教育与环境的关系，提出优化英语教学环境的主张。曾宝俊探寻的是儿童与科学的关系，主张经历、体验、理解科学。其三，侧重教育宗旨的视角。钱阳辉用最平实的语言，主张数学教育就是把孩子教聪明。陈萍主张主体德育，确立学生的主体地位是德育的根本宗旨。其四，侧重教育状态或形态的视角。徐斌认为教育的形态是无痕的，无痕的数学教育也是教育的最高境界。许卫兵则认为，数学教育的主要形态应是简约，简约是教育的艺术和智慧。沈峰主张英语教学应当自然、自在、自如，即自在的心灵体验，自然的师生关系，自如的运用能力。其五，侧重于方法论的视角。魏星主张用向四面八方打开的方法，为言语生成而教语文。管建刚的作文教学革命是从方法的改革开始的，提出诸多"重于"的主张，比如讲评重于指导。

以上只是一个大概的分类，并不精准。其实，分类的维度是多元的，不过，无论何种分类，都离不开教育的宗旨、学科的特质，以及个人的文化背景、知识结构，也离不开个性化的表述。同时，所有的教育主张都离不开一个核心问题：教学主张究竟为了谁？

二、儿童发展：教学主张的根本价值与终极意义

的确，教学主张绝不只是一句吸引人眼球的口号，因为它都要回答同一个问题：究竟为了谁？其实，这一核心理念本身就内在地孕育着儿童这一核心要素，儿童成了他们教学主张的主语，即一切为了儿童的发展；儿童的发展成了他们教学主张的基本逻辑，即一切从儿童的发展出发；教学主张的基本方式是儿童方式，即以儿童的方式展开教育教学活动。总之，他们的教学主张有一根本立场：儿童立场。他们从来没有淡忘儿童，甚至连轻慢儿童也没有。假若离开了儿童发展这一根本宗旨，那么，教学主张只能是一个华丽的词句，只能是一个失缺内涵的干枯的概念，只能是教师毫无意义的个人表演。

为了儿童的发展，首先要认识和发现儿童。周益民对儿童的认识与发现是：儿童首先是今天，儿童的名字就叫"今天"，有了幸福成长的今天，才会有幸福的明天；儿童拥有丰富的可能性，他们是天生的诗人、可敬的探索者、艺术的王子；儿童有令人惊异的深度，当然这是儿童深度。周益民告诫自己：只有真正认识和发现儿童，才会真正知道一切从儿童出发，出发点在哪里，又应走到哪里去，也只有这样，才会给儿童以完整的童年，语文教育、整个教育才会回到人生的根据地。

其次，要寻找学科与儿童的本质关联。王笑梅认为语文与儿童的本质关联是："语文，儿童生命的泉眼。"这一本质关联的具体内涵是："语文课堂是师生心灵的约会"；"作文是一部儿童童年的嬉游记"；"将儿童应做的事变成游戏，将儿童最难的事化作嬉戏"。儿童的生活是生命的初恋。语文回到儿童生活中，才会有生命感。这样，从生命的角度找到了本质联系，于是语文教育才能找回生命的原初体验，程式化的语文教学也才能在生命的体验中消融。王笑梅告诫自己：缺少这种本质关系，儿童与学科永远是"天各一方"，生活、生命以及语文本身就无从说起。

再次，要研究儿童是怎么学习的。儿童从来不是一个抽象的概念，从儿童是怎么学习的，往往可以看出儿童是怎么发展的。钱阳辉的教学主张的形成过程告诉他，对小学数学教育要进行全方位的思考，把目标、内容、过程、评价结合起来，在社会、学科、儿童三位一体的整体上作系统化的建构，而其中十分重要的是要研究儿童是怎么学习的，假若学生不经历知识创

造、解读发现的过程，那么教学目标是无法达成的，儿童发展也只是一句空话。研究儿童发展，沈峰主要从建构入手，并进行了具体的阐释，"应该建构什么""应该建构哪里""应该建构的是谁"三个问题，层层深入，引导学生主动学习。儿童的学习在建构中改变了关系，又在改变关系中获得了发展。钱阳辉和沈峰告诫自己：有什么样的学习方式，就可能有什么样的儿童。

第四，发展儿童，既要发展儿童的整体素养，又要着力于儿童创新精神的培养。创新是一个民族进步的灵魂，而儿童敢不敢、能不能创新，则是决定民族未来的核心。我们常常理论上承认儿童的创新精神多么重要，可一回到实践，创新就被知识、被分数冲掉了。严格来说，我们只是在口头上说说而已。曾宝俊认为，创新最重要的，一是孩子们应拥有"第三只眼睛"。这"第三只眼睛"是始于儿童的好奇心的，又是在发现科学规律中形成的。二是要有一种勇气，即敢于怀疑，大胆质疑，甚至有一种"摧毁科学经典的能力"。三是要有科学的方法，学会进行探究活动，并在探究活动中，善于总结，善于发现，学会创造和发明。曾宝俊告诫自己：让创新主导自己的教学。

三、回归与寻找，提炼与提升：教学主张形成的基本路径

教学主张不是在某一个早晨就能确立起来，更不是空穴来风，没有长期的实践和思考，是形成不了教学主张的。

建议大家好好读一读蔡宏圣的文章。他这么概括自己教学主张形成的经脉："二十多年来，正是在学习和思考的约会中，提出了不少对当下数学教学的独到理解，并汇集起来逐步确立了'和谐是数学教育的固有姿态'的教学主张。"的确，与他者的相遇与约会是会有新的发现的，是会诞生思想的。不过，他约会的是思考，他的约会就是思考。思考之一，"本源追溯"——"儿童是和谐的生命体"，"数学是和谐的复合体"，那循乎儿童和数学的和谐本源而展开的数学教育，自然是和谐的。思考之二，"课例突破"——以课例为基础的理性思考和总结，碎片得以结构化，论文因此而渐成经典，教师因此而得以成长。思考之三，"理性自觉"——课例、经验、思想碎片，经持久的拷问，在磨砺中提升，这是理性自觉的过程。蔡宏圣具有理性气质，

其教学主张的形成经脉正是理性的追溯、理性的拷问，理性的提炼、提升的过程。值得注意的是，此次他又注意用感性的方式来展开和呈现，提出诸如"出发，其实就是一种美"，一如黑格尔所说："美是理念的感性的显现。"可见，苏派名师的重要特征，是理性与感性的结合。而正是这两者的结合，催生了教学主张。

同样地，祝禧教学主张的逐步形成，亦是在对实验过程梳理后的思考：把目光停留在语言与文化的关系上。而她的基本路径是回归，是寻找"回家"的路。法国哲学家利奥塔首创的"重撰"概念是与"回归"紧密相连的。利奥塔认为，重撰既是"回归到起点"，又是"深加工"。祝禧正是有两次"深加工"，一次表现为对文化语文的阐释：文化语文之"文化"，以民族文化为核心，以多元文化为视野，以当代文化为切点，以儿童文化为语境。在此基础上，她又进一步"深加工"、提升：文化语文洋溢诗意的温度、史意的厚度和思意的深度。是的，回家的路上充满着新的想象，充满着创造，文化永远是回归与创造的过程。

回归需要寻找。周益民的寻找极为深刻，他寻找儿童，而且和儿童一起寻找。管建刚则是另一种寻找，他的寻找是在故事中进行的，是在传统教学与现代教育的交织中选择的，他的寻找就是选择。魏星寻找的是语文教育的规律："言意共生"体现语文观、"个体内生"体现人本观、"活动创生"体现实践观、"有无相生"体现哲学观、"生生不息"体现生命观。许卫兵的简约数学实质上是在寻找丰富中的简单、深刻中的浅近，以及教师的丰富与教学的简约，这应了契诃夫的名言："简洁是天才的姊妹"，也应了美国诗人艾略特·温伦格的话："好得很平庸"——好的教学当简约，当"平庸"。

如果说作家是寻找语言的流浪者，那么数学教师则是寻找数学思想的"流浪者"，比如王凌竟在数学知识中寻找"社会属性"，而且对"社会属性"作出了独到的解释，可见王凌有哲学视野和思维。其人其课广泛受到高度赞扬，是理所当然。建议大家好好研究王凌。而音乐教师则是寻找音乐文化的"流浪者"，比如黄美华要用文化把音乐课堂撑起来。记得黄美华谈论过关于"美丽"和"漂亮"的话题，给我留下了深刻的印象。用文化支撑的课、用文化润泽的人是最美的。黄美华对此有精辟的演绎。

基本路径就这样在他们面前铺展了一条宽阔的路：回归，寻找，发现，实践经验的提炼，原初思想的提升，教学主张才会逐步明晰，才会生成。

四、课程开发、课堂教学改革：教学主张需要实践建构

教学主张既要依靠理论的支撑、理性阐释的清晰与深刻，也要依靠具体的实践建构的支撑和证明，否则只有"形而上"，而没有"形而下"，"形而上"也就变成了空壳，况且，实践建构也不纯粹是"形而下"。

新生代名师都在教学主张引领下进行实践建构。一是课程开发。祝禧开发了校本课程，无论是人文大主题文化阅读课程，还是意象主题文化阅读课程，都极富文化的意蕴，极具文化语文的特色。周益民开拓语文课程的新疆域，无论是诵读与聆听课程，还是身体阅读课程，还是口传民间文学的引入，都在"寻找"语言存在的家。管建刚实际上是在创造自己独特的作文课程，是颠覆后的创造，他很可能建构的是具有中华民族文化传统特色的作文课程体系。施延霞建构的是"以校园英语环境为主体，以课堂英语环境为核心，以家庭英语环境为补充，以课程资源环境为提高"的一整套英语环境课程系统。黄美华开发的是"主题性文化情境课程"——在一个文化主题引领下，开发、整合"合适"的音乐素材，将音乐"置于社会的和文化的语境中并作为文化的一部分"。陈萍十分重视理论建构——品德教育：走向主体活动。究其内容，仍然是理论指导下的实践建构。她的专著《走向主体活动的品德教育论纲》应该引起大家的关注。

二是课堂教学改革模式的建构。教学模式是理论和实践的中介，是理论化的实践，实践化的理论，难度很大。如果对一般教师提教学模式建构是过高要求的话，那么，这批新生代名师，则把建构课堂教学模式作为自己的主动追求。比如，王笑梅用四个"让"串起了自己模式建构的线索：让文本灵动、让课堂灵动、让阅读灵动、让写作灵动，而一切的灵动都是生命的灵动。比如，徐斌有个性化十分鲜明的建构："不知不觉中开始"——数学教学内容的整体把握；"潜移默化中理解"——儿童学习心理的深度洞察；"循序渐进中掌握"——学生学习过程的精心组织。这就是徐斌的"无痕教育"，的确是无痕的，却在儿童的学习过程中和儿童的知识结构、文化人格中留下了深深的印记。比如，蔡宏圣的和谐数学，价值指向—教学内容—教学组

织—教学设计—思维方式，这一系列化的思考和整体设计，正是和谐教学模式建构的操作要义。比如，钱阳辉的实践建构，主张深入到数学思想方法的层面，显然是一种深度建构。沈峰十分注重学生思维的发展，在教学中思维引路，训练学生在探索中发展形象思维、发散思维，让学生的思维跳跃起来。不能说他们已建构了教学模式，但已有了基本的框架，这难能可贵。今后的任务应当是进一步具体化、结构化，并作出理论解释。

理论与实践的双向建构，课程开发与课堂教学模式的双向建构，有力地托起了名师的教学主张，并使教学风格的孕育与形成贯穿在教学过程及其研究之中。同时，也正是在主张引领下的双向建构，促进了名师的成长与发展。

名师成长是有核心因素的。季羡林曾经借用王国维《人间词话》中的三重境界来解释人的发展的三个核心因素，即"独上高楼，望尽天涯路"——要有理想、抱负和胸襟；"衣带渐宽终不悔，为伊消得人憔悴"——刻苦努力、勤奋付出；"众里寻他千百度，蓦然回首，那人却在，灯火阑珊处"——不断探索、寻找、发现、创造。季羡林又补充两个，一是机遇，二是人的先天禀赋。这五个核心因素点出了人的发展的关键，同样可以视作名师发展的关键，其中最为关键的应当是教育思想和理念，应当是人的精神境界。林则徐说："海到无边天作岸，山登绝顶我为峰。"这句话用在名师的教学主张及其实践中，不仅恰如其分，而且可能又是一次更高的引领和召唤。故，迫不及待地抄录于此，作为结尾。

●教学主张的追求

教学主张是名师"教育自觉"的关键性标志，是名师成熟、成功的核心因素。教学主张是名师教学风格的内核，是一种个性化的教学见解，它坚定地指向教学改革的实践。教学主张植根于教育思想，是教育理念的深化与聚焦，是对学科和教学特质深度开发后的独到见解。教学主张是怎么炼成的？这个话题包含了四个小问题：第一，现在教师的发展路径有哪些？第二，一个要力争成为名师的教师，为什么一定要形成自己的教学主张？第三，什么是教师的教学主张？第四，怎么炼成教师自己的教学主张？

一、教师发展的路径

很多学校为了教师的专业发展，已经作出了一些努力，同时，也已经寻找到了名师成长的一些路径。名师成长的第一条路径是一般路径，一般路径有以下几个关键词：读书、思考、实践、研究、表达。

读书是最不可缺少的路径，就像一位英国诗人说的："如果将我关在一间房子里整整一年，给我一部电影，还有一本书，二者取其一，结果会截然不同。如果让我选择电影，一年后从房子里出来，我会发疯的；如果选择书，出来后我就会变成另外一个人。"可见读书可以改变人生，读书也可以改变教师的人生，读书已经成为教师不可或缺的成长因素。季羡林先生的得意弟子卞毓方先生曾说，每一个人都应该有一张书桌，这张书桌要摆放在七个地方。第一，把它放在天安门的城楼上，让学习与祖国的事业连在一起；第二，把它放在太平洋的一座孤岛上，让自己安静下来读书；第三，把它放在南极，通过读书开发人生能量；第四，把它放在帝国大厦顶端上，人比摩天大楼还要高，让阅读垫高我们的脚跟；第五，把它放在巴黎圣母院里，让读书更纯洁而高尚；第六，把它放在俄罗斯的庄园里，与大师为邻；第七，把它放在故乡的大地上，让自己找到归宿。

显而易见，读书已经成为名师成长不可或缺的路径，但仅仅读书还不够，还要进行思考。仅仅思考还不够，还要进行实践。日本教育学家佐藤学曾说："实践、思考让教师成为一个反思型的实践家。"教师都是实践者，但实践者和实践家之间是有区别的，实践者靠经验生存，而实践家已经突破了经验的限制，经验可以让教师获得成功，但经验如果不与时俱进，如果没有理性支撑，教师就不能在经验中获得成功。

值得注意的是，一般路径中还应该有表达。无论是口头表达还是写作表达，也都能让教师走向成功。然而，如果所有教师都按照一般路径行走，会给名师成长带来什么问题？带来的问题就是路径依赖。所谓路径依赖，往往是在被动的状态之中被推着向前走，在这样的一般规律当中，教师并没有成为自己发展的主人。因此，一般路径是有效的，但仅仅依靠它还是不够的。如何克服一般路径中的路径依赖，又如何在一般路径的发展过程中激发教师的内在动力，这是名师成长需要考虑的。

当然，除了一般路径，还有简捷路径，即上课、公开课、讲述自己上课的体会，这个路径非常简捷，因为教师不能离开上课。曹文轩的文学作品创作永远是在田野中，从莫言到曹文轩，他们的成功离不开乡土，离不开田野，也离不开现场。名师成长当然也不能离开现场，教师的现场就是教学。离开教学，不管怎么努力，都不能成为一个名师。单单上课还不行，还要就上课发表自己的想法、谈自己上课的体会，即所谓的说课、评课。

在一般路径和简捷路径之外，我们是否要思考一下，有没有一些路径让教师走得更深、更高？这种更高、更深的路径我称其为教学风格，教学风格应该是名师的标志。雨果说："没有风格，你也可以一时成功，也可以获得掌声、欢呼、桂冠。但是，你不可能由此得到真正的成功，真正的荣誉。"

因此，风格还是一个教师成熟的标志，也是教师成功的重要原因。

二、为什么要形成自己的教学主张

在追寻自己的教学风格之前，我们不禁要问：为什么要形成自己的教学风格和教学主张？2016年4月4日，意大利当地时间14时50分，中国儿童作家曹文轩荣获国际安徒生奖。此奖是很难获得的一个奖项，被称为"小诺贝尔文学奖"。国际安徒生奖有两个重要的评选标准，一是"三个重视"：儿童文学作品要重视人文关怀，重视儿童文学作家创作的作品是如何向儿童讲述故事的，重视作品里如何帮助儿童克服心灵中最容易遭受到的那些伤害。二是"两个是否"：儿童作家对儿童文学创作是否专一，他是不是在专心致志、心无旁骛地创作；儿童文学作品是否在不断地进行创新。这两个标准实际上是让儿童文学作家关注儿童世界，关注儿童的生活，关注儿童的成长。组委会给曹文轩的颁奖词说得很有意思。颁奖词共有两段，第一段："他用诗意如水的笔触，描写原生生活中一些真实而哀伤的瞬间。"第二段："曹文轩的作品读起来很美，书写了关于悲伤和苦痛的童年生活，树立了孩子们面对艰难生活挑战的榜样，能够赢得广泛的儿童读者的喜爱。"这两段话说出了曹文轩儿童文学作品的特点。其实，曹文轩创作儿童文学作品是有自己的主张的，这个主张就叫"儿童成长"，他把自己的小说定义为"成长小说"。尽管描述了很多苦难的生活，但在儿童面前，他树立起了儿童对苦难生活挑战的榜样。

有人给"成长小说"概括了四个特点：第一，忧郁情调。他的小说里总有一种忧郁的情趣，但这种忧郁情调不是无节制的悲苦和哀伤，而是一种有分寸的情感。第二，执着美感。他的小说写得非常漂亮、非常美丽。第三，田园生活。他的小说是在水边、大海边、田野里生长起来的，田园生活给"成长小说"带来了优雅的情趣和宁静的性格。第四，语言实验。儿童文学作品总要有语言文字的应用，但在曹文轩看来，语言文字的应用其实就是语言文字的创造，因而，他的每部小说都应该是一个艺术品，要发挥语言的极大功能。正是"成长小说"让他获得了国际安徒生奖，曹文轩讲：这个奖不是颁给我的，而是颁给中国儿童文学的。讲这个例子，无非是想说，一个儿童文学作家必须有自己的创作主张，正是这种创作的主张让他走向世界，去和世界儿童文学进行对话。儿童文学创作如此，我们的教学当然也要有自己的主张，形成自己的风格。

曹文轩的例子告诉教师们走向名师的路径。教师要成为名师，就必须追求自己的教学风格。不仅如此，风格也是一个人发展的最高境界。德国诗人歌德曾经讲过，风格，实际上是艺术家所能企求的最高境界。既然认可风格是艺术家追求的最高境界，为什么不能认可教学风格是一个名师发展的最高境界呢？如果对自己的教学风格没有认知，也不能去追求自己的教学风格，那就意味着教师的教学改革和教学艺术还没有达到最高境界。风格可以让你走得更远，"风格是打开未来之门的钥匙"。没有风格，就不能走向世界，不能走向未来。

追求教学风格，还能让自己的专业生命更加年轻。教学风格是一个专业的概念，追求教学风格，就是让自己过更专业的生活，在专业生活当中来锻造自己。台湾诗人余光中说：大陆说我是乡愁诗人，这是我非常不同意和非常不高兴的。其实我的风格是多样的。余光中接着讲："我风格多样，所以我长寿。"因此，风格多样让人的学术生命永远年轻。名师在成长过程中，需要追求自己的教学风格。

教学风格的背后其实是教育的思想，我们把这个教育思想叫作教学主张。有人把风格和思想的关系作了一个阐述，在我看来，这个阐述，既生动又深刻。"风格是思想的血液"，教育教学思想当然也是教学风格的血液。别林斯基讲，风格是"思想的浮雕"，教师在课堂上也给学生树立起了思想的雕塑。于是，教学风格和教学主张给名师成长带来了第四条路径，即突破性路径。

突破，实质上是一种自我超越。在当今中国语文教学界，有三位大师，他们是于漪、李吉林、洪宗礼。2015年镇江市教育局邀请三位到镇江参加一个语文教育的座谈会，由我主持，我说这次座谈会有个主题——先生回来。"先生回来"，因为三位的故乡都是镇江，但更重要的是为师之道、为师之德回来了，是"先生之风，山高水长"。之所以把三位称为先生，最主要的是他们都有自己的教育理想，形成了自己的教育主张。

于漪老师说："我做了一辈子教师，我一辈子学做教师。"一辈子做教师，更多的是情怀、态度、价值取向；而一辈子学做教师，则是求真、求善、求美的过程，难怪她形成了"情感"的教学风格。她的教学主张就是以情激智，以情感教育来激发学生的智慧。

李吉林老师说："我是一个竞走运动员，又是一个跳高运动员。"竞走运动员，坚韧不拔地前行，永远不离大地，永远追逐地平线；而跳高运动员，则是目标不断提升，追求更高的境界，仰望星空，逐向山峰之巅。这是她的情怀和精神，由此她形成了"情境教育"的教学主张和风格，为儿童研究儿童，这也成为她的教育主张。

洪宗礼老师说："我把工作当作学问来做，我要站在讲台上，又要站在书架上。"把工作当作学问来做，更多的是要做学问、做研究，教学即研究，教师不是教书匠；而站在讲台上和书架上，更多的是要读书、学习，教师永远是读书人，永远在书的海洋里徜徉，他自己也变成了一本书。正是在这种思想的影响之下，洪宗礼老师在语文教育界做了三件大事：中外母语教材比较研究，编写教材，提出诸如语文教育"链"、"五说"语文教育观等学说。有人把洪宗礼老师的语文教学命名为"洪氏语文"。

三位语文大家能走到今天，原因很多，其中一个最重要的原因在于他们的教学主张，在于教学主张引领下的教学风格，是教学主张和教学风格形成了三位大师的教学灵魂，让他们站到了语文教学的至高点。

三、什么是教学主张

教学主张就是教育思想，就是教育理念，就是教育观点。但教学主张又不同于一般的教育思想、理念和观点，它是教育思想、理念和观点的具体化。具体化至少表现在以下三点：

第一，学科化。要把教育思想和所教科目的特质联系起来，用教育理念和教育观点来关照学科教学，以此来重新认识你所教的科目，形成对这一学科的独特认识。教学主张是具有学科特质的，它是学科化的，它和学科教学自然紧密地联系在一起。于是，有人对学科教学的独特认识形成了自己的教学主张。比如，南京市北京东路小学的校长孙双金、副校长张齐华，分别形成了语文和数学的教学主张，即孙双金的"情智语文""12 岁以前的语文"

和张齐华的"文化数学"。

第二，个性化。个性化的见解和理念称为教学主张，因此它本来就应该带有个人的气质，带有个人独特的看法。南京市琅琊路小学的语文特级教师周益民上公开课，总是用自己编写的语文教材，总是讲民间童话、民间神话、民间故事、对联、绕口令等。我曾经和他探讨过这个问题，他对此有自己个性化的理解。他在《回到话语之乡》一书中认为，话语的家乡在民间、在乡土、在田野，现在的语文教材是缺少乡土气息的。所以，他编写语文教材，让学生回到话语的家乡去寻找语言的源头。因此，他的语文教学是十分个性化的。

第三，核心化。教学主张是核心主张，一个教师的教学思想是丰富多彩的，但在这种丰富多彩中要找到核心，核心主张就是教学主张，核心的教学主张要成为教师教学的切入口、突破口和生长点。全国知名的数学特级教师华应龙的数学教学主张就是"融错"，他认为，儿童在学习中最容易出现错误，数学老师善于化解儿童数学学习中的错误，这是最大的智慧。他一直在坚持"融错""化错"教育，相信这种教育最能增强儿童学习数学的信心，"融错""化错"自然就成为他核心的教育思想。

教学主张是个人的思考，教师要分析平常教育教学工作中的所思所想。南师大附小的数学特级教师贲友林曾说：要有点想法，要有点自己的想法，要有自己的见解，形成自己的观点，形成自己的教育思想和教学主张。教学主张是个人的，所以不存在哪一种教学主张不好的问题，应该记住一句话：大家都不同，但是大家都很好。

教学主张的表达有两种方式，一是，××语文，××数学，××英语……如文化语文、智慧语文、本色语文、简约语文、诗意语文、情智语文，等等。这种提法存在着某种危险，容易让提炼出的概念窄化、泛化、刻板化。二是，比如说，南通市有个数学特级教师的教学主张是"让数学亲近童年"，还有语文特级教师的教学主张就是"中国风，母语美"。希望教师们能多用第二种方式提炼自己的教学主张。

四、如何炼成教学主张

教学主张是一个锻炼、淬化的过程，是长期形成的过程。"炼"本身就说明了它的艰难，意味着它的长期。获得普利兹克奖的王澍先生的建筑设计非常有风格，他获奖以后，有人给他总结风格，他说：你们不要给我总结风格，你们给我总结，我的风格就死掉了。他已经有了自己的风格，但是他叫人不要总结自己的风格，这是两个意思。风格不是自说自话的，风格形成是长期的过程。

教师要把自己的教学主张植根于文化土壤之中，教学主张最终是在文化土壤里生长起来的。教学主张说到底是文化关照下的一种教育主张，它彰显着文化意义，有非常丰富的文化含量。一个没有文化意识和文化自觉的教师，是不可能形成自己的风格和教学主张的。

文化是什么？德国哲学家伽达默尔曾说：我们每天沐浴在文化之中，但是倾我们自己之所知，倾我们自己之所能，未必能说出文化是什么。文化是说不清楚的，于是有人用比喻来描述文化。美国人类学家爱德华·霍尔这样描述文化：文化实际上是一座监狱，除非一个人知道有一把钥匙可以打开它。这真是个奇特的比喻：文化怎么可能像监狱呢？监狱与文化有什么近似之处呢？其实，他的意思体现在紧接着的下一句：的确，文化以很多不为人知的方式把人们联系起来。原来，他想说的是，监狱的方式是不太为人所知的，因而我们对文化似乎熟悉，其实非常陌生，犹如对监狱一样。他对文化的比喻是多么的恰当呀，有人说文化是一门科学，那文化是一门什么样的科学？文化是一门意义的解释科学。形成自己的教学主张，在于教师能不断地去解释文化，理解文化。在学科教学当中，如何建构起一门属于教师自己的文化解释学，到了这种境界，教师就能形成自己的教学主张了。

我曾经有关于文化的十句话：第一，文化的实质是人化。谈论文化就是谈论人，离开人，文化免谈。美国著名的人类学家克利福德·格尔茨说，文化是由人自己编织的意义之网，不过，这是由德国社会学家马克斯·韦伯的一个隐喻转化而来的。韦伯的隐喻是：人是悬在由他自己所编织的意义之网中的动物。首先，文化是张意义之网。文化从本质上讲意味着意义建构。其次，意义之网，涵盖着人生活的方方面面，文化无处不在，意义便无处不在，文化之网"网"住了人们的生活。再次，人不只是文化的享用者、体验者，更为重要的是，人是文化的创造者。文化成为人的精神家园，人应该诗意地栖居在大地上。海德格尔解释"人诗意地栖居在大地上"这句话，意思是人要抽离大地，透过艰辛，仰望神明，来到半空中，最后再回到大地上去，这个过程就是人诗意地栖居在大地上。教师要形成自己的教学主张，必须有诗意栖居在大地上的状态。第二，文化的核心是价值观。什么是价值？南师大的鲁洁教授用下面这句话解释价值："价值即理想中的事实。"有没有价值，要看事实、行为。教学有没有价值，要看教学行为，并不是所有的教学行为都有价值，还要看教学行为有没有理想。所以，谈价值就是谈理想，谈价值就是谈对理想的关照。追求核心价值观，实质上是对理想的最终追求。一个教师应该追寻核心价值观，因为这是教师之魂，体现在教学上就是教师的教学主张。如今的社会是多元开放的社会，是价值多元的社会，各种文化、价值观蜂拥而来，难免泥沙俱下、鱼龙混杂，于是产生了学生的价值困惑，同时也产生了教师的价值迷惑。如果教师没有正确的核心价值观，那怎么能形成自己的教学主张呢？为了避免教学主张流于浅薄，教师应该多从文化及核心价值观的角度来考量自己的教学主张。第三，文化是魂体一致的。文化需要一种载体，核心价值观通过一定的表现形式反映出来，文化的灵魂与载体互为皮肉。教学主张和教学过程是浑然一体的，是天然不可分割的。第四，文化生态具有多样化。这表现为文化的民族特性、地域特点。第五，文化是复数，不是单数。形成共识，共同行动才是文化。第六，文化的方式是吸引人的方式。教师的教学主张是实践过程中以各种生动活泼的方式来吸引学生，文化的方式是陶冶的、体会的、感悟的、浸润的。第七，文化的建设有一个突破口，突破口就是教师的行为文化。学科教学在教师的教学主张之下，要让学生的言行也成为具有学科文化印记的行动。第八，文化的最后一级台阶是人格。文化的最后一级台阶，这是余秋雨先生提出来的。中国的文化人格是君子之道、君子之人格。教学主张、文化的光照能让学生形成自己的人格。第九，文化的高地在哲学。哲学就是让我们深刻起来，摆脱肤浅、幼稚和盲目。日本哲学家中江兆民说：国家没有哲学，恰像客厅没有字画一样，不免降低了国家的品格和地位。第十，文化的最高境界是自觉。这种文化自觉，重要的标志是知道文化从哪里来，走向哪里，以及明确文化建设的责任担当。用中国著名的社会学家费孝通的话来概括，就是"各美其美，美人之美，美美与共，天下大同"。

于是，教学主张的提出者应该是一个文化自觉者，教学主张来自文化的土壤之中，让教学主张打上文化的印记。

其次，教学主张还应植根于儿童观中，儿童观和中学也有关系，心理学中的儿童是到18岁的，高中阶段都属于儿童。简单来说，儿童观就是怎么看待和对待儿童。教学主张和儿童观有什么关系？其一，教学主张和教学风格是为儿童的；其二，教学主张和教学风格的追求和形成要有儿童的参与，要让他们参与到教学过程中来；其三，教学主张和教学风格必须从儿童经验出发，要建基于儿童的经验基础之上。

教学主张的形成，教学风格的追求，植根于儿童观中。而且我认为，所有的教育观都要植根于儿童观，课程观、教学观、评价观、教师观都要以儿童观为核心。那要怎么看待和对待儿童呢？陶行知先生的《教师歌》云："来！来！来！来到小孩子的队伍里，发现你的小孩。你不能教导小孩，除非是发现了你的小孩。来！来！来！来到小孩子的队伍里，了解你的小孩。你不能教导小孩，除非是了解了你的小孩。来！来！来！来到小孩子的队伍里，解放你的小孩。你不能教导小孩，除非是解放了你的小孩。来！来！来！来到小孩子的队伍里，信仰你的小孩。你不能教导小孩，除非是信仰了你的小孩。来！来！来！来到小孩子的队伍里，变成一个小孩。不能教导小孩，除非是变成了一个小孩。"陶行知先生是一位诗人，是一位教育诗人，把诗歌写得如此平白朴素，又是如此的深刻生动。陶行知先生已经告诉了我们应怎样去看待和对待儿童：发现孩子、了解孩子、解放孩子、信仰孩子、变成孩子，这就是儿童观。

儿童观的最高境界或者说关键在哪里？教师自己变成孩子。古代圣贤老子早就说过，圣人的精神状态往往回归于婴孩；蒙台梭利也作了"作为教师的儿童"的判断；李吉林老师曾说自己是"长大的儿童"。教师只有在这样的儿童观的土壤里，才能生长出自己的教学主张。也只有这样的教学主张才是为了儿童的，是属于儿童的，是服务于儿童发展的。一个有教学主张的名师，应该有儿童之心。一个没有创造性生存状态的教师，怎么能有积极的人生态度？又怎么能有属于自己的教学主张呢？教学主张来自对生命意义的理解，来自儿童对教师的启发。

　　再次，教学主张还要植根于对课程教学的理解之中，教学主张是关于教学的，是关于课程的，如果你对课程教学没有准确的理解，哪有什么教学主张？何为课程？课程是跑道，它是由动词的跑和名词的道组成的，过去我们只关注道，而忽视了作为动词的跑，现在要两者结合起来，才是完整的理解。道是内容和规则，跑是经历和过程，是一个学习的体验。课程是一块起跳板，它只是一个工具，它的作用是让学生借着它能跳得更高更远。课程是机会，教师可以提供更多的机会给儿童，让他们能发展得更好。我们还要理解教学是什么。教学改革风生水起，出现了各种教学模式。教学主张、教学风格是能最终形成教学模式的。何为教学模式？教学模式的前提是何为教学。教学的核心问题是什么？应该是学生的学习，只有关注学生学习的教学才是真正的教学，也才能在这种教学中形成自己的教学主张。

　　最后，教学主张要通过写作表达出来，探索教学主张的过程，其实也是一个写作过程，阅读写作应该成为教师的生活方式。《夏令营中的较量》的作者孙云晓的专业成长历程说明了写作对教师发展的重要性。

第四辑　教学主张与教学风格

—139—

风格：合唱声中领唱者的旋律

一、教学风格是教师专业发展的境界与名师成长的标志

教学风格命题由来已久。可以说，讨论教学改革，讨论教师专业发展，教学风格是一个不可回避的问题。遗憾的是，由于种种认识上的误区，带来了心理上的"谨慎"（其实这种谨慎是一种因过度的敬畏而产生的畏惧感，以及对教学风格的疏远感），而少谈甚至免谈教学风格，因而造成教学改革总是在表面上徘徊而不能深入。时至今日，我们还不敢，抑或说不愿意触及教学风格的问题，这将会留下遗憾，严格说来，这是对课程改革和教师专业发展的失职。

我认为，可以从以下不同的视角认识教学风格的意义与价值。

其一，从教师专业发展的视角来看，教学风格的追求与形成，是教师专业发展的标志与境界。我个人认为，教师专业发展中有三种价值取向，即理念价值取向、技术价值取向、风格价值取向。以往，我们讨论得较多的是前两种取向，而忽视风格价值取向，其实，理念价值取向与技术价值取向的统一、融合，很有可能形成教学风格。因此，教学风格命题的提出，推动了理念和技术的双向互动与融合。从另外一个角度看，风格是专业化的标志和产物。怀特海曾经说过："风格在它最精微的意义上，就是有教养的心智的最后一个要求，它也是最有用的，风格是心智的终极的道德原则。……风格乃

是专家独有的权利，……风格总是专门研究的产物，总是专门化对陶冶的特殊贡献。"怀特海说得非常明确，风格是"专家独有的权利"，是"专门研究的产物"，是"专门化对陶冶的特殊贡献"。可见，教师专业发展的"专业标志"在哪里？在教学风格。教师专业发展的"专门化境界"是什么？是教学风格的形成。于是，我们也不难理解，艺术家、作家、科学家……这些专家也都是有自己的专业化标志和境界的——风格。

其二，从名师成长的视角来看，教学风格是名师成长、成功的重要原因，是名师不可或缺的重要特征。说到名师，自然想到洪宗礼、王栋生、黄厚江、曹勇军、唐江澎、蔡明，总会想到斯霞、李吉林、王兰、孙双金、薛法根、周益民，总会想到邱学华、张兴华、华应龙等，他们为什么能持续发展、不断走向成功？其中一个重要原因，就是他们都有自己的教学风格。雨果一语道破其中的奥妙："没有风格，你也可以一时成功，也可以获得掌声、欢呼、桂冠，但是，你不可能由此得到真正的成功，真正的荣誉。"雨果还说："风格是打开未来之门的钥匙。"对获得真正胜利、真正荣誉、真正桂冠的原因，怀特海这样解释："有了风格，你的力量增加，因为你的心智不断被不相干的东西所干扰……"因为"风格是心智的终极的道德原则"，因为风格意味着你"有教养的心智"。其实，心智成熟的教师，总是持续向前、持续成功，风格引领着他走向更加美好的未来。因此，风格是一种境界。歌德说："在我看来，唯一重要的是给予风格这个词以最高地位，以便有一个用语可以随时用来表现艺术已经达到和能够达到的最高境界。"艺术家企求达到的最高境界是风格，教师、名师企求的最高境界当然也应当是教学风格。罗丹还说，有风格的作品是美的。名师之美，美在有自己的风格，教学风格成了名师的重要特征。从这个意义上说，教学风格应当是名师的必然追求，也是名师成长的必由之路。

其三，从教学流派的发展与研究的视角来看，教学风格是教学流派的题中应有之义，是教学流派的基本规定性之一。教学流派有严格的规定性，我认为主要有以下几个方面：要有核心的教育理念、鲜明的教学主张；要有完整的操作体系，且经过长期实践，证明是科学的、有效的；要有自己的教学风格，具有独特性；要有核心人物，并由核心人物形成一个团队；教学流派在当地，乃至在更大范围产生重大影响。在这些规定性中，教学风格是题中应有之义，不可或缺，而且比较独特，在实践中得以彰显。近年来，江苏正在研究苏派教育。对苏派、对苏派研究有着不同的声音，有质疑，也有批评，意见主要是两个方面：究竟有没有苏派？究竟要不要苏派？有不同的声音是正常的，也是好事，可以让我们以更加理性、严谨的态度和科学的方法展开研究，但是，我坚定地认为，苏派是一种历史的存在，也是当代的新发展，既是当下教育教学改革的需求，又是对当下教育教学改革的提升，当然也是对教育家办学及建设教育强省的积极应答。因此，我们有一个重要的历史责任，一如冯友兰所说，要"照着讲"，也要"接着讲"。所谓"照着讲"，是说对苏派的过去研究好、承继好；所谓"接着讲"，是说促进苏派的新发展。无论是"照着讲"还是"接着讲"，都会涉及教学风格，如果对苏派教学风格的内涵、特征没有一个大体的概括，如果对苏派教学风格的发展没有一个总体的把握，苏派研究就会虚空，苏派也就不成其为苏派。反之，对苏派教学风格深入研究，可以推动苏派研究，促进苏派在新时期有新的发展。

二、教学风格应有其鲜明的独特性

风格的独特性源自教学主张的强烈和信念的坚定。中外对风格都有自己的理解与阐释，显现了认识与理解上的文化差异。正是从文化差异中，我们领略了风格有着独特的魅力，而且有着很大的研究与发展空间。在我国，风格最开始是用来形容人的，比如风格峻峭，后来再逐步转化为对文艺作品的描述和形容。而在希腊文中，风格则指长度大于厚度的线体。这一比喻说明风格是立体的，并不是单一的，它有许多美丽的侧面。拉丁文中，风格被喻为雕刻刀。这一比喻又说明风格可以不断来"修理"自己，在精心的雕刻中，才显出特点，才能改变自己、提升自己、成为自己。这永远是个过程。这样的比喻，本身就极具风格——风格像是一块磁石吸引着人们。

1.教学风格的定义

张武升先生曾对风格下过一个定义："风格是艺术创造活动中，创造主体与对象的本质联系通过完美的艺术作品所体现出来的鲜明的、独特的个性特点与审美风貌。"这一定义告诉我们，风格是和艺术创造活动联系在一起的；风格的创造既不能脱离创作主体，也不能脱离创作对象，从根本上说，它是主客体之间本质上的联系，风格是通过艺术作品来表现的；最为重要的，风格是一种"个性特点"和"审美风貌"——在鲜明的、独特的个性特点中表现出整体风貌，透射出审美意义。用这一定义来观照教学风格，对教学风格的理解便是不难的：教学是艺术创造的活动和过程，是通过教师与学生本质上的联系来体现出的教学个性和教学之审美风貌。这里也不难理解，教学风格的显著特征是艺术性、审美性；不难理解，教学风格不是教师单方面的事，没有学生的参与，教师是不可能形成教学风格的。

2. 教学风格的本质特征——独特性

回到风格定义的关键之处"个性特点和审美风貌"，因此，风格最本质的特征是：独特性。没有独特性，就不能称之为风格。席勒这么说过，最理想的风格具有"最高度的独特性"。别林斯基讨论作家的作品时这么论述：任何伟大的作家都有文体，"文体和个性、性格一样，永远是独创的，因此任何伟大的作家都有自己的文体"。自己的文体——风格，那么，教师呢？名师呢？教师尤其是名师，应当有"自己的文体"，即应当有自己的教学风格。老舍还用花来作比，"风格是各种花的独有的光彩和香味"。毋庸置疑，独特性是风格的本质特征，独有的光彩和香味才使花成为"这一朵"或"那一朵"。有人诗意地表达：风格是众多合唱声中独唱者的旋律。表达是诗意的，却是十分准确和深刻的。

3. 教学风格的独特性源自个人的教学主张

我们要追问的是，风格的独特性从哪里来？萧伯纳给出了最好的回答："一个人要是没有主张，他就不会有风格，也不可能有。一个人有多大力量，就看他对自己的主张觉得有多么强烈，他的信念有多么坚定。"风格的独特性源于个人的主张，而主张往往是这个人的信念；教学风格源自教学主张，教学主张往往是个人教育哲学的折射。可见，教学风格是在教育哲学、教学主张的土壤里生长起来的。事实正是如此，比如，洪宗礼老师的"洪氏语文"，源自他的语文教育"链"的主张，他站在道德和学术高地上，研究教学、教材和中外母语，视野开阔，主张坚定，所以洪宗礼有自己鲜明的风格。王栋生老师基于对人的关注，基于知识分子的良知，才会在语文教学中充满批判性和建设性，他的语文教学实质就是"致青年学子""致青年教师"。同样，黄厚江老师在怀疑与不怀疑之间，在理想与现实之间，寻找语文教学的本色，本色语文让黄厚江有自己风格的追求与形成。

4.风格的两大类型

独特性带来不同的风格，从大的方面看，风格分为两大类型：狐狸型与刺猬型。这本是对西方思想家与作家的基本分类。英国当代思想史家以赛亚·伯林爵士1953年出版了一册86页的小书——《刺猬与狐狸》。他提出了一个十分有趣也十分重要的文化问题：文化名人的不同分类与治学过程中不同的追求目标。书名来自古希腊诗人阿基洛克斯之语："狐狸知道很多的事，刺猬只知道一件大事。"意思是，狐狸机巧百出通晓百科，然不及刺猬一计防御与见解深刻。有人以此来形容和描述风格的分类也是恰当的：狐狸型为百科全书型，无所不知无所不包，观察入微机巧四进，然思想散漫缺乏深度，属于艺术型；刺猬型则有一中心主轴，还有一整套思想体系，有自己的理论框架，绵厚精深，属于思想型。这样的分类和描述未必精准，但大体上是适合的。我认为，狐狸型、刺猬型并没有高下之分，只是风格的差异。为此，教师可以从中寻找自己的位置，并为此而努力。

三、在长期的过程中，追求并逐步形成自己的教学风格

风格的追求与形成是一个长期的过程，我们应当积极对待，努力地去追求，但不能心急，不能浮躁，不能刻意。王蒙说过一段十分精辟的话："风格是自然而然形成的，风格是作品的外衣，但是绝不是包装，而是作家灵魂的显现。"他又说："刻意追求，特别是'刻意'二字，其结果有变成矫揉造作的危险，有变成形式主义的危险，风格是不可以强求的，因为灵魂、个性非强求而来。"一语中的，既指出了风格形成的长期性、艰难性，又指出了追求风格过程中最易产生的问题。这里有一个认识问题，也有一个心态问题。还是昆曲《班昭》中的唱词唱得好："最难耐的是寂寞，最难抛的是荣华。从来学问欺富贵，真文章在孤灯下。"教学风格是篇大文章、好文章，

是孤灯下的寂寞、荣华富贵前的淡然，抛却了刻意和浮躁，拒绝了诱惑和浮华，才会有真正的学问和真正的教学风格。

首先，要锻造自己的人格。

法兰西博物馆学家布封 1753 年 8 月 25 日在法兰西学院演讲时说，"风格即人本身"。歌德在《歌德谈话录》中说："一个作家的风格也是他的内心生活的准确标志。"吴冠中说过这样的话："风格是人的背景。"这些话语，都在阐明一个问题：风格是特殊的人格。因此，我认为，追求并形成教学风格的过程，是锻造自己人格的过程，是在这"最精微的意义上"寻找、适应自己的道德原则。这道德原则具体为热爱教育事业，热爱自己的学生，在教书育人中实现自己的理想。此外，教学研究、学术研究也必须遵守学术道德，在研究中、在学术中流淌道德的血液。

教师的人格还体现在教学要有崇高的追求。爱因斯坦非常形象地说："人生就像骑单车，想保持平衡就得往前走。"尼采也说："一个人新的荣耀不是他们所来之处，而是他们要前往的那个地方。"于是，追求成了教师发展的主题，倒不在于追求到什么，而首先在于有没有追求。这里应当廓清一个问题：教学风格不是少数教师的专利，所有教师都应该去追求并逐步形成自己的教学风格。

其次，要提炼自己的教学主张。

如前所述，没有主张就不能形成风格，主张有多坚定，风格就会有多大的力量，教学主张是教学风格之魂。教学主张是教育思想的具体化，具体化为个人的、学科的教育观点、教育思想。可以认定，教学主张是个性化的、学科化的教育思想、教育理念。事实上，教师总有自己对教育、对课程、对学科、对教学的看法和见解，总会形成自己较为独特的认识。问题在于：很多教师一是没有追求风格的意识，常处在不自觉的甚至随意的状态，因而，教学主张往往就从自己的身边滑过了；二是没有进行概括和提炼，常处在感性甚至是散乱的状态，因而，教学主张没有"立"起来，形成教学风格肯定是很困难的。也正因为此，教师提炼自己的教学主张不是从零开始的，而应回顾、梳理自己的见解和观点，并通过理论学习使之聚焦并进行概括。这虽然是一个很长的过程，但完全是可能的。

需要说明的是，教学主张的独特性是相对而言的，尤其是基础教育有着共同的、基本的规定性，这些规定性不能摆脱，更不能抛却。通俗地说，教学主张只能是大同小异、同中求异，关键是在"异"上下更多的功夫。还需要说明的是，教学主张之"异"，更多的是给以个性化的解释，富于个性化的色彩。其实说到底，教学主张的提炼、概括，主要依靠自己的理论素养和理性思考水平，加强理论学习是不言而喻的。

再次，要善待自己，善于分析自己。

教学风格是在自己的文化肌体上"长"出来的，不了解自己，不分析自己，不提升自己，自然是"长"不出教学风格的。第一，要分析自己所处的地理和人文背景，不同的地理、人文背景会形成不同的文化性格。黑格尔说："历史的演进有一个重要基础，这个基础就是地理，民族精神的许多可能性从中滋生、蔓延出来。"当然，他也说，"地理并不是历史和民族精神的唯一基础"。我们可以从原生态文化——季风性格来分析自己的个性，从次生态文化——风土模型来分析自己的文化特质，进而理清自己的"文化基因"，寻求文化个性。第二，要分析自己的气质特征。个人都有自己所属的气质类型，因而要在感情与理性、内向与外向、刚毅与阴柔、沉稳与活泼、多言与少语之间找到属于自己的位置。从这点出发，也许罗曼·罗兰的话可以给予我们极大的启迪：要有个人的创作单间。不妨把"单间"首先理解成自己的气质特征，以及这一气质特征所带给我们的创造空间。第三，要分析自己的知识背景和结构。每个教师都有自己的知识背景和结构，不同的知识背景和结构，会影响教师的教学内涵和教学风格。换句话说，教学风格的形成既基于自己的个性，又基于自己的知识背景和结构。特级教师蔡宏圣一直关注和学习数学史，对数学的发展过程及一些主要的教学观进行了研究，从中寻找数学教育的特质，在儿童与数学之间建构起和谐关系，形成了自己特有的气质和风格。这很大程度上是与他的知识背景和结构联系在一起的。第四，要分析自己的教学经验和特色。教学主张、教学风格是自己教学经验和特色的概括与升华，可以说，教学经验、特色是教学主张和教学风格形成的基础，教学主张、教学风格是从这一基地上起飞的。离开这一基础，教学风格的形成就可能是"空中楼阁"。所以，教师绝不能让教学风格离开教学经验和特色，但又一定要对教学经验、特色进行梳理和分析，加以理性的思考，进行概括和提升。当然这是一个过程，不过这一过程是会走向教学风格的。

最后，要雕刻自己的语言风格。

英洛亚曾讲过这样的话："强烈的情感撞在语言屏障上会爆发出特性。"福楼拜说："语言让我看见了现实，文字给予语言人表情的面孔。"教师的教学风格往往通过语言表现出来，语言风格在很大程度上体现并影响着整个风格。形成教学风格，一个重要的路径就是雕刻自己的语言风格。对语言的雕刻，正是对风格的雕刻。从这一意义上说，恰好印证了古罗马和古印度对风格的解释：风格是说服人的手段、是关于语言文学的修辞。往深处说，语言的内核是思想，所以从雕刻语言风格入手锻造教学风格，实质是提升自己的思想。风格之美是语言之美，更是思想之美。

风格，这一众多合唱声中领唱者的旋律，将引领教师教学个性的发展，将引领教师的专业发展和名师成长。让领唱者的旋律永远在校园、在课堂唱响。

教学风格的认识与追求

课程改革中，我常常为教师们的创造性所感动。孙双金的情智语文，窦桂梅的主题教学，王崧舟、周益民的诗意语文、诗化语文，薛法根的组块教学……他们在新课程理念的引领下，从自己的教学特点出发，通过潜心研究和实验，表达对课程、对语文教学独特的理解和主张，探索实施新课程和进行语文教学改革的新途径和新方法，展现自己教学的特色和智慧，追求和形成自己的教学风格。

倡导教师个性化教学和形成教学风格是课程改革的题中之义。新课程为教学方式的多样化留下了很大的空间，为各种教学风格的形成提供了更多的平台，同时也提出了更严格的要求。可以说，现在倡导教师形成教学风格比以往任何时候意义都大，也比任何时候的可能性都更大。

风格是一种境界

孙双金老师为了研究情智语文设置了若干小课题，有目的、有计划地推动研究的深入，教学专题是其中一个重要课题。在他设计的《走进李白》的专题中，先以"李白是仙"为主题，让学生在学习古诗词中走近李白，走向中国的诗性智慧文化，又怀着民族的精神和情怀走向世界。教学中他以李白的经典绝句为主块，用故事来串联和推进，以吟诵、想象、比较等为主要方法，引导学生欣赏和感悟李白的仙风道骨。教学中，孙双金始终向学生的问题敞开，敏锐地抓住和开发教学细节，学生的情绪状态是放松的，但思维状态和智力学习却是紧张和积极的，教学过程如湖水一波又一波，又如海水一浪高一浪。孙双金还表示，他将以"李白是侠""李白是人"为主题继续他的专题教学研究。孙双金已经形成了自己的教学风格，获得了教学实验的成功，使自己的教学提升到了一个新的境界。

的确，风格是教学的境界。歌德说："风格，这是艺术家所能企求的最高境界。"他还说："在我看来，唯一重要的是给予风格这个词以最高地位，以便有一个用语可以随手用来表明艺术已经达到和能够达到的最高境界。"艺术是如此，教学亦如此。李吉林的情境教学已不仅仅是一种教学方法，而且是让学习在情境中发生，解决了符号学习的难题，这是最高境界。正因为如此，风格也是教师成熟和成功的标志。雨果说得好："没有风格，你也可以一时成功，也可以获得掌声、欢呼、桂冠，但是，你不可能由此得到真正的成功，真正的荣誉。"事实已不止一次地告诉我们，不少教师获得了一节课的成功、一时的成功，却未能获得"真正的成功"，原因就在于他们还未真正形成自己的教学风格。雨果还说："风格是打开未来之门的钥匙。"教师的未来是美好的，但美好的未来需要我们去创造，谁在风格的研究和追求中走在前面，谁就能赢得未来的成功。

风格不是少数名师的专利，而应是所有教师共同的追求，因为风格具有相对性，具有不同的层次和水平。事实上，教师都有自己的个性特点，也有一定的教学特色，问题是，其特点还不清晰，其特色还不鲜明，对教学风格的追求还不自觉。如果我们所有的教师都有追求教学风格的强烈意识和扎实的行动，教学的未来是辉煌的，未来的教学是成功的。

风格的"个性"

对《珍珠鸟》的解读有许多争论。窦桂梅为此从不同的角度对《珍珠鸟》的主旨做了深入的研究。在对小鸟的解读中，她"读"到了人在小鸟驯化中的专心与耐心，以及从内心深处释放出的爱心，赢得了小鸟的信赖；在对大鸟的解读中，她"读"到了大鸟的"再三呼唤"，大鸟呼唤人类必须用宽广的胸怀放飞它们，而不是驯养和玩赏；在对"人与鸟"关系的解构中，她认为"人与众生物同在的世界里，如果我们说'以人为本'，也就失去了信赖最基本的前提，即平等"——人是属于大自然的，而不是自然是属于人的。于是她读到了自己心中的"主题"——信赖，并以此进行独到的教学设计。而这一教学设计又是基于她的"三个超越"理念下的主题教学。应该说，窦桂梅的教学风格是鲜明的：激情中的哲理，立足教材的丰富，主题的鲜明以及所表现出来的"儿童深度"。由此，我们可以对教学风格的主要特征作些初步概括。

其一，独特性。世界上没有完全相同的树叶，同样，世界上也没有两个人的风格完全一样。老舍说：风格是各种花的特有的光彩和香味。席勒说：最理想的风格具有"最高度的独特性"。这种独特性首先表现为教者的独特视角和独特解读，窦桂梅对《珍珠鸟》的深度理解使她的教学风格具有思想的张力和立体感。这种独特性实质上是独创性。张学青老师教《月光启蒙》，从民谣、童谣说起，引发学生的兴趣，并把"启蒙"的意蕴隐伏其中；由"长歌谣"去领会歌谣的"根"及蓬勃生机的韵味和深意；在月夜之美妙、民歌童谣之美妙、母亲声音和母爱之美妙中去领会不识字母亲启蒙童心的智慧与才华。"大量引进民谣，捕捉课文微妙的意义，让语文课堂变成温暖生命的记忆。"她对课文内容的独特处理、教学方法的独特运用、表达方式的独特设计，体现了教学风格的创造性。

其二，艺术性。诗意语文、诗化语文不是教学语言的浪漫、华丽，不是脱离语言文字根基的漂浮，也不是教学方法的新颖和灵活，而是对审美风貌的生动展现，更是抽身而出、透过艰辛、仰望神明的创造。其间，当然充溢着教学的艺术性。教学风格是教学艺术的凝练，艺术使教学风格展现审美风貌，艺术性是教学风格的重要特征。尼采深刻地指出，艺术是"出场的方式"。教学本身就是创造性的活动，充满着艺术性，语文的工具性与人文性结合的本身又更具创造性和艺术性。语文教师应以"艺术"的"出场方式"来设计教学过程，而这种出场方式将是"对生命最强的刺激"。盛新凤老师教《青海高原一株柳》，重点品味"撑立""伫立"，欣赏树的高大粗壮；二品"撑立"，感受树的傲立雄姿。这样，从"撑立"到"伫立"，在学生心目中完善柳树的形象，以此辐射全文，既感受了优美语言，又感悟了柳树的精神。的确，教学艺术性在于创新教学的方式。教学之所以有魅力，之所以让学生把语文当作一件珍贵的礼物来领受，正在于教学风格具有吸引人、感动人、启发人的艺术力量。

其三，稳定性。丹纳说："一个艺术家的许多不同的作品都是亲属，好像一父所生的几个儿女，彼此有显著的相像之处。"教师的这堂课与那堂课，记叙文教学与童话教学方法肯定是不同的，但他的风格应是统一的。成熟的教学风格不是偶尔为之，今天如此，明天又改变。稳定性是教学风格的又一重要特征。教学风格的稳定性首先是教育理念和主张的稳定和统一，其次需要教学方法在提炼以后的"固型"，在实践中不断强化和丰富。正如建筑师所说："风格是共同特征在表现上的不断重复。"但是，稳定绝不意味着教学风格是平静的，甚至是僵化的，相反，教学风格应当在实践中不断调整、丰富、完善和发展。稳定性是教学风格的特征，发展性则是教学风格的生命。这种发展性，意味着教学风格具有时代特征，彰显时代意义和时代色彩。

风格的基本要义

风格不是面具，不是用来装饰和掩饰自己的；风格不是"没有剑的剑鞘，空空如也的漂亮的箱子"，而应有实在的内核和内容；风格不是技术，不可模仿，更不是用来炫技和表演的，而有其丰富的思想内涵。追求并形成教学风格，不仅仅是一个技术问题，关键是要深入理解、准确把握教学风格的基本要义。

要义之一：思想——教学风格的内核。不少学者和文学家对风格作过深层次的描述。福楼拜认为"风格是思想的血液"，别林斯基则认为风格是"思想的浮雕"。风格离不开思想，风格靠思想站立，风格用思想雕刻而成，风格怀着思想行走，风格表达的是思想；有思想内涵的教学风格，才会如希腊文所认为的风格是"直线体"，如拉丁文所认为的风格是"雕刻刀"，才会有思想的深度和张力。

圣－埃克苏佩里的《小王子》曾被周益民老师用来进行儿童文学阅读教学和儿童文化的研究。圣－埃克苏佩里的作品充满着哲学的隐喻，不对这些隐喻进行深入的理解，将会使《小王子》停留在奇妙和好玩的浅表层次。周老师作了深度解读，从流动的诗句中，捕捉了一个与众不同的词——驯养。他引导学生思考："玫瑰成了王子的唯一，王子也是狐狸的唯一……这一切的一切，原来都是——'驯养'。""你向往这种驯养吗？""小王子说的'驯养'，跟我们原来认识中的'驯养'意思一样吗？""驯养需要什么，还需要什么？"……一连串的追问，一步一步把学生思维引向深入。在学生朗读以后，周老师深情地说："本质的东西是看不见的……你必须对你的玫瑰花负责。《小王子》是一个动人的童话。"思想就在问题的敞开中、追问中，在富有挑战性的思维中，而这一切又离不开教师本身思想的敏锐和深度。就这样，教学风格裹挟着思想，像是意义的溪水在课堂里流动，在师生的心灵里撞击。

要义之二：道德——教学风格的伦理意义。加拿大教育现象学者马克斯·范梅南曾说：教学即技术，即教育学。的确，教学是一种技术，但它更具有教育学的意义。雅思贝尔斯说："教学活动不仅是读、写、算技能的获得，而且是以此开始参与精神生活。"诺丁斯进一步指出："伦理上有考虑的老师应把教学视为一种道德事业。"因此，课堂首先应是道德课堂，教学风格必须具有道德感。这种伦理上的考虑使教学风格体现教育的宗旨，回归教育的最后目的——道德。

道德是人为的，也是为人的。教学的道德聚集在如何发现儿童和对待儿童上，即让儿童去创造，让儿童去享用创造的快乐。浙江省宁波市北仑区实验小学进行儿童诗创作的实验和研究，不少学生在教师指导下写出了漫溢着童心童乐的诗。一年级学生王心远写《梦中》："梦中／我把小手伸出来／让它透透气／梦中／我把小脚踢出来／让它散散步／梦中／我把小屁股钻出来／让它乘乘凉／／梦中／我一个喷嚏／吓得妈妈跳了起来／惊醒了／看着我的睡相／妈妈心疼得／把我的小手、小脚、小屁股／一个一个藏进暖融融的被窝／于是，香甜的梦又开始了……"小朋友的创作印证了一个真理：童心即创造力。儿童诗创作的实验和研究带来了北仑区实验小学语文教学新的风貌和特色，初步形成了以诗育人的教学风格，珍重、开发了童心，让学生诗意地栖居在课堂里——这是最大的道德。如果教学风格与道德分离甚至背离，那么，这绝不是真正的教学风格。

要义之三：智慧——教学风格的文化品格。教学中，与智慧纠缠得最厉害的是知识。我们并不轻慢知识，更不否定知识，智慧邀请知识的加入，但知识并不等同于智慧。问题的实质在于，智慧"比知识更模糊，但更伟大，在教学过程中更居主导地位"。我们的任务是，用智慧统领知识，把知识转化为智慧，在智慧的引领下尊重知识，但又能辨别和选择知识，更能创造和发展知识。教学风格这把雕刻刀就应具有这神奇的力量，点击儿童的心灵，点化儿童的悟性和灵气，让他们伴随着问题、好奇心和想象力去生长智慧。若此，教学风格就培育了自己文化的特性和品格，教学风格才是最具魅力的。

薛法根的教学智慧就在简约、典雅之中。有人说他教《爱如茉莉》，像是在教一首淡淡的诗，风轻云淡。在朗读中，在母女、父女的对话中，领会那种浸润在生命中的芬芳与光泽，在对茉莉的洁白与纯净的欣赏中，体味那钻到心中的缕缕幽香。所以大家评说薛法根，"课如茉莉"。是的，智慧是不张扬的，更不炫耀，智慧是细腻的，它存活于细节之中。薛法根用简约的方式，以谈话式的语调，让学生在放松的心态中学习，学到了知识，学会了领悟，学会了思考，智慧在悄悄地生长，有如轻轻开花的茉莉。

教学风格的思想内核、道德意义、智慧品格——齐指向学生的发展。教学风格之魂是爱学生，让学生爱学习，让学生充分发展。其实，教学风格的形成不能离开学生。马克思认为，艺术的创造既不能脱离创造主体，也不能脱离创造对象，从根本上说，是主客体之间某种性质的实践的能动统一。离开学生的参与，教学是不完整的，教学风格的形成也是不可能的。从本质上说，离开学生，就是轻视学习，轻视学习就缺失了教学的真义与核心，当然也就无教学风格可言。

风格的追求

追求与形成教学风格绝非易事，但也绝非高不可攀；优秀教师有更多的条件与机会形成自己的教学风格，但教学风格也绝非少数教师的"专利"。教学风格的形成是一个漫长的过程，来不得急功近利和半点浮躁。从成功者的案例及长期的实践来看，要从以下几个方面努力，有目的有计划地去追求。

首先是要不断完善自己的人格。法国启蒙运动时期的博物学家、文学家布封认为，作品所含的知识、事实都是身外物，但"风格却是本人"。的确，风格是人格的外在表现，风格是"特殊的人格"。经典的例子是李卜克内西谈马克思的风格："马克思的风格就是马克思本人……创作《资本论》的马克思，写作《雾月十八日》的马克思与写作《福格特先生》的马克思，是三个不同的马克思。尽管有这些不同，但还是同一个马克思；在三位一体中仍然有一种统一 —— 伟大人格的统一，这种人格在不同的领域有不同的表现，然而又是始终如一的。"因此，研究风格必须研究人格，形成风格首先是塑造人格，完善人格；形成风格的过程是塑造人格的过程，在完善人格的过程中去努力提炼和形成风格。

　　人格是一个很难定义的概念。美国人类学家拉尔夫·林顿将人格定义为"适合于个体心理过程与状态的有组织的聚合体"。教师的人格从整体上反映了教师的思想、道德、智慧、价值观和心理状态。塑造和完善人格要去改善这个"有组织的聚合体"。李吉林在长期的教改实践中，逐步形成了自己的教育理念和理想，并使理念和理想提升为信念，成为她的人格特征。她说："我，是一个长大的儿童。"一个质朴又极富哲理的教师人格的概括，表达了自己人格的完善和崇高。她告诉我们，教师人格的核心是爱学生，一切为了学生。当自己是长大的儿童的时侯，才能懂得儿童和尊重儿童，才能发现儿童和开发儿童的可能性，同时才能引领儿童和提升儿童。教师人格的完善，应筑起一块精神高地，头上应高悬灿烂的星空，心中永驻道德律令。这样，人格的完善和崇高，展现在外的则是教学风格的审美风貌。

　　其次，要形成自己正确而坚定的教育主张。教学风格的独特性首要的是教育主张的独到。教育主张是教育思想的具体化，是教育见解和观点的提炼，是在理论指导下，在实践和研究中逐步形成的个性化的教育理念、理想、价值、立场、方法等的"合金"。教学风格必须用教育主张来支撑，不同的教学风格是不同教育主张下教学改革探索和实验的结果。孙双金认为情感与智慧是学生学习语文、提高素养的两个密码，因此他主张情智共生使语文学习有一个质的飞跃；窦桂梅形成了语文教学"三个超越"的主张，学生在丰富的资源中获得心灵的开放、思维的活跃，显然，"超越"的主张指向了学生创新精神的培养；薄俊生主张语文学习，着眼于学生成人而非成事，着眼于应世而非应试，以此构建发展性的语文教学……正确而坚定的教育主张使教学风格获得了灵魂，始终有鲜明的方向感和追求的价值。

最后，追求和形成教学风格要善于分析自己、总结自己、提升自己。要分析自己的气质类型，应当承认气质类型对风格的形成起着基础性作用；分析自己的知识背景和知识结构的特点，以此探索教学风格的特点；分析自己的教学经验和教学特点，坚持从教学方法改革入手，扬自己所长，并加以概括和提炼。要努力读书，改善自己的心智。"最难耐的是寂寞，最难抛的是荣华。从来学问欺富贵，真文章在孤灯下。"我们不必在"孤灯下"，应在学习的共同体中，但是心中的那份淡定、那种耐得住寂寞的境界我们必须坚守。心智在读书中改善，风格在丰盈的心智中孕育。要坚持研究，做研究型教师。要善于发现教学改革的问题，善于把问题梳理成有价值的课题，边研究边行动，边研究边丰富自己的理论素养，边研究边发现自己的个性特点与风格倾向。只要坚持，教学风格定会在学习、实践、反思、研究中，从"尖尖角"发展为教学风格。

风格是"在众多合唱中凸显出独唱者的旋律"。风格的形成需要一个优秀的"合唱队"，也需要独唱者良好的素养和独特的演唱艺术。催发思想、催生活力的生机勃勃的课程改革，定会培育出更多更美的独唱者的旋律——教学风格。

苏派的教学风格

教学风格与教学流派有着天然的、密不可分的关系。教学风格既是教学流派诸多规定性中一个不可或缺的元素，又是教学流派的一个显著特征，而且是形成和发展教学流派的重要基础。所以，教学风格是教学流派的题中应有之义，是教学流派形成和发展的有效途径和切入口。促进教学流派的形成和发展，不能不尊重和提倡多样化的教学风格，研究教学流派不能不研究教学风格。

在苏派的形成和发展的过程中，苏派的一些代表性人物都形成了自己鲜明的教学风格。多姿多彩的教学风格形成了苏派教学百花齐放的生动局面，彰显了苏派教学的魅力和特点。苏派教学风格的研究可以帮助我们对苏派教学的特点及其优势有更为清晰、更为准确的认识和把握，进一步促进苏派教学的发展和繁荣。现以小学为例，对苏派的教学风格作一初步的梳理。

一、从模糊到清晰，从自发到自觉，苏派教学代表人物对教学风格的追求始终是执着的

由于时代的局限，也由于研究视野的限制，长期以来，教学风格并未引起我们的关注，更未成为研究人员的研究课题，对教师而言，教学风格这一概念也较为鲜见。但是，教学风格是客观存在的，它虽然没有呈现在教师的

文本与口头，却真实地存活在教师的教学实践中。可以作这样的判断：教学风格是与教师的实践相伴而行的。不过，我们往往处在自发和模糊的状态。正是这种不自觉的状态，影响着教学经验的提升，影响着改革的深入。对教学风格的追求与研究，如何从模糊走向清晰，从自发走向自觉，是摆在我们面前的重要课题。

改革开放，开放了我们的心灵，解放了我们的思想，打开了我们的视界，教学风格开始进入我们的视野，教学风格的研究也开始起步。尤其是新一轮课程改革，把教学风格推到了研究的前沿，日益引起大家的关注。感谢课改，是课改鼓励和提倡多样化的教学风格，且为多样化的教学风格的逐步形成留下了极大的空间。近几年，我们已经欣赏到了风格各异的试验课、观摩课、研讨课。教学风格正以其特有的魅力，不可阻挡地向我们走来，我们应该以极大的热情去拥抱它、保护它、发展它。

值得注意的是，苏派代表人物一直对教学风格有着悠远的记忆和深深的情结。对教学风格的情有独钟，离不开陶行知、叶圣陶的影响。翻阅陶行知和叶圣陶的文集，虽然没有看到两位教育家对教学风格的专门论述，却发现他们的论述里透析着对教学风格见解的深邃。其实，他们的论文、演说本身就闪烁着风格的独特色彩，进一步说，他们本身就代表着风格，因为风格"是特殊的人格"。陶行知"捧着一颗心来，不带半根草去"，为"风格即人本身"① 作了最有说服力和最生动的注释。不仅如此，陶行知还从民主和艺术两方面论及了教学风格。他说，教学"就是运用民主作风教学生，并与同事共同过民主生活……教育方法要采用自动的方法、启发的方法、手脑并用的方法与教学做合一的方法……""教师生活是艺术的生活"，还提倡"艺友制"。② 显然，陶行知已深刻揭示了教学风格的本质，"真"与"活"正是陶行知倡导的教学思想和教学风格。叶圣陶曾在《中学国文教师》一文里，论及课程实施方法。他说："所谓实施方法，就是教师教学生学习国文的方法。"接着，他分析了七种教师的课程实施方法。叶圣陶的本义是说教师的教学一定要"顾到实施方法"，而其深意已触及教学风格与教学方法的密切

① 孙孔懿.论教育家［M］.北京：人民教育出版社，2006：165.
② 陶行知.陶行知文集［M］.南京：江苏教育出版社，1986：973，587–588.

联系。不同的教师应有不同的教学风格。当然，叶圣陶提醒教师，教学风格的追求与形成应"择善而从之"①，意即教学风格的追求应当是充满激情的，但应当是理性的，应当是自觉的。

永远被怀念的陶行知和叶圣陶，属于全中国，但毋庸置疑，他们应当是苏派的创始者，是苏派的领袖。无疑，他们至今都在影响着苏派的发展，影响着苏派的教学风格。当下苏派的代表人物，仍受着陶行知、叶圣陶等教育家思想的滋养，当下的苏派教学中，仍延续着陶行知、叶圣陶等教育家的文脉。从这个角度看，苏派代表人物一直没有停歇过对教学流派、教学风格的关注、思考和追求，即使在模糊和自发的状态，也在默默地受到大师们风格的熏陶和影响。再换个角度看，从模糊到清晰，从自发到自觉，恰恰说明教学风格是慢慢地自然生成的，而不应刻意追求，假若教学风格被抹上功利、浮躁的色彩，那教学风格就失去了价值和意义，就不是真正的教学风格了。苏派代表人物在漫长的教学实践中，培育了良好的心态和品质，形成了苏派特有的可贵品格，这正是苏派的风格。

南京市长江路小学特级教师王兰就是这方面的优秀代表。王兰在"文革"前就成了名师，积累了鲜活的经验，逐步形成了自己的教学风格。"文革"后，她以更火热的情感、更大的积极性和创造性投入到教学改革中，即使当下已八十多岁高龄，仍在教学田野里辛勤耕种、研究，指导年轻教师。她最喜欢说的一句话是："教学不能摊在那里。"她用直白、素朴的语言告诉大家，教学要立起来，摊是平面的，无核心、无主线的，是散乱的；教学立起来，才会有立体感、厚重感、主题感。因此，她追求精益求精，形成了"精致"的教学风格，引领学生在精致的语文学习活动中，感受语文的本真与美丽，享受语文学习的快乐与幸福。这是近几年来，她与她的团队，对她教学风格的概括与提炼。她与她的团队，已进入了自觉研究与追求的状态，特级教师刘军也成了代表人物，一大批年轻的教师正在快速成长，一支优秀的"长小团队"已经形成，可见对教学风格的自觉追求是多么重要。因此，我们绝不能说，王兰原先没有教学风格，而只能说，是过去缺少认识与发现，缺少提炼与提升。

①叶圣陶.叶圣陶语文教育论集［M］.北京：教育科学出版社，1980：91–97.

王兰和苏派的其他代表人物以自己的亲身经历告诉我们，教学风格是教师走向成功的必然追求，是名师的显著标志。歌德说："风格，这是艺术家所能企求的最高境界"，"在我看来，唯一重要的是给予风格这个词以最高地位，以便有一个用语可以随手用来表明艺术已经达到和能够达到的最高境界。"不可否认，教学风格意味着教学艺术的最高境界。别林斯基认为，文学作品没有鲜明的独创性和自己的艺术风格，就像"没有剑的剑鞘，空空如也的漂亮的箱子"。教学风格并不虚空，并非虚无缥缈。不仅如此，雨果还认为："风格是打开未来之门的钥匙。"教学风格不仅属于过去和现在，也属于未来，教学风格可以让我们走得更远更高。我们应该像王兰和她的团队那样，对教学风格有清晰的认识、准确的把控，及时梳理，认真提炼，永远行走在教学风格的朝霞与春风中，永远那么美丽和幸福。对苏派教学风格的研究和追求，定会使苏派更加成熟和完善，也定会在追求和研究的过程中，诞生更多的具有自己风格的教师。

二、苏派的教学风格有着共同的特征，但代表人物的教学风格又有着不同的侧面，众多合唱中独唱者的旋律多姿多彩

"所谓教学流派，是指一些教学主张相近、教学风格相似的教师在教学艺术实践中自觉或不自觉、正式或非正式地结合在一起并在一定范围内产生影响的教学派别。"[①] 既如此，苏派的教学风格应当有大体相似的共同特征。"苏南五校联盟"分析了苏南小学教学流派的教学风格，认为由于南学的传承和受苏南地域的影响，"从物体之间的相似性我们不难发现苏南教学流派的教学风格。清简——南学；灵动——太湖水；精致——苏南园林；厚实——石头城"。他们分别用具有苏南特征的事物来描述苏南教学流派的教学风格。南通教育流派研究课题组对"通派教育"的内涵特质作了分析概括，那就是"贵在不古""特在不一""长在不虚""活在不随"和"优在不

---

① 李如密. 教学流派形成与发展的理论探讨 [J]. 江苏教育（教育管理版），2010（5）：11.

粗"①。这既是"通派教育"的内涵特质，也是"通派教育"的基本教学风格。洪劬颉以核心人物为样本对苏派教学特征、教学风格作了概析："如果要用一个词来概括苏派教学风格的话，我会毫不犹豫地选择'祛魅归真'。……将教学中的众语喧哗、花里胡哨、故作神秘剔除。回到教学的本真，尊重教与学的规律，回归到学生的日常生活中，在此前提下，苏派教学呈现的整体风格是'活实和谐'。"②以上三者分别从自己所处的地域和不同的角度出发，对苏派教学风格作了描述、分析和概括，这既是一种经验判断，又是一种具有理性含量的研究剖析，具有地域文化的意义。显然，"苏南五校联盟"，是对苏南小学教学流派教学风格的描述，"通派教育"研究课题组既是对"通派教育"基本教学风格的分析概括，又具有对苏中地区乃至更大范围教学风格分析概括的典型意义，而洪劬颉的概析则更指向了整个苏派的教学风格。这些分析和概括均不无道理，具有相对合理性，也具有一定的代表性。从三者的描述、分析和概括中，不难发现，苏派的教学风格既存在一定的差异性，在很大程度上又具有很大的相似性。在此基础上，我也试着对苏派的教学风格作了分析和概括。

其一，清简而丰富。清简，顾名思义，清爽、清晰，简约、简明。清简，是洗净铅华，删剪枝蔓，呈现"白水明田外，碧峰出山后"之美。"清简是教学的最优化"，隐含着"顿悟"教学方式的启示。③苏派教学的清简，不仅受到南学"南人约简，得其美华"的影响，而且深受郑板桥"删繁就简三秋树，领异标新二月花"的深刻熏陶。因此，清简不仅是一种方式，更重要的是一种"大道至简"的思想的具体体现。

清简包含着简单之义，但它绝不等同于简单，它超越了简单，"简"只是清简的表象，而其内涵是十分丰富的，甚至是深厚的。清简，就是用简约、简明，甚至是简单的方式，表达丰富、浓厚的内容，抑或说，看似简单，实则深刻。苏派教学代表人物比如斯霞、薛法根等就这样把清简与丰富

① 南通教学流派研究课题组."通派教育"研究［J］.江苏教育（教育管理版），2010（5）：15–16.
② 洪劬颉.苏派教学：活实和谐，祛魅归真［J］.江苏教育（教育管理版），2010（5）：21–22.
③ 同上：22–24.

自然地、紧密地联系在一起、统一在一起、结合在一起。在苏派教学的课堂上，也许你看不到似锦的繁花，但你一定会看到那棵充满活力、苍劲向上的树；也许你看不到缤纷的云彩，但你一定会感受到天空的深远和辽阔。犹如薛法根所教"爱如茉莉"那样，既是淡淡的，又是浓郁和深沉的。"清简而丰富"的苏派教学风格，透出了苏派代表人物共同的追求和品质：教育理念的深刻，文化功底的深厚，教学构思的精巧。没有理念的支撑，没有宽厚的文化背景，没有教学艺术的运用，清简只能是简单，而对"清简而丰富"的坚守，正生动体现苏派教学所追求的高境界和大智慧。

其二，灵动而扎实。如果说"清简而丰富"更多地指向教学内容的话，那么，"灵动而扎实"则更多地指向教学方法和教学效果。如果说"清简而丰富"更多地来源于南学、郑板桥的影响，那么，"灵动而扎实"则更多地来源于对苏派教学代表人物的实践经验和特色概括。特级教师李吉林就是其中一个杰出代表。江苏情境教育研究所对李吉林的教学风格作过分析和概括："多彩而质朴""灵动而扎实"。这是准确而生动的概括。李吉林的教学思想、教学风格具有较为广泛的典型性和代表性，而且她的教学思想、教学风格持续地影响着一批又一批年轻教师。我们不妨把"多彩而质朴"与"清简而丰富"联系在一起，而将"灵动而扎实"视作苏派教学的重要特征和基本风格。

与"清简而丰富"一样，"灵动而扎实"是辩证的统一。教学需要灵动，需要教师生动活泼地教，更需要学生生动活泼地学。灵动，表现为一种教与学的状态和方法，是心智的敞开和活跃，这样的状态和方法可以导向创造性学习，导向师生共同的创新。但是，教学也需要实，需要踏踏实实和扎扎实实，求真实的品质，求实在的效果。灵动而不扎实，教学会走向表面的有趣和热闹，扎实而不灵动，教学会走向苍白和枯燥，而李吉林等代表人物，一直努力做到活中有实，实中有活，以活当头，活在实中，正是苏派教学的又一共同追求。

以上是对苏派教学风格大体的分析和概括。这是见仁见智的命题。不过，依我看，这两点还是提示了苏派教学风格的要义。那么苏派教学风格还可以分类吗？英国当代思想史家伯林1953年出版了一册86页的小书，这也是他一生中写得最好最有名的一本书——《刺猬与狐狸》。书名取自古希腊诗人阿基洛克思之语："狐狸知道很多的事，刺猬只知道一件大事。"意思是，狐狸机巧百出通晓百科，然不及刺猬一计防御与见解深刻。伯林借此语将西方思想家与作家分为两大类型：狐狸型与刺猬型。钱钟书也在《管锥编》里谈到狐狸与刺猬之分。这是对风格的一种划分，我无意将苏派教学代表人物的教学风格进行划分然后归类，也并不认为刺猬型风格高于狐狸型，因为风格无高低之分。但是，我坚定地认为，苏派教学代表人物的教学风格确有类型的不同，而且，两种类型应当相互学习。当下，尤其是要像刺猬型那样，能专注一个方向，形成自己的教学主张，构造自己的教学体系，更为重要的是能分泌原创性思想。如果能将两种类型适当融合，则会更好。历史上不乏其例，为钱钟书作序的高晏先生就认为钱钟书与托尔斯泰一样，是一只天生的大狐狸，又一心想做刺猬。那么，苏派教学的那些代表人物呢？不妨想一想，也不妨试一试，因为教学风格永远在发展过程中。

　　不给苏派教学代表人物分类，并不是否认他们的风格有不同的侧面，因为独特性是风格的本质特征。葛兆光认为，风格是"在众多合唱中凸显出独唱者的旋律"。分辨独唱者的旋律，其意义还不仅仅在张扬独唱者的风格，它对合唱队整体水平的提升及整体审美风貌的形成，恐怕价值更大。比如，孙双金在情智语文教学的研究与实践中，让情与智共生共长，而情与智的高度融合，使他逐步形成了自己的教学风格：追求大气洒脱。用他的话来说就是：大气，大的视野，大的气度，大的智慧，大的布局；而洒脱，更多地指向教学过程和教学气质，而教学过程的收放自如，表现为从容、淡定、诙谐的教学气质。正是孙双金的教学风格，影响着南京市北京东路小学教师的语文教学风格，以及其他各学科教师的教学风格，北京东路小学已形成了一支有很高水准的合唱队。

三、静水流深见风格气象，苏派教学代表人物关注和把握教学风格的思想内核，修炼自己的人格，彰显自己思想与人格的魅力

　　福楼拜曾经对风格有个精辟的定义："风格是思想的血液。"别林斯基也有类似的观点，他说，风格是"思想的浮雕"。正如马克思所言，语言是思

想的直接现实。由此想到，风格的背后，或是风格的深处应是思想。教育思想是教学风格的内核，流淌着的教育思想使教学风格具有厚度和张力，教育思想使风格犹如浮雕呈现，显现出风格的深刻性和魅力；缺失思想，风格就会苍白、单薄，风格就会变成一种面具，虚假而令人生厌；风格在思想中获得生命的活力，进一步说，风格只有在思想中才具有教育的生命。总之，教育思想是教学风格的内核。

1. 苏派教学代表人物教育思想的"重叠共识"

苏派教学代表人物历来注重教学风格——教育思想的铸造。帕斯卡尔说，人是一支有思想的芦苇。当然，教师是靠教育思想站立起来的。苏派教学代表人物的可贵之处正在于他们都有共同的教育思想。他们共同的核心教育思想就是：一切为了儿童。斯霞坚守童心母爱，即使在残酷的"文革"时期，因而她被誉为育苗人；李吉林把儿童比作快乐的小鸟，她说，"儿童让我追寻教育的最高境界"，"我，是一个长大的儿童"；王兰说，"小学生就应该是儿童，语文应是儿童的语文，让儿童过幸福的语文生活"；邱学华因为充分相信儿童，才"让学生在尝试中学习，在尝试中成功"；张兴华把对儿童的爱，聚集在"关注和顺应儿童的学习心理上"；于永正关爱每一个学生，"简朴的教学艺术，本于对儿童真诚的尊重"。苏教版小语教材，始终把将最美好的世界献给孩子作为编写与指导教学的信念；苏教版小数教材则把"从儿童数学学习与发展出发"作为教材编写与指导教学的最高准则。孙双金主张让儿童成为有情有智、"情智共生"的人；薛法根主张要"为儿童言语智能发展而教"；阎勤传承斯霞的童心母爱，主张"为学而教"；华应龙则把对学生的"融错"，当作儿童成长的意义和教育境界。

他们都把教育的目光聚集在儿童与儿童的发展上，教儿童，首先爱儿童，首先让自己成为儿童。这里可以借用经济学家约翰·罗尔斯的概念："重叠共识"。吴敬琏先生将其称为"最大公约数"[①]。因此，苏派教学代表人物在教育范式中有共同的核心价值观，这就是范式的倡导者托马斯·库恩所说

---

① 卢周来 . "寻找最大公约数"［J］. 读书，2010（6）：8.

的"可通约性"（库恩把范式之间缺少相似性，称为"不可通约性"①）。是儿童把他们的心系在一起，使他们对儿童热爱之，向往之，心与儿童一起跳动，教育的艺术性、创造性为儿童而展开。他们的教育主张是可以通约的，因此，"重叠共识"写成了同一首歌——儿童教育诗篇，呈现了同一个美好世界，生成了同样的精彩，创造了同样的伟大奇迹。就是这样的"最大公约数"让他们的教学风格和而不同。

2.苏派教学代表人物教育思想寻找科学理论支撑

苏派教学代表人物，在进行改革试验的时候，努力寻找理论支撑，逐步形成自己的理论主张，尤其是李吉林，创造了情境教育，从实践到理论构建了较为完整的体系，学界已从学派的角度给予关注和研究。邱学华的尝试教学从概念界定、教育理念、教学特征、教学模式等方面，进行了深入的研究。值得一提的，是张兴华的"基于儿童学习心理的小学数学教学研究"。张兴华认为对儿童的爱和关心，不应空洞，也不应盲目，教师的教育应当是科学的，应建立在科学研究的基础上。他提出，小学教育尤其要关注和顺应儿童的学习心理，一是关注儿童的心理特征，二是关注儿童的认知规律，三是关注儿童的已知，四是关注儿童的心理需要。正是深入到儿童的学习心理，张兴华的教学风格更显理性的色彩，其精致、灵动，其语言的准确、生动，都是在这一理性根基上自然生长起来的。

3.苏派教学风格关注学生的参与

教学风格与学生的关系，是一个值得深入探讨的问题。

苏派教学的代表人物正是在这方面提供了示范。第一，他们认为，教学风格必须为学生发展服务。如果教师心中无学生，那么教师的艺术、教师的教学风格真的只能是"没有剑的剑鞘，空空如也的漂亮的箱子"，不仅无内容可言，更无价值意义可言，而且，这样的教学风格可能堕落为一种教师的炫技和表演。当斯霞以亲切、慈祥的态度，引导学生从家乡到国家到祖国逐

①［美］托马斯·库恩.科学革命的结构［M］.金吾论，胡新和，译.北京：北京大学出版社，2003：179.

步理解"祖国就是我们自己的国家。我们的爸爸妈妈爷爷奶奶祖祖辈辈生长在这一国家,这就叫我们的祖国"①,"我们爱祖国",朗读的童声里充满爱的时候,她的教学风格才走进儿童的心里。第二,他们认为,教学风格的形成必须有学生的参与。从教与学的关系上说,教学风格是教师与学生双方的共同创造。李吉林对课堂有特别的感受:"令我心动的课堂"。早在 20 世纪 80 年代,她就让学生写想象性作文,她的教育信条就是:想象是儿童的巨大财富。《我是一棵蒲公英》的作文教学就是学生自始至终作为主人参与的过程。显而易见,镶嵌在真实、丰富、生动情境中的"多彩而质朴""灵动而扎实"的教学风格,是学生与她共同创造形成的。第三,教学风格在学生的共鸣中得以强化。马克思曾经指出:"只有音乐才能激起人的音乐感;对于没有音乐感的耳朵来说,最美的音乐也毫无意义。……感觉的人性,都只是由于它的对象的存在……才产生出来的。"② 马克思的这段话精辟地阐明了两个要点:一是风格离不开对象的存在和参与;二是对象的存在和参与,必须具有审美感,才有意义,才有共鸣。对象的共鸣是对主体风格的认同与赞许,反馈给主体的信息是:老师,您这样的风格我们喜欢。于是,教师从学生的共鸣中找到了自己发展的方向,因而努力使自己所追求的教学风格得以强化而逐步稳定下来。在薛法根、周益民、阎勤、华应龙等名师的课堂上,你常常会感受到学生发自内心的积极情态,如果此时把目光投射在他们脸上,你会感受到他们教学特有的魅力——这就是风格。

4.苏派教学代表人物共同的人格特征

其实,教学风格的魅力既是思想的魅力,又是人格的魅力。无论布封所说的"风格即人本身",还是吴冠中所说的"风格是人的背影",他们都在言说表达风格与人格的关系。所以,锻造自己的风格,首要的是塑造自己的人格,人格的完善会导向风格的美好。苏派教学的代表人物,以及他们所在的团队,都在不断塑造自己的人格。我以为,苏派教学代表人物的人格具有共同的特征,那就是斯霞的童心母爱。童心并不只属于童年,童心可以超越年龄。童心就是超越的力量,童心就是创造力,永葆童心,就是永葆创造力。

① 斯霞.《我们爱老师》课堂实录 [J].小学语文教学(人物版),2010(1):35.
② 张武升.当代中国教学风格论 [M].南昌:江西教育出版社,1993.

苏派教学代表人物在长大，但眼睛没有长大；人在变老，但心没有变老。蒙台梭利说，作为教师的儿童，陶行知、陈鹤琴说回到孩子的时代去，李吉林说自己是长大的儿童，于永正说蹲下身子与儿童对话，周益民说童年就在母语中，就在儿童文学生活中，……这些话语无不闪烁着一颗最纯真的童心。而一旦童心与爱心相遇，当爱心与童心牵起手来的时候，教学风格就会犹如最鲜艳的花朵绽放，教学艺术就登上了高峰。这样，苏派教学不仅吸引着学生，也吸引着所有的人。

在长期的实践中学习、思考，苏派教学代表人物，在静水流深彰显思想和人格的魅力中，显现着教学风格的大气象。

第五辑
教学流派的气象与神圣的感召力

　　名师对教学主张的把握始终是执着的，风格是多样的。唯有和而不同，才能显现教学流派的大气象。而大气象，又显现出神圣的感召力。

孙双金：独特教学风格源于文化底蕴

孙双金有自己鲜明的教学艺术和风格，比如洒脱、灵活、睿智、生动。透过孙双金的教学艺术和风格，我们又可以触摸和体悟到他的教育理念，以及在此基础上逐步形成的教育主张。

教学艺术：在教育主张中生成与生长

我们不要小看艺术。哲学家尼采在论述艺术时说："……我们发现它（指艺术——译者）是对生命最强的刺激……"海德格尔根据尼采的思想，指出"艺术是所有存在者的出场方式"。当然，教学艺术不能等同于艺术，但是在本质上二者应是一致的。可见，教师不能忽略教学艺术，甚至不能轻视教学技艺。孙双金的语文课堂，学生之所以"小脸通红，小眼发光，小手直举，小嘴常开"，不能不说是他的教学艺术刺激着孩子们的生命，激发着孩子们的创造活力。一个优秀的教师应当追求自己的教学艺术，逐步形成自己的教学风格。

必须指出的是，教学艺术是教师的"出场方式"，它离不开"存在者"——教师的思想和观念，也离不开教师的文化修养与精神品格。在"方式"的背后，支撑、引领方式的应是教育理念和价值思想。其实，海德格尔早就非常深刻地阐述了一个观点："艺术的本质就是：存在者的真理自行置入作品。"我们不妨把课堂看作师生共同创作的艺术作品,其间必然有教师"真理"的置入。我认为,从某种角度讲,教师的"真理"就是教师的教育主张。如果教学艺术是葱郁的枝叶,那么教育主张则是树木深远的根系;如果教学艺术是清澈的溪水和跳动的浪花,那么教育主张则是溪流的源头,喷涌不息,汩汩流淌。教育主张提供着教学艺术的源头活水,支撑着教学艺术的生长,引领着教学艺术的指向,增厚着教学艺术的底蕴。没有教育理念和教育主张,教学艺术之花可能会失去光泽和芳香,甚至枯萎衰败。没有教师教育主张"置入"的课,必定会失之深刻而浅薄,失之力度而轻浮。因此,语文教师需苦苦地追寻自己的教育主张。

孙双金有自己的教育主张。他的教育主张就是推行情智教育。他说:"我心目中理想的语文教学是情智语文。"这一教学主张不是臆想的,也不是灵机一动冒出来的,当然也不是生拼硬凑而成的。在与孙双金的接触、交谈与讨论中,我具体地感受到,情智语文的形成与提出,有其基础和背景。一是对自己长期致力于语文教学改革经验的积累、提炼和概括。实践经验的积淀让他有了思考的资源。二是让自己处于学习的状态。学习让他有了文化的积淀和丰厚的知识背景,教育主张总会在文化中透出新缘。三是向自己不断地提问。他常常向自己提问:"好课是什么?""好课是登山吗?""好课是精神的天堂吗?"……追问让自己对语文教学有深度的理解和独特的视角。总之,教学艺术,尤其是教育主张,是通向教育专家和教育家的起跳板。

情智:语文教学内在生成和支撑的力量

形成教育主张的过程是一个不断和自己对话、深入阐释的过程。教育主张要站得住,首先要说得清。

情与智,是教育、语文教学的两个基本的重要命题,是教育、语文教学所寻求的两种力量,这种力量来自内部,而不是外部;不是一般性力量,而是生长性、支撑性、引领性的力量。

1.情感

情感在人的发展中处于十分重要的地位,尤其在人格系统中处于核心位置。其一，情感是人格特质之一。诺尔曼·丹森在《情感论》中指出："一个真正意义上的人，应该是一个有情感的人。"当下由于"应试教育"的侵袭，情感在教育中丧失了应有的位置，被挤压、被轻慢，逐步被边缘化，代之以科学的符号以及分数，导致学生精神的贫乏化，人格的不健全，学生作为人的真正意义正在流失。重视和加强情感教育正是为了把学生培养成完整的人、健康的人。其二，情感是人发展的动力机制。马克思曾指出："情感是一个精神饱满为自己目标而奋斗的人的本质力量。"情感像是一部发动机，给人的发展以动力。它推动着学生向健康、崇高和伟大前行，进而精神饱满地去奋斗和创造。其三，情感是表达人的精神发育的外部特征。让学生快乐活泼、朝气蓬勃，就是让学生表达自己内心的追求，表达自己对生活、对社会、对人类积极的态度。透过学生的情绪、情感，我们可以触摸到他的整体精神面貌，进而通过教育去赋予精神价值。所以，快乐的情绪、幸福的表情绝不是可有可无的。其四，情感是一个完整的概念，它包含道德感、理智感、审美感。情感绝不只是热情和激情，绝不是只有"温度"而没有深度。情感教育说到底，是让学生向着真、善、美迈开行进的步伐。

2. 智慧

智慧实质上是人综合素质和整体品质的集中体现，教育的智慧主旨在于提升学生的整体品质。智慧概念的未完成性，给我们理解智慧留下了极大的空间。其一，智慧高于知识。英国哲学家怀特海说："虽然智力教育的一个主要目的是传授知识，但智力教育还有另一个要素，比较模糊却更加伟大，因而也具有更重要的意义：古人称之为'智慧'。你不掌握某些基本知识就不可能聪明；但你可以很容易地获得知识却仍然没有智慧。"其二，智慧附属于能力。亚里士多德说，智慧是一种对人类有益或有害的事情采取行动的真实的伴随着理性的能力状态。能力是智慧的结果和表现。生长学生的智慧在培养能力的过程中进行。其三，智慧关涉到道德。道德是智慧的方向，生长智慧必须培育人的道德；智慧关涉到人生态度和人生理想。由此，智慧教育在于培养学生的价值观、人生观以及处理生活创造生活的心智。强调智慧教育，是帮助学生寻找人自身发展的另一种内在性力量。教育要警惕和防止智慧的衰退和迷失。在本质上说，智慧的释放就是人的释放。

3. 情与智的融合、共生

孙双金的情智教育主张，其可贵和远见，不仅是提出了情感教育和智慧教育的加强这两个重要命题，更重要的是把情与智结合在一起，让其相互融合、补充、促进，在情智的共生中促进学生的全面而自由的发展。孙双金认为，情感为智慧的生长提供动力支持，并且把握着智慧的方向，智慧则为情感寻找到深刻的内涵，并且提供着价值判断和选择；情感与智慧的结合，从某种意义上说是感性与理性的结合，推动着学生的全面发展和个性发展，关乎着学生的精神价值的提升；情与智的共生，激发了学生内在的力量，支撑着、鼓励着学生的创造性发展。孙双金见解的深刻和独到，使我们感受到了思想的力量。

情智语文：语文本位的坚持与突破

情智语文会不会是语文性质的异化？会不会是语文内涵的窄化？如此提醒是有益的，但又是不必担忧的。

我认为，提出情智语文，正是对语文课程本质和内涵的深刻认识和深度开发。可以说，语文中的情、语文中的智，揭示了语文的本质特征。无情无智的语文不是好语文，甚至不是语文。情与智的结合，实质上是工具性与人文性结合的具体化、个性化。情与智的结合内涵如此丰富，针对性如此之强，当然不会是语文的窄化，更不是语文的异化。如果孙双金没有对语文的深刻认识和准确把握，就不可能有他的教学艺术和教学风格；如果大家对语文只是一种"标准化"的统一认识，就不可能有真正的语文教学个性，也就很难有不同色彩的教学艺术和风格。孙双金正是从这一教育主张寻求着语文教学的艺术、风格，寻求着语文教学的个性，寻求着语文教学的突破。

从情智语文的探索来看，孙双金的教学艺术和风格，至少表现在大气、底气。庄子说："大知闲闲"，"大言炎炎"，是说人要有大智慧。大智慧的人闲适、自由，着眼宏观，着力整体，说话有气势，鼓舞人，激励人。孙双金在课堂上显得从容、轻松、洒脱、大气。教学要有知识和文化的支撑，底蕴深厚，让教师举一反三，左右逢源。孙双金的从容与轻松，正是文化的积淀给了他底气。有底气的人才可能去创造教学艺术和风格。当然，孙双金的语文课堂充溢着灵气，学生回答问题的一个声调，朗读课文中的一个字词的跳跃，言说与表达中的一个细微的神情，课文中词语的排列、一段音乐的播放设计、一条教学线索的安排，问题群的形成、思维河的流动、想象力的激发，孙双金都将其当作情感与智慧的资源去开发。

我们期待着孙双金的教育主张更为成熟和完善，期待着情智语文情感与智慧之花并蒂绽放，结出耐人寻味的果实。

薛法根：清简，文化人格上生长起来的教学风格

一、讨论薛法根的风格必须追寻他的人格

法国著名的博物馆学家布封曾对风格下过一个定义："风格是关于人本身的。"他认为，讨论风格不能不讨论人，讨论风格就是讨论人。进而有学者提出，"风格是特殊的人格"。因此，追求、形成风格是塑造人格的过程，甚或说，追求、形成风格首要的是塑造自己的人格。这样的认识是深刻的。

与布封有同样观点的还有歌德。歌德在《歌德谈话录》中这么说："一个作家的风格是他内心生活的准确标志。"显然，风格要以内心的尺度为依据。同样，吴冠中提出"风格是人的背影"的命题，他的意思是，风格是人格的投射。

如果稍稍离开风格远一点，那么可以讨论人的伟大。帕斯卡尔对人的伟大有独到的见解，他说："人的伟大之所以伟大，就在于他认识自己可悲。一棵树并不认识自己可悲。因此，认识自己可悲乃是可悲的；然而认识我们之所以可悲，却是伟大的。"我一直持有这样的观点：形成自己的风格，必须认识自己，分析自己，能认识自己是伟大的。因此，可不可以这么理解：追求形成风格的过程是一个追寻伟大的过程。这一伟大的过程往往是在精神层面展开的。黑格尔把这种向前进展的精神称为"一切人内在的灵魂"。

讨论到这儿，我们完全可以确立这么一个观念：认识、分析自己，进而

寻找自己"内在的灵魂",推动精神层面的展开,塑造自己的人格,由此去认识、追求并努力形成自己的风格。

之所以说这么多,绝不是炫耀自己的阅读视野和积累,而是想提醒自己,对薛法根语文教学风格的认识与分析,要深入一步,在他的风格的内核上作一番寻找和讨论,这样不仅可以帮助他进一步发展自己的风格,还可以推动其他名师风格的形成,因而这样的寻找与讨论无疑是具有普遍意义的。

薛法根的语文教学风格是清简。清简,是他语文教学表达的基本方式,而这样的方式,是在他的内心生成并生长起来的,没有内心的"清简",不可能有教学的清简,这不能不讨论他的内心世界;清简是他的个性在教学中的投射与聚焦,而个性又是在特定的文化中发展的,这不能不讨论他的文化人格;清简是他一以贯之的追求,在追求中他会发现自己的"可悲之处",而"可悲之处"的发现与克服,又会转化为伟大之处,这不能不讨论他的思想和精神境界……总之,薛法根的风格怎一个"清简"了得?清简,好似薛法根敞开的心灵窗户,呈现的是他表达的方式,展现的是他具有审美意义的风貌,闪烁的却是他的心境、他的人格特质。我毫不隐晦自己的情感:这些话语透露着对清简风格的喜爱,对薛法根的喜爱。其实,对他和对他的风格喜爱的,又何止我一人呢。

二、童年农村的生活体验,在薛法根人格中沉淀下朴素,让他把教育和田野、庄稼自然联系起来

薛法根是农民的儿子,他的童年是在农村度过的。他干过农活,熟悉田野的味道,呼吸着农村清新的空气,和风细雨中禾苗的舒展,烈日暴雨中农民的辛劳,收获、整理农作物的喜悦,他都有亲身的体验。读了师范,当了教师,童年与这一切都会复现,都会像种子在心里重新萌发,因而,他会不知不觉地把教育、把语文教学,与田野、与庄稼、与农民自然联系起来,产生特有的想象。于是,田野的情境与教育的情境融合起来,化为同一的意蕴和气象。清简,正是在童年的体验中升华而成,凝聚在特定的情境之中。

薛法根的人格深处有着农民的朴素。用他自己的话来说:"农民相信每一棵庄稼都能生长、都能结出饱满的果实,绝不会抱怨庄稼长得慢、结得

少，而只会从自身寻找原因。"他从中领悟到的是：其一，农作物有自己生长的规律，不能急躁，要学会观察和等待。而教育也有同样类似的规律，这样的规律是清晰的，甚至可以说是"简单"的，不必把种植农作物搞得过于复杂，同样不应把教育搞得玄虚和繁杂。其二，农作物总会结出果实，总归有收获，这是对庄稼的信任。而教育呢？为什么就不能对孩子有同样的信任呢？薛法根对孩子的信任，同样出于一种真诚，同样是朴素的，因而是发自内心的、坚定的。其三，农民毫无自私自利之心，不辞辛劳地把自己一腔的热情和心血洒在田野里。他觉得，教师就应像农民那样，为孩子的成长献出自己的青春年华，任劳任怨。对土地、对田野、对庄稼从一而终，忠贞不渝，那份真心，是农民般神圣的真诚。这一切在薛法根看来，都应顺其自然，而不应矫饰。教育犹如那广阔的田野，一眼望到了头，一垄垄、一畦畦，没有遮蔽，线条简单明朗，画面清晰明丽，显现的是纯粹和本真。薛法根在他的人格深处，开始烙上了农民的情怀，简单，素朴，简单中有着深刻，素朴中有着严格的逻辑：让教育清晰起来，让教育简明起来。

三、与儿童一起过快乐的日子，在薛法根的人格中沉淀下真正的爱，让他的语文教学像儿童世界那样充满简单之美

农民的情怀，对农作物自然生长的情绪，薛法根悟到的更深意蕴是"过日子"。他说，当我消除了初登讲台的那种高傲与急躁以后，"静下心来，安然地过着教育的日子。的确，教育就是和孩子在学校里一起过日子，语文老师就是和孩子一起过语文的日子"。他完全可以不说"过日子"，而说"生活"，但偏要说"过日子"。这不只是因为"过日子"来得通俗，更重要的是，"过日子"就会让他又一次回到了家，虽平淡，却洋溢着亲情，虽简单，却内心充盈。真的，当语文教学像过日子的时候，是真正融入生活，化为纯净心境的。这多么令人怦动。

重要的是和孩子一起过日子。薛法根爱孩子。他对儿童的爱更深沉。他真正站在儿童立场上。他说：上课时我要把我的目光投向每一个孩子，每一个孩子都在我的视野中，我的一言一行、一举一动都是为孩子的。他真正把儿童的创造精神当作实现教学主张的一根支柱。他说，发展儿童的言语智

能，就是开发和培养儿童的创造潜能，儿童的创造性被激发出来了，课堂成了儿童生活的主人，教学怎不清简、怎不活跃、怎不智慧呢？他真正从儿童的眼光来看教材、看语文、看教育。他说，语文教材在语言上应该有三个层次：适合儿童现时交流的伙伴语言，适合儿童发展的"目标语言"，适合儿童吸收和内化的文学作品的精粹语言。他真正懂得儿童世界的特质。陶行知在《新的旅行法》里说："儿童社会要充满简单之美。"儿童社会之简单是因为"儿童是不会关起门来干的"，是要在生活中进行的，是在"过日子"中进行的。薛法根坚信，语文教育走进儿童的生活，和儿童一起过日子，就会简单起来，就会清简起来。

薛法根像个孩子。他的笑容，有时很诡谲，不知内里躲藏着什么，不过他的诡谲也很简单，很容易被猜测，就像小孩子使坏又不太成熟一样。绝大部分时候，他还是相当阳光的，露出孩童般的笑，连那浅浅的酒窝里也盛满真诚。最像孩子，还是他在课堂里的那种神态，因此，孩子喜欢他，连他的躬背及稍稍突出的牙齿，孩子都觉得很美。其实，薛法根的心智是儿童般的，像是打开的一道门，让所有的美好都进来，他都会像孩子那样接纳，而且显得那么欣喜。一个像孩子的人，是智慧的，薛法根的骨子里永远是个孩子，他永远清简。

four、与专家、学者的零距离学习，在薛法根的人格里积淀了感恩品德，让他的语文教育追寻大师之道，追寻大道至简的深刻哲理

四、与专家、学者的零距离学习，在薛法根的人格里积淀了感恩品德，让他的语文教育追寻大师之道，追寻大道至简的深刻哲理

薛法根是个懂得感恩的人。他说，他的一生要记住几个重要人物。记住，不只是个心理过程，而且是一个文化过程。这种记忆文化，在他的人格完善过程中，深深烙上了感恩的道德元素。

他记住了恩师庄杏珍。他从庄杏珍那里学到的人品：一身正气，敢说敢做，眼里"不揉沙子"；课品如人品，课堂无小事，事事育人，教师无小节，处处关注，缺失人格魅力，就可能彻底缺失魅力；课前要"煎熬"，课上才"轻松"；要在"糟糕透了"与"精彩极了"之间来回行走。他说，庄老师给了他智慧和品格，所谓"清简"，可以看得到庄老师的影子，自然朴实，幽默大气。由此看来，形成自己的教学风格，是对恩师最好的感恩。

（side）第五辑 教学流派的气象与神圣的感召力 177

他记住了杜殿坤、吴立岗。两位大学教授让他第一次知道了什么叫学生，什么叫研究。正是吴立岗教授的"素描作文教学"理论，让他领悟到教学的基本功训练的重要。我不知道，薛法根那一笔清秀、隽丽的粉笔字和"素描作文教学"有多大关系，如果是想象的话，似乎是有说不清的关联的；我也不知道，"清简"的教学风格和"素描作文教学"有何联系，如果作些内在关系分析的话，那肯定是有潜在影响的。清简，是一种大气，清简中的丰富与深刻，是教授、学者们点化了他，深化了他。他感恩。

他记住了《江苏教育》。《江苏教育》给了他平台，给了他阅读、写作指导。用他自己的话来说，面对编辑部，他有了一种从未有过的冲动，从未有过的创造激情，"在人生的道路上，这是我的一个转折点"。那一个个不眠的探航之夜，深悟了探索之道、创新之道。后来，他终于领航了。教海的海面上，那一览无余的大海，尽管波涛滚滚，但在他看来，仍是那么简约，无需夸大，无需过多的描绘和修饰，仍是那么雄阔和伟大——这就是清简的力量。

薛法根一直追寻专家、学者、恩师们的教育之道、研究之道、成功之道，最后的结论是，大师之道实质是大道至简：清简中的大格局、大智慧、大手笔、大创造。

五、读书、思考、写作，在薛法根的人格里积淀了研究的品质，让他以研究的方式去建构、去实践、去创造，他的清简是研究的结晶

薛法根的包里总是揣着一本书。不管到了任何地方，稍有空他就会捧着书翻几页，哪怕是一页，哪怕只是几行，都会从中吸收什么——这就是一种生活方式。他当然读语文教学经验方面的书，但他最爱读的是语文教育界"三大家"叶圣陶、吕叔湘、张志公的语文教育理论，这样，他就有了超越。不仅读语文方面的，他还读教育经典，只要是知道的经典之作，他都会去读一读，抑或只是翻看一下。这样，他又有了超越。我还知道他喜欢《微型小说选刊》，从中他领悟到了什么叫短小精悍，什么叫简单中的丰富，浅近中的深刻，明晰中的模糊。如果把一堂课比作一篇微型小说的话，那么就应在最有限的时间里，讲该讲的，学该学的，选择什么，舍弃什么，都有原则，都讲道理。这就是微型小说的精彩，这就是清简语文课堂的精彩。

薛法根的包里总放着一个本子。这是记录本、写作本，读了什么书，看了什么文章，听人说了什么话，想到一个什么问题，有了一个什么见解，他都会随时记下来。这些只言片语，小小的段落，是简单的，但内蕴却相当丰富，其过程也值得回味。原来，那些几千字的文章，一些宏篇，就是从这些"碎语"中丰富、拓展而成的。由此，我们和他都领悟到一个道理：不要轻慢简单、清简。要说的还不只是这些，薛法根笔耕不辍，近几年来总是见到他的文章，《小学智慧教育》专著也已成稿，正待修改付梓。一个不断写作的人，实际上是一个不断思考、不断整理思想、突然间思想升华的人。可以说，薛法根的思想越来越深刻和丰富，是和他的写作分不开的。值得注意的是，薛法根的文章很清简。用他自己的话说，他的文章清爽、干净，很少杂芜。文风亦如人啊，教风、文风都最终连接在他内心的尺度上。

薛法根善于反思。一如日本教育家佐藤学所说，教师应当做一个"反思型的实践家"。薛法根正朝着这一目标努力。他反思自己的教学，反思小学语文教学的种种现象，反思以往发表过的文章，反思自己的研究方式。以往总认为，不断反思的人是痛苦的，而薛法根却说，反思是快乐的，这正应和了尼采的话：每一个不曾起舞的日子，都是对生命的辜负。薛法根把反思当作思想的舞蹈。看来，清简，如果没有思想的含量，那只能算是简单而已。

我把读书、反思、写作当作一种研究，既是研究的方式，也是研究的过程，当然又是研究的保证。薛法根正是以这样的方式，展开了自己的研究，锻造了自己研究的品质。

还是回到开头的话去吧：风格即人格。薛法根清简的教学风格是植根于他内心的，是在他文化人格上生长起来的。

马宏：用"做的哲学"定义教育

校长和学校的故事常常掉在时间的夹缝里，或温暖，或苦涩，或奇崛，总会闪现异样的色彩。认识校长，还得从校园的角落和时间的夹缝里寻找那些故事，因为故事是校长与学校脉搏一起律动的证明。

马宏就有这样的故事。

马宏，一位小学校长。从1986年进入重庆市巴蜀小学，到2009年年初，她被推上校长的岗位，如今30多年过去了，她扎根一个地方，坚持一件事情……打捞起那些马宏与巴蜀小学的故事，可以去认识和发现马宏，认识和发现巴蜀小学。这些故事不一定有什么丰富的情节，却充满了无限的情怀。这是马宏的宏大叙事，显现出巴蜀文化的"如山""似水"，显现的是一位小学校长发展的大视野、大格局和大定力。

用"做的哲学"编织学校文化：办学要有对哲学的邀请

马宏与学校的故事是关于"做的哲学"的故事。"做的哲学"让巴蜀小学走向发展制高点。

这是我与巴蜀小学的第一次亲密接触——

"复杂而独特的地形地貌，造就了韵味无穷的巴山蜀水和灿烂的巴蜀文化。正是这一方水土，80余年来，孕育着趋合时代、适应潮流的巴蜀教育……"伴随着我们漫步校园的节奏，马宏对巴蜀的介绍徐徐展开。

"成老师，您知道我们刚刚迈上了多少级台阶吗？"马宏的提问让我愣了一下，停下对这所学校的打量。"30步左右吧。"我说。"32步。"马宏说，"这是老师们对校园文化的用心设计，呼应着学校《建校宣言》发布的时间——1932年。"

我再次把目光投向那静静的基石。她接着告诉我："1932年发布《建校宣言》时，首任校长郑重宣告'教育是时代上继往开来的事业，他要趋合时代、适应潮流、发扬文化、扶植思想……在未来的时日中，他决没有止境'。"

看着马宏一脸的郑重其事又若有所思，我感受到了她内心的笃定、满眼的自豪、肩上的责任和对教育的敬畏、对未来的思考。在她看来，《建校宣言》是巴蜀小学的时空观、历史观和发展观，一开始就带着哲思而来；在我看来，马宏一直像哲学那样重视"开端"，又用"做的哲学"主导着学校的进程，去寻觅继往开来、没有止境的答案。

其一，在学校文化的土壤里，逐步生长起巴蜀小学"做的哲学"；又在时代的潮流里，让"做的哲学"更具现代性。用情用智梳理巴蜀历史，这是马宏上任后带领巴蜀人所做的第一件事。

有哲学家曾说：国家没有哲学，恰像客厅没有字画一样，不免降低了国家的品格和地位。如果学校也有个客厅，那么巴蜀小学的客厅在哪儿呢？又该挂着什么样的字画呢？马宏把目光投向走进校门后的左右两面校史墙，一面是传承墙，一面是发扬墙。墙上的画面和故事……都是学校80多年历史的文化印记。学校的客厅大概就在这儿吧。32级台阶、校史墙、桥……成了马宏心中的一个个文化符号，成了巴蜀小学的隐喻。马宏将领悟到的巴蜀小学哲学基因进一步提炼为"做的哲学"。这一深植于学校文化历史土壤里的哲学，让学校传统成了"现在时"，继而又在"现在时"中走向世界，走向未来。

其二，"做的哲学"是行动哲学，是实践智慧。马宏用浅近的话语来诠释和转化"做的哲学"，她的团队成员都耳熟能详，也常挂在嘴边、更"挂"在行动中的是这么几句话："说得好听不如做得漂亮""做了的才说""在实践中系统探索""以先进的思想立校，以创新的实践强师，以厚重的文化育人"。"做的哲学"彰显的是实践智慧，又彰显着马宏所执着追求的品格：择高处而立，但永远坐在大地上。巴蜀小学在理想之路上所取得的一切，都是用双脚丈量出来的。

其三，"做的哲学"绝不仅仅是做，更不是盲目地做，而是有思想的行动，是带着思想去实践。在巴蜀校园里，到处都是忙碌的身影，"做"成了巴蜀人的生活方式和习惯。曾在巴蜀开会，所有与会者顶着骄阳提前来到会场，一位副校长脚受伤了，也坐着轮椅赶来，会场清新，讨论热烈……看到这一切，我心里荡漾着真实的感动。但，这还不是"做的哲学"的全部。马宏进一步的解释是"带着思想去实践，实践之中出思想""用思想立校，在实践中实现思想的跨越"。显然，"做"中充满思想的张力，思想让"做"更有深度、更有亮度。思与做的结合，编织了一张意义之网，这张网就叫文化，看得见、摸得着的文化。

"做的哲学"是马宏所形成的巴蜀小学的办学主张，是学校之魂，是学校发展之纲。"做的哲学"的文化涵养着巴蜀人，它永远悬挂在校园的上空。

用"做的哲学"定义学校发展：与学生脉搏一起律动

每所学校都是独一无二的，它的特色扎根于它由来已久的教育使命和一方水土的文化滋养。由此，对教育便有诸多定义。不同的定义，体现了不同的理解及其理念，不同的理念引导学校有不同的发展方向和方式。

"与学生脉搏一起律动"——这一定义直抵教育内核，直指发展境界。

马宏告诉我，她从17岁实习走进巴蜀小学，多年来，在语文和品德学科教师、班主任、语文教导主任、鲁能巴蜀小学执行校长等不同岗位的历练，让她对学校质量管理有了全面了解，而她刚走上校长岗位后遇到的一件小事，则让她更坚定了思想立校的定位。

"2009年5月，学校'六一'庆祝活动即将上演，那些精心挑选的学生，正在加紧训练。一次工作会上，辅导员关于还有其他同学也想参与演出的愿望的转达，引起了一场师生大讨论：'六一'是少数人的秀场，还是每个学生的舞台？几经讨论，最终，活动改为人人上台的分年段庆祝活动。活动结束后，一位家长兴奋地告诉我，节目形式和质量都是次要的，每一个孩子能公平地站在这个舞台，这本身就是一种成功。"说到这里，马宏停了下来，注视着学校醒目位置镶嵌着的办学理念——"与学生脉搏一起律动"。

"与学生脉搏一起律动",这便是马宏自己的定义,是她内心判断教育的根本尺度,是生长于巴蜀这片沃土的力量,是感悟理想召唤而对教育境界的向往。

想一想吧——今天,全校所有学生都是演员,都是舞台的主人,站在学校舞台的中央;以后他就会站在生活的中央,成为社会的栋梁。只有这样,学生的脉搏才会与祖国的脉搏一起律动。与学生脉搏一起律动的深义正在于此。

其一,首先是"与学生"。巴蜀人一直记得,有一次升旗仪式上一个断臂的学生和他的班主任一起含泪升起国旗、校旗的感人故事。"与学生",首先是尊重学生、信任学生;而"与学生脉搏一起律动",关键是如何触摸到儿童生命的律动,感知他们的存在,感受生命的活力,这样才能激发他们的内心自觉,与他们共生共长。在巴蜀,各种学情分析会是儿童立场价值追求的具体体现,巴蜀教育的最高价值也共识在儿童立场。这便是这一定义独特的内涵与意蕴之一。

其二,与学生脉搏一起律动,是师生心的交融,关系的互动,教育的共鸣。马宏认为,一颗心唤醒另一颗心,一朵云推动另一朵云,这经典的比喻,在巴蜀小学就成了教师与学生生命的律动。这样的表述同样是感性的,却有了理性的内涵,以及关于身与心的学理上的探索,它既是方式,更是境界。马宏将之归纳为"因生而动,因律为美,美美与共"。这一定义同样是"做的哲学"在教育定义上的延续:首先是让学生的心动起来,心动了,有渴望了,有动力了,学习才会真正发生,发展才会真正有可能;其次是让教师的心也动起来,教师的心动,是情动,是辞发,是"捧着一颗心来",无动于衷是不会发生真正的教育的。最关键的是,师生的心共同跳动,产生共鸣,"共同经历、彼此滋养",编织成生命的奏鸣曲。这样的教育才是基于学生、生活、生命的,才是美的。

其三,与学生脉搏一起律动,其目的是形成、发展学生的核心素养,真正立德树人。他们不是赶时尚、追潮流,而是基于对巴蜀素质教育的再认识,深感"巴蜀型"学生培养只停留在简单律动上是不够的。在不断地寻找核心素养落地力量的真实行动中,巴蜀小学有了自己的校本化表达,那就是巴蜀儿童发展核心素养——公正诚朴、头脑科学、身手劳工、世界目光

（"头脑科学、身手劳工"，引自1932年巴蜀小学《建校宣言》）。他们是从学校文化传统出发，在核心素养体系上打上巴蜀小学特有的文化印记。初步研制的"巴蜀儿童核心素养"坚守了国家要求，又突出了"真"与"动"的巴蜀精神。这是让巴蜀儿童的脉管里流淌历史的血液，又与世界脉搏、时代脉搏一起律动，让他们既站在中华文化的大地上，又站在时代、世界潮头。律动，向着未来；律动，为着民族和人类。这样的定义，怎能不是一种创造呢？

用"做的哲学"构筑课程逻辑：寻找核心素养落地的力量

对巴蜀小学的学术研究和团队建设我早有耳闻，但是，当课程研究室里坐满了来自校长室、课程部、学科组等部门的学术委员组成的课程研究团队时，我还是有些诧异，因为我们要研讨的是"学校课程改革的顶层设计"。

马宏强调课程改革是"自上而下顶层设计引领实践探索，自下而上实践创新丰厚教育思想"的紧密结合。值得注意的是，作为校长的她对课程的认识没有停留在一般认识上，而是深入课程内部，她要梳理出课程逻辑，由此道出课程之间的关系，拉出课程建设的线索，从而促进学校课程规范化、清晰化、结构化和科学化。学校特别重视目标与现实的关系，用"做的哲学"作为价值，不断反思自己的课改行动，用"寻找核心素养落地的力量"串起了这一逻辑，让课程与儿童生活、儿童心灵一起律动。从与会者的交流中，我看到课程成了核心素养在巴蜀小学落地的载体、方式和力量。

马宏校长告诉大家，学校向来重视对学生"全人发展"的系统规划。自2009年起，一年一个台阶，累加起来，就形成了系统而深入的巴蜀课改路径。第一个三年行动计划，建系统，重实践，素质教育再起步。第二个三年行动计划，自2013年以来，一方面紧跟国家核心素养研制的进程，加强教师对核心素养的学习和理解；另一方面，以"学科素养"提炼和课堂落地为抓手，探索核心素养的校本表达与转化，重点是基于学科的课程综合化实施，由此完成课程文化再构。如今的第三个三年行动计划中，强调基于儿童研究的学校文化再构，基于教与学方式变革的课堂教学文化再构，基于研究方式变革的教研文化再构，基于评价变革的学习文化再构。

巴蜀小学《建校宣言》中就曾提出，课程的源头在生活。生活，是课程之源，是课程逻辑的起点，也是儿童学习的目的，完整的生活、整个的课程才能培养具有完整生命意义的儿童。马宏在回望中寻找到课程的源头，让课程回到生活中去，让课程与儿童脉搏一起律动，儿童与生活脉搏一起律动。这才是巨大的落地的力量。

马宏在回望历史的同时，又前瞻未来，她说：假若我们把握了课程逻辑，那么落地的力量就更具综合性，更具统领性。她的思路是"不断打开学校"。打开，即开放、放开、解放。巴蜀课程向社会开放，向世界开放；巴蜀课程让教师放开手脚，让儿童放开手脚；巴蜀课程解放儿童的思维，解放儿童的心灵。在她看来，课程改革、教学改革的重点之一是变革学习方式，而学习方式深处则是思维方式。因此，她认为课程综合化实施应当是基于儿童思维的，而项目学习之"桥"课程等，是为学生搭起跨界学习之桥、借用全球资源之桥、通向国际平台之桥，归根到底是搭起思维之桥。

巴蜀小学的实践回答了，只有当课改的要求转化为教师们的自觉行为，课改才可能成功，也只有每一位教师都能自觉变革，才能托起整个课改。我深以为，寻找核心素养落地的力量，将很有可能成为所有学校共同的主题。巴蜀小学正在为核心素养的落实，建构一种唤醒人的内在动力以改变现状的范式。

用"做的哲学"浸润教师：让实践者走向实践家

从实践者走向实践家需要漫长的过程。实践家的显著标志是研究，研究是实践者转化的关键因素。在巴蜀小学，我亲历过这样的转化。

经过一个学期，当再次走进巴蜀小学与老师们一起交流时，我发现更多的发言人是之前的提问者，以及一些新鲜面孔。老师们告诉我，学校以工作坊的教研形式，以行政扩大会为常态化研究平台，依托核心团队组成了15个律动研究室。通过每周聚焦一个小的研究点，团队在"寻找核心素养落地的力量"的学习和共识中一起做，在实践和对话中进行研究。"今年学术年会，有15位教师代表上台演讲，分享研究历程中的经验或困惑。"马宏为老师们的成长感到骄傲和欣慰。

马宏将实践家定位于人。她不仅寻找课程这一落地的力量，更在寻找课程背后的力量。因为她清楚地知道，只见课程、教材、教学，只管工作、活动、管理，而看不到人，那是技术至上主义的典型体现。而巴蜀青睐"安静务实办教育"。马宏善于透过这一切，看见人、发现人，发现人的意义和价值，进而鼓励人去创造意义和价值。这样，在"做的哲学"引领下，人才可能成为意义的存在，成为教育实践家。

实践家的成长需要舞台，需要没有天花板的舞台。这是一方教师自由成长和自由创造的天地、空间和平台。倘若"做的哲学"只是一种规定、一种限制，那是"做"不了实践家的，更"做"不了教育家。

搭起舞台就是赋予责任。马宏喜欢说："有的事没得选。""没得选"，这一充满重庆味的话语，是在表达这样的信念：巴蜀人在责任面前是无法选择的，是不需要选择的，那就是承担，那就是去做。正是这样的"没得选"，才带来了良好团队的形成，建构了向上向善的团队文化。在巴蜀，你随时可以看到公共服务岗，随时可以看到义工，随时可以感受到各种各样的教育故事……公共责任，让实践者走向实践家。搭起舞台必须开启教师们的空间。马宏说，要给教师以课改的空间，给空间就是给发展。一些学校往往将改革任务交给年轻教师，而巴蜀小学选择了一种看起来艰难的方式——大家一起做，所有人都可以承担。年轻教师有干劲，要学习成长，中老年教师有韧劲，更要学习成长，发挥学术核心的作用。其实中老年教师的成长自然而然会形成学校良好的文化氛围，事半功倍，这就是马宏说的：哪怕走得慢一点，但一定要走得远。同时，在巴蜀小学，所有的实践者都不是"苦行僧"，"做的哲学"不是苦干、死干的哲学，不是窒息人的哲学。在马宏看来，实践家应当有教育的情怀，有生活的情趣，"做的哲学"应当是有温度的。巴蜀小学是家的延伸，是一个大家庭。事业与友谊，让很多同事亲如兄弟姊妹。在巴蜀小学，大家说得最多的是"我们"。"我和我们"彰显了文化的特点，也生长起文化的力量。实践家在巴蜀小学也不是一个单数，而是复数。他们，不，是"我们"，撑起了巴蜀小学的那一片蓝色的天空。

搭起舞台要让学术唱重要角色。在巴蜀小学，学术年会是每个学年的品牌活动之一……马宏说，优秀教师理当以学术求真知，追寻学术方向，变"凭丰富经验教"为"用儿童立场来教"，讲究在实践中系统探索的学术基本态度和方式，讲究在研究的状态下工作。在巴蜀小学，有学术委员会这样的管理机构，还成立了律动教育研究室，组织了各个学科工作坊，工作坊的坊主都有学术追求及学术研究的品质与能力。小学教师也要与学术结缘，学术，才可能让教师成为实践家。

就是这样，马宏用"做的哲学"定义教育，定义学校，定义课程，定义教师。其实，"做的哲学"本身就是对哲学的定义。

马宏，一个定义者，一个教育创造者。

周卫东：应答与建构

哲学界流行过一句话——对哲学家来说，最恶毒的问题莫过于问他："哲学是什么？"

那么，数学呢？能不能这么说——对数学教师来说，最恶毒的问题莫过于问他："数学是什么？数学教育是什么？"

所谓"最恶毒"的问题，是言其回答之艰难，简直无法回答。其实，这样的问题最具挑战性，也最具智慧。数学教师必须回答这个问题，但需要勇气，还需要实力，需要长期的坚持。

特级教师周卫东一直在思考和研究，积极应答这一问题。他说要坚持不懈地追寻学科教学的特质，让课堂流淌着"数学味"。简言之，探寻"本味数学"的真谛，这是周卫东的主张和期盼。也许没有句号，但他从没放弃，而是永远行进在过程中，用他自己的话说，这是"过程"对"结果"的情意。不仅如此，这也聚集了卫东对整个命题最真诚、最忠诚、最深厚的情意。有了这份情意，就会在执着中不断深入，就会永远充溢着追求的激情、快乐和幸福。卫东有这样的状态，外在的和内在的。

教育主张，是个性化的教育思想，抑或是个性化的核心理念，具有独特性、稳定性，也具有学科个性特点。主张的明晰及坚定，将会成为教育教学的灵魂。教育主张，也是优秀教师成熟的标志，同时引领他继续走向深刻、走向未来。卫东这么多年来，不断地叩问自己。这样的叩问，在他的《应答与建构》里随处可见。当然，更多的叩问是在他的教学和研究的行动中。叩问、实践、研究，让卫东有了无数次的历练，也让他逐步提炼了自己的教学主张。不妨戏说一下：主张让他在数学教育生涯中，成了一个有灵魂的人。无疑，这难能可贵。

卫东平日很随和，脸上总是挂着笑容，很真诚、自然，不矫情；他也很有灵气，悟性很高，常在思维的拐角处生发智慧。不过，他还有可贵的理性品质，表现在他的沉静、沉潜和自觉。所谓沉静，是说他静得下心来，耐得住寂寞。表面上的热闹他也有，但过后，立马不浮躁，会静下心来学习、思考。所谓沉潜，是说他钻得下去，不止于表面，深入地思考、研究，有了诸多的深刻，还有了不少自己独到的见解。所谓自觉，是说他在理性的推动下摸索并遵循规律，不是被动的，不是盲目的，不是随意的，他的主张由此逐步稳定了下来。值得一提的是，卫东并没有因追求理性而丢弃自己的情意和可贵的感性，而是把理性和感性结合起来，因而彰显出一种本真的美与独特的魅力。请翻读他的这本书，定会有这样的感受。一个数学教师能有这样的表达也是难能可贵的。

还是回到数学的特质上来。细读他的《应答与建构》的第一部分，不难发现卫东已有了明晰的回答与建构。他是以"数学内涵"为重点进行探讨的。他初步概括了"数学内涵"的基本要素：数学精神，数学的思维方法、研究方法、推理方法和着眼点等。可见，数学味不是单一的，是复合的，是一个整体，整体中的各要素互补、互动、共生。卫东对"数学味"的研究，体现了三个主要的特点。一是"数学味"，针对数学知识。他坚定地认为数学教学绝不是数学知识的教学，坚决防止功利实用和计算技能崇拜对数学本质精神的遮蔽。二是强调数学教学应当给学生"带得走"的东西，包括数学能力、数学智慧，即数学素养的提升、发展。三是寻求"数学味"在哪里。在教材里、在过程里、在思想里、在抽象里，是卫东的初步概括。然后，他对"数学味"与"数学化"作了比较，尤其是对"数学化"的横向、纵向维度作了简要的阐述。他对弗赖登塔尔等数学教育家的思想、论述是比较成熟的，领会是比较深刻的。这是他理性水平比较高的重要原因之所在。

在此基础上，卫东还对"数学味"主旨下的"课题探究式"课堂教学模式进行了建构。这很不容易。"课题探究式"与"数学味"的研究有着内在的一致性。他认为数学的特质是在学生自主的探究中体认、领悟的，而不是告诉的，简单的训练不会奏效，探究是师生共同把握数学特质的重要途径和方式，也是一种保证。他对这一模式的初步建构体现了整体性，有着较为准确的界定，对特征、教学过程、实施、评价都有了建构。尤其是他采用了"小课题研究"的方式，有效地促进了探究式的建构与发展，一如他自己所描述的那样，"小课题研究活动，像一枝盛开的海棠散发着诱人的芳香，研究组的成员就像换了个人似的"。

书中，卫东有一个很有意思的描述：数学教学历程的线段上，自己站在哪里？站在起点，还是站在中点？站在中点，还是站在任何一点？似乎无辞。无辞，说明了解答问题的多义性，问题的多发点。不知道现在卫东有没有最终找到，也不知道他究竟怎么回答，不过，我坚信他心中已有了答案。其实，他寻找着三个点：制高点、关键点、细节点。他还在摸索，还在找寻，他开始了攀登，制高点就在眼前，他很有希望占领。

卫东认为，儿童是一粒生长的种子，他也是一粒生长的种子。在数学教学的探索路上，他和学生一路同行，一路成长。这样，再恶毒的问题，他都能应对、解答。事实正是这样，未来也是这样。

贲友林：一种关于发现的哲思

我的手机里至今都储存着贲友林的一些数据："从 2002 年 2 月 27 日起到今天，坚持每天上完课后就写教学手记，或几百字，或几千字，记录课堂，反思言行，一直未间断。随笔，写下约 600 篇，且行且思。"此外，我的书橱里，摆放着贲友林的专著《此岸与彼岸》，约 33 万字。我把这些当作是贲友林的文化标识。这样的文化标识正是贲友林追求教学风格的真实写照，也正是他初步形成自己教学风格的重要原因，因为风格是特殊的人格，风格来自内心强烈的呼唤和自觉的行动。

贲友林的教学风格是什么？他自己有一个初步概括，叫"朴实、细腻、自然、深刻"。这样的概括不无道理，说明贲友林对自己的优势、教学特点以及努力的方向是清晰的。不过，吴冠中说得好："风格是人的背影。"的确，风格最终由别人去评说。依我看，在四个关键词中，"深刻"是最为突出的，最能彰显贲友林教学风格的特质。

在听完贲友林《找规律》一课的教学后，有老师质疑：这节课中哪是例题呢？贲友林对此作了深入的思考——从学生的数学学习出发，必须改变课堂的教学结构："我想，这节课是由一个个活动串联而成，那我是否可以用活动 1、活动 2、活动 3……这样来作为课堂结构的划分呢？每一个活动，都基于学生已有的知识和经验，不断推进学生获得新的认识与理解。"最后的结语是："我们需要思考，需要解放性思考。"显然，贲友林对教学的认识绝不止于表面，而是在深层的问题上不断思考，以"解放性的思考"去追寻数学教学的本质。因而，在"朴实、细腻、自然"的背后必然是"深刻"。

深刻来自"解放性思考"，而"解放性思考"让他逐步走向哲思，不断追寻哲学对自己教学的支撑。这肯定是个过程，但他已在追寻的过程中走向了深刻，他的数学教学已闪烁着理性之美，包括他的那部专著《此岸与彼岸》。正是这样的追寻，他的哲理越来越清晰，教学的核心思想越来越聚焦，那就是他自己的提炼："教学——发现之旅。"

发现之旅，首先把教学理解为行走，学生的数学学习是学习之旅。旅途中，总是与许许多多的"他者"相遇，包括熟悉的，更多的是陌生的，也包括美丽的风景。在相遇中，教育发生了。贲友林领悟了教学之道，可以用他师父张兴华的比喻"抛食诱鸡"来描述：让学生一路走来。由此可以理解贲友林的"发现之旅"，学习方式实质是探究的方式、创造的方式，说到底是学生的生活方式。

发现之旅，让学生去发现，但关键是教师首先要发现学生。贲友林有深切的体会："成功，恰恰是对孩子生活的关注，对童年的关注；尴尬，正是由于对学生的'视界'关注不够。……学生，影响了我的教学，学生，走进了我的视野。""教学，是教师发现学生之旅。"这段话道出了贲友林的学生观，是朴实的，也是深刻的。可贵的还在于他的"三思"：确定学生的发展目标，思考学生走向哪里；研究学生的学习起点，思考学生现在在哪里；设计学生的学习过程，思考学生怎样走向那里。的确，他一直在发现之旅中，不断认识学生、发现学生、发展学生。

发现之旅，是一个"散步"的过程，自由自在，这是一种精神的闲逛、生命的体验。因此，贲友林总是让学生充满兴趣，充满好奇，让他们的心灵敞亮起来。听说，学生很喜欢贲友林，像兄弟姐妹，像朋友伙伴，无拘无束地探讨、争论。但在贲友林那里，"散步"是需要精心设计的，是需要路线图的。实际上，贲友林的数学教学永远是引领学生"找规律"，在有目的、有计划、有步骤的过程中，将学生或朦胧或隐蔽的认识打开，去审视，去分析，去发现。但是，贲友林的深刻还在于超越。他这么说："教学，并不是在已经绘制完毕的地图上旅行，而是在旅行中完成地图的绘制。"这又是一种发现，是更深层次的发现。

由此看来，"发现"成了贲友林所渴望与追求的教育哲学，贲友林的数学教学是发现之学。发现，必然去探索、寻找；发现，必然去研究、思考；发现，是师生共同去发现数学，也是师生间的共同发现，内涵极为丰富，意蕴颇为深远。贲友林，是深刻的。贲友林永远在"此岸"与"彼岸"中摆渡，永远在摆渡中有新的发现。

建设伟大的学校

十一学校，我想说的很多。不过，我最想说的是"伟大的学校"。十一学校发展行动纲要上明确地写着：把十一学校建设成为一所受人尊敬的伟大的学校。

这样的表述颇受质疑，有人认为李希贵的心太大了，十一学校把话说大了，收不回去了。我却不以为然。建设伟大的学校，心太大了？话过大了？其实，李希贵的头脑是非常清醒的，他的心里是十分清楚的：伟大，是指对人性的尊敬，是人的伟大；伟大的学校，是创造最适合人性自由发展的教育，让学生、教师成为伟大的人。我们对伟大产生了误解，也不应对伟大如此回避。

是的，人是最伟大的。尼采早就说过："人类之所以伟大，正在于他是一座桥梁而非终点！人类之所以可爱，正在于他是一个跨越的过程而非完成！"这就是哲学和人学上的一个重要命题：人的最伟大之处在于他的可能性。其实，教育并无其他什么目的，教育"对人来说，最根本的就是人本身"（马克思语），就是认识、发展和开发人的最伟大之处，让人回到伟大，回到可爱。帕克·帕尔默在他的《教学勇气——漫步教师心灵》中也论及了"伟大事物的魅力"。他说："我所指的伟大事物，是求知者永远聚集其周围的主体——不是研究这些主体的学科，也不是关于他们的课本或解释它们的理论，而是这些视为主体的事物本身。"事物的本身正是伟大的事物，教育这一伟大事物的本身正是学生、教师，正是人这一主体本身。假若教育远离了人，远离了人性，远离了人的最伟大之处，还有什么伟大可言？反之，教育紧盯着人，用莫言的话来说，紧贴着人，这样的教育才是真正伟大的，由伟大教育出来的学校当然也是伟大的。正因为此，李希贵总是在讨论中回到人，回到人性上去。

这里还涉及另一个既熟悉又陌生的问题：什么叫伟大？还是尼采说得好："所谓伟大，便是指引他的另一条正确方向——硕大的河流并非原来就这么伟大，而是中途汇集了许多支流。是的，越往前水量越大。精神上的伟大也和这相仿。最重要的是能够让那些支流具有回归自己的向心力，而且要让他们不分天赋的聪愚，都能信服于你自己。"正确的方向，回归自己的向心力，还有信服你自己——这些就是伟大之所在。不难理解，十一学校的行动纲要，提出要办伟大的学校，正是为学校师生指出了一条正确的方向。建设伟大的学校，是十一学校的发展方向，是他们的价值定位和追求，是学校的发展愿景，我们不妨把这称作"十一学校梦"。这一学校之梦，必定凝聚人心，鼓舞人心，产生巨大的向心力，把学校教育的所有一切都指向人，指向学生与教师，指向发展，显然这是很伟大的。

李希贵常说：对十一学校的课改不能只说每一个学生都有一张课表，那课表的背后是什么呢？他似乎在给我们一个答案：十一学校的老师不是在教学科，而是在教学生。学科、学生，仅一字之差，却相差甚远。教学科，还不是伟大事物本身，只有教学生，才是超越学科、超越知识，从而指向了学生的发展。教学生，把学生当作人来对待，当作可能性来开发。这样，校园才能成为学生生长想法的地方，才能在校园里，在课程里，在课堂里，寻找到自由呼吸的空间，也才能在无拘无束中发现最好的自己。课表只是表象，但它凝结着十一学校育人的核心理念，小小的课表，是大大的世界，是一条条、一座座通向人生、通向世界的跑道和桥梁。从改革课表入手，创新育人模式，这难道还不算伟大吗？

李希贵十分重视学生社团活动。当有教师向他提出：这么多的社团，让我们眼花缭乱，能不能减少一点？他的回答是：眼花缭乱才是正常的，才是好的，学生在眼花缭乱中才能学会选择，将来到了社会中，才不会迷乱。参观的教师问他：这么多的社团，教师怎么管啊？他的回答是：学生社团教师不应管，不需管。社团充分的自主性、独立性，不仅体现了社团的性质，更体现了对学生的尊重和信任。无论是马克思所说的，"正如人类在塑造环境一样，环境也在塑造着人"，还是培根所言，"唯有养成习惯才能改变并克制人之本性"，十一学校通过人塑造了环境，又通过环境塑造着人，正在以旧习惯的改变来改变人，来发展人性中最美好的东西。

以上这些片段，虽不能说明十一学校改革的全部，却是一个十分重要的窗口，透射着十一学校改革的思想光芒，显现着十一学校改革的可贵突破与进步，透过这开满鲜花的窗台，我们感受到，把十一学校建设成为伟大的学校，不只是写在纲要上，止于纸面或口头的要求，它已化为一个个具体的行动。我们常说，"请到幕后看看吧！"我们在十一学校，从前台到了后台，看到的是真实的人在做真实的事，在真实的情境里真实地发展着，我们真实的感受是：十一学校是伟大的。

十一学校，无论是昨天的历史留下的传统，还是今天的视野与行动，都应有大追求、大智慧、大手笔、大格局，都应办成伟大的学校。也许，这正是十一学校的伟大之处。因此，十一学校，还有我们，都应当理直气壮起来：把学校建设成为伟大的学校。

文化记忆·文化行动·文化自觉

南京市夫子庙小学已成为孔子文化的符号。这一文化符号的内涵可以概括为两个重要方面，一是孔子文化的传承，二是孔子文化与素质教育结合中的发展。夫子庙小学把传统与现代、把民族文化与时代教育结合起来，创造性地构建了小学素质教育的范式，成为传承孔子文化的典型，成为改革实验的范式。

夫子庙小学在不断进步。和以往相比，他们对传承孔子文化的认识更加理性，更有深度，建构的小学素质教育范式更完整、更具操作性，在促进学生素质发展、促进教师专业发展、促进学校特色发展方面，立意更高，效果更显著。

首先，夫子庙小学正在形成民族文化的集体记忆。

印第安人有这么一条箴言："开始，上帝就给了每个民族一只陶杯，从这杯中，人们饮入了他们的生活。"的确，每个民族在长期的生活实践中形成了自己的文化，文化具有鲜明的民族特征。日本思想家、哲学家中江兆民曾有过一个精辟的比喻：国家没有哲学，恰像客厅没有字画一样，不免降低了国家的品格和地位。哲学、文化哲学，乃至整个民族文化代表着国家的思想高度和深度。我们应该常常这样提问自己：我们，有一只陶杯吗？它现在在哪里？从中我们饮入了什么样的生活？我们的客厅在哪里？它挂着一幅什么字画？这样的提问，意味着我们文化上的成熟。夫子庙小学正有这样的文化追求。

民族文化来自民族的历史和传统。美国学者萨姆瓦说得好："文化是一种历史的沉淀物。"了解民族文化，必须回望民族的历史和传统。夫子庙小学的可贵之处，在于不仅没有忘掉中华民族的历史与传统，而且形成了学校的集体文化记忆。有了这种文化记忆，就会牢牢记住我们是谁，我们又到哪里去。值得注意的是，这样的集体文化记忆，有的人正在逐步淡忘。正是在这个重大的问题上，夫子庙小学为我们树立了榜样。

回望历史与传统还不是目的，还必须坚定地向前走。夫子庙小学的可贵之处，就在于在回望的同时，又面向现代化、面向未来、面向世界，把两者结合起来，就形成了学校的文化远景，用校长冯爱东的话来说，就是要办一所有魂、有根的学校，这魂就是中华民族精神，这根就是中华民族文化。

其次，夫子庙小学从时代要求和小学教育的特点出发，把握了孔子文化的精髓和重点，形成了两根文化支柱。

孔子文化博大精深，丰富的内涵，深刻的意蕴，我们该从哪里做起？夫子庙小学把握了两个准则，一是时代要求。学习孔子文化，重返文化传统，绝不是说回到过去，而是要做现代中国人。忘掉传统是错误的，同样忽略时代要求也是错误的。二是小学教育特点。如果不立于小学教育的性质、任务，不从小学生的年龄特点出发，孔子文化的传承和发展就会远离学生，就会成为一个口号、一种形式。

冯爱东说，我们在传统中挖掘，在实践中提炼，在展望中设计。就是在这样的过程中，夫子庙小学"找到了学校对教育理想和教育哲学的独特理解和个性化表述，找到了学校孔子文化的灵魂和精神，那就是——'仁'和'学'"。这样的寻找和把握是准确的，而且解释也是深刻的："'仁'，是孔子思想体系的核心"，"'学'，是孔子教育哲学的本源性基础"。换个角度讲，仁，道德，是人类的最高目的，当然也是教育的最高目的，小学生首先要做有道德的人；学，我们要建设学习型社会，学也是小学生的重要任务，是小学生发展的根基，小学生要做一个爱学习、会学习的人。从这两个要点出发，夫子庙小学进行教育的建构就有了两根支柱。

最后，夫子庙小学的建构，开辟了孔子文化学习的三大领域，有了切实的文化行动。

其一是课程。南师大郦波教授说，孔子是我国最早的课程专家，他设计了合适的课程。夫子庙小学进行课程开发，研究、继承了孔子的课程思想，同时，还要开发孔子文化课程。经过较长时间的研究和实践，夫子庙小学开发了两类校本课程：一是"星星论语"。其深意是，小星星——小学生学习论语；学习论语中的星星点点；学习论语后使自己成为发光发亮的小星星。尤其是"亲仁""尚礼""志学""善艺"四大板块，发掘了《论语》的精华，突出了小学生学习的重点。二是"聚星讲坛"。夫子庙小学的学生们登上讲坛，就孔子文化，以及经济、科技、军事、社会问题等进行演讲和讨论。"聚星讲坛"成了学生展示的平台，也成了夫子庙小学的生本课程。

其二是课堂。课改必须改课，没有课堂教学的根本性变革就没有真正的课程变革和教育变革，孔子文化的传承和发展也就失去了重要的"领地"和载体。遵循孔子的教育思想，夫子庙小学建立了乐学课堂，贯彻和体现孔子的乐学思想，又体现时代的精神和要求。为使乐学课堂具有鲜明的特征和较强的可操作性，在探索中形成了三个标识：快乐的小问号、快乐的感叹号、快乐的省略号。乐学课堂在于让学生快乐，而只有快乐的学生才可能真正学习，也才可能成为课堂的主人。

其三是文化仪式。文化是个故事，故事需要命名，命名后的活动具有文化内涵，具有仪式感。文化仪式庄重、虔诚，会带来内心的感动，感动后的沉思，经受心灵的洗礼。这就是仪式的价值、文化的力量。深谙文化意蕴的夫子庙小学围绕"尚礼"建立了三个文化仪式："开笔礼""成童礼""状元礼"。这三个仪式将成为文化因子植入学生的童年，成为他们永久的文化记忆，成为他们人生中的三个重要节点，鼓舞他们向前。

梳理一下夫子庙小学孔子文化的研究与实践，我们不难发现一条线索：文化记忆—文化行动—文化自觉。其间，渗透着三个关键词：学习、反思、研究。正因为此，夫子庙小学前行的步伐更加扎实，研究的含量更加丰富，理论与实践的双向建构更加科学和合理。我们应当向夫子庙小学学习。

大道至简

早就认识这位"年轻的老校长"——赵建华。

"年轻",不只是年纪;"老",也不只是任职年限。赵建华,是超越年龄和年限的。他的超越,有一个核心思想和理念,那就是"大道至简"。可贵的还在于,他对"大道至简"认识的深刻,以及践行的智慧,这又是一种超越。

不少校长都追求大道至简,遗憾的是,他们都过多地关注了"简",而忘却了"道",忘却了"大道"。如果作些剖析的话,我们不难发现赵建华的理性思考的层次:"大道至简",其"简"是"大道"之下的"简",是"大道"指引下的"简"。因而,此"简"有根基,有背景,有深度,不孤立,不孤独。其实,此时的"简"还是"大道的另一种表达和表现"。这是其一。"简"是为了"道"。"简"只是形式或曰形态,不是目的,目的则在"道"。假若错把"简"当作目的,完全有可能本末倒置,因而"简"就无深刻意义可言。这是其二。"大道至简"的"简"应当是一种"道"。当"简"获得"道"的真谛和意蕴的时候,再也不是简单,而是简约中的丰厚,简浅中的深刻。这是其三。赵建华的"识道立简""释道定简""试道'精'简"正是这种认识与解释后的概括。无疑,他是深刻的,熟谙"大道至简"之深意;无疑,他年轻,但很成熟、老到。

赵建华的这一认识与解释,直指当下学校管理中的不是抑或弊端:关注"简",而忘却了"道"。表现为,盲目信奉"细节决定成败"。是的,细节可以决定成败，但不是所有的细节都决定成败。当为细节而细节，当细节离开了"道"的背景与指引，细节只能是细节，而且极有可能走进工具主义、技术主义的窄小巷子，而变得琐碎、小气，无宏大意义的生成；还表现为，对"简"的误解，只求形成的简单，而不顾及简单的背后及深处，导致简单地解决问题，而显得粗糙、仓促，以至留下一些后遗症。还是赵建华讲得好："作为学校的掌舵人，校长要用复杂丰富的思想，把复杂变成简单，用智慧创造'简单'。"案例说明，赵建华是智慧的。这样的智慧配得上庄子的话："大知闲闲，小知间间。"闲，空也，无限大也；间，隔也，小也。关注、研究"闲"的人，即关注宏观，着眼于战略，亦即关注大道的人，才是大智者。此时，我们也不妨把"闲闲"当作超脱、洒脱，当作从心所欲而不逾矩来理解，当作境界来追求。

赵建华的管理哲学生动地告诉我们："道""大道"就是规律。他说："教育是朴素的，简单的"，"循教育之'大道'，行至简之管理，坚持把简单的事做到精致极致，就是不简单。简单的前面，就是沉甸甸的丰盈。这是真管理，也是真教育。"不止如此，赵建华的故事和案例还生动地告诉我们，"道""大"就是生命的创造，就是"心"的参与，就是"心"的发现。"大道至简"在赵建华那里已演绎为一种气象，使得全校师生员工的积极性、主动性、创造性都被极大地开发出来，表达出来，彰显出来。他的管理哲学是关于人的哲学，他的"大道至简"之"大"与"至"实质上是"人之大""人之本"，"至"于一种大境界。离开了人，无所谓"道"，无所谓"大道"，亦无什么"至简"可言。

赵建华是一个十分心细的人。在他的践行中，"大道至简"不是一句空话，而是一个个智慧的举措。比如，心智的投入，心的参与，精心的设计。校务会上的那些美丽构想已成为精彩的校园故事和剪影，多有创意啊！可见，智慧是内心生成的。比如，"没有绝对的小地方，只有绝对的小眼光"。眼光，视界比距离重要，有了大眼光才会有大视界，才会有大世界。这种变与不变的辩证法，奏出了"不重复"的乐章。其实，他倡导的是人人参与，人人都能有成功的体验。比如，静静地思考，静静地实践，静静地坚持。尽管他引用别人的话，道出的却是自己内心最真切的感悟。其实，他说的是"自信的可贵与坚持的神奇"。"把一个比较复杂的问题，'退'成最简单最原始的问题，把这最简单最原始的问题想通了，想透了，然后再⋯⋯ 来一个飞跃上升"。此话是谁说的并不重要，重要的是赵建华正是这样去实践的。再比如，培基固本，这相当重要，"大道至简"不是玩小聪明，也不是偶尔为之，而是有牢固的基础，获得发展的内在根据。从与他的接触来看，从他的行为来看，赵建华有良好的素养，有扎实的功底。伽达默尔认为："人永远是以语言的方式拥有世界，人的存在是一种语言性的存在。"赵建华的语言文字表达不仅舒畅，而且渗透着思想，他形成并努力践行"大道至简"管理哲学是必然的。

美丽：永远的精神站立

一、从刘慧当校长想开去：校长应当是深刻的思想者、杰出的实践家

对校长有很多定义，我也想定义校长，这是刘慧及其文章《向着美丽出发》给我的启发。我的定义是：校长不应是一般的实践者，而应是杰出的实践家；校长不一定是思想家，但一定要是深刻的思想者。这一定义不是很周全，也没有形成严谨的定义话语，但我认为它揭示了校长的核心要义，而且充满着发展的张力。试想，如果他只是个实践者，那校长就与教师无甚区别了（当然，教师也应成为实践家）；如果要求他是思想家，那于校长无疑要求过高了，以至无法实现。实践家与思想者两者是紧密联系、相互支撑的。从实践者走向实践家，是因为有了思想的串联，有了思想的支撑和思想的内涵。思想者、实践家应当成为校长的核心要义和典型特征。

刘慧做过教师，当过大队辅导员，后来担任了幼儿园园长。这一经历的意义，不仅是在多种岗位所获得的锻炼与体验，更重要的是不同的实践磨砺了她的思想，丰富并提升了她的思考内涵。多元的思考在实践中不断趋近、聚焦，从形而下逐步走向形而上，从工具理性逐步走向价值理性，进而形而下和形而上相结合，工具理性与价值理性相统一，进行了一次思想者与实践家的对接，也许这可称为一种"思想游戏"。当然，这永远是个过程，关键是必须认识到这一过程，更要自觉地迈开步伐，去经历这一过程。刘慧回到

张家港实验小学，她有意识地经历着这一过程，着力的是：思考、实践，对学校发展作深入的归纳、概括、提炼，在顶层设计上进展相当明显。实事求是地说，刘慧和她团队的这种"思想游戏"是成功的，而且态势很好。我想所有校长是不是都应该记住：思想者、实践家；抑或记住：实践家、思想者。

二、刘慧和她的团队对美丽有深度的认识和开发，"美丽学校"有着丰富、深刻的内涵

在思考之后，刘慧和她的团队把学校教育的核心理念凝练在办"美丽学校"上，并且对于美丽有着比较深刻的认识和开发。

建设美丽学校是张家港市教育局提出的学校发展的愿景和境界。美丽学校的提出，绝不是一时的冲动，不是对时尚的追逐，不是空洞的口号，也绝不是止于外表的简单描述。美丽有着十分丰富、深刻的内涵。但是，在不少时候，不少场合，美丽被浅表化，没有深入到事物的内部去认识美丽，浅表化的结果，是美丽的品位被降低了；美丽被滥用了，有少数人不管内涵如何，真实性如何，出于某种交往的需要，一律以"美丽"冠之，滥用的结果是美丽的贬值；美丽也被误用了，不以为丑反以为美的现象并不鲜见，误用的结果是"美丽"价值观的丧失。在努力践行社会主义核心价值观的今天，我们应当勇敢回复美丽的原本意义和其真正面貌。正因为此，"最美医生""最美司机""最美消防队员""最美村官"……才逐渐成为对人、对事最简洁，然而是最本真、最高的评价，当然，美丽也应成为对一个地区，乃至对一个国家的最高期待和不懈追求。同样，在以立德树人为教育改革根本导向和根本任务的今天，我们应当倡导"最美学校""最美校长""最美教师"。用刘慧的理解来说，"美是教育的本质"。

从日常经验和知识出发，我们可以对什么是美丽作出不少解读，而且不无道理。不过，真正深入认识美丽、理解美丽是非常不易的。英国著名的人文学者培根曾专门论述过美。他在"论美"中开篇就说："善犹如宝石，以镶嵌自然为美；而善附于美者无疑最美，不过这美者倒不必相貌俊秀，只须气

度端庄，仪态宜人。"①培根从道德意义上去定义美，把美定义为善，是"至善"；美是一种自然的状态，同时，所谓美貌是在"气度"和"仪态"上，于是，"美"与"美貌"有了区分。培根说："美貌如夏日鲜果易腐难存，而且它每每使年少者放荡，并给年长者几分难堪，但笔者的开篇所言仍然不假：若美貌依附于善者，便会使之光彩夺目，还要使恶行无地自容。"②香港凤凰卫视董事会会长刘长乐也有类似的观点：思想永远比漂亮的脸蛋更重要。但，我以为还要补充一句：思想可以让人美丽起来。

说到"气度""仪态"，法国著名的数学家、发明家、哲学家帕斯卡尔确认了优雅与美丽的标准："优雅和美丽都有一定的标准，就在于我们的本性（无论它实际的情况是强是弱）与使我们愉悦的事物之间的特定关系之中。"③优雅，抑或美丽源自本性，一定是自然的、本色的，绝不容许矫情、作秀；又是让我们大家快乐、喜欢的，绝对排斥苦恼、烦忧。正是在这两者所组成的特定关系中，显现了美丽。不禁想起陀思妥耶夫斯基，这位俄罗斯文豪说："第一要真诚，其次要善良，最后还要我们永不相忘。"陀思妥耶夫斯基对美丽作了最好的注脚。

刘慧对美丽的看法呢？她当然认同以上的看法，同时她又有自己的标准。她认为美丽是一种精神，这种美丽精神成为美丽学校的灵魂，正是这美丽精神的灵魂让美丽学校一次又一次地站立。这是一种独特的概括。精神，源自文化，源自信仰，表现为坚定、善良、真诚，还有优雅。于是，刘慧和她的团队，从文化建设入手，塑造学校的精神，培养教师的气质，养育内心的崇高，让精神永远站立——这是刘慧对美丽的深度认知和开发。

①［英］培根．培根随笔［M］．曹明伦，译．台北：台湾商周出版社，2006：211-212.
②同上。
③［法］帕斯卡尔．帕斯卡尔的思想哲学［M］．刘烨，编译．呼伦贝尔：内蒙古文化出版社，2008：18.

三、刘慧和她的团队办"创意小学",去"实验梦想",用美丽精神引领学校去占领发展制高点

学校发展的制高点在哪里?在学校精神。学校精神又落脚在哪里?在校训。校训又要落实在何处?……诸如此类的"连环式"问题,一定常常盘旋在刘慧的脑海中。"盘旋"的结果带来了对制高点的想象与向往。

恩格斯在论述人与动物最初的关系"是不自由"的时候说:"文化上的每一个进步,都是迈向自由的一步。"因而,所谓美,是在文化引领下从必然到自由的飞跃。张家港实小的发展正是一次又一次文化上的进步,推动学校走向美的境界,站到了发展的制高点。刘慧的以下这段概括十分重要:"从百年文化源头'端勤毅'出发,我们提出了'让学校成为美好的童年记忆'的核心理念,明确了'创意小学,实验梦想'的办学定位,涵养育化'优·雅'教师、'智·趣'学子,努力建设一所没有围墙的学校:大教师、大课堂、大学校。"一幅文化地图呈现在我们面前,从中长出一个精神坐标来。大概这就可称为刘慧和她团队的顶层设计,是美丽学校的顶层设计。小学教育是全面打基础的教育,但是打什么基础,怎么打基础,尤其什么是基础,一直是模糊的,甚至是片面的。张家港实小,刘慧他们坚定地认为,小学教育的所有基础都应指向创新人才的培养,准确地说,为创新人才的培养打好基础,正因为此,他们把实验小学的实验任务定在"实验梦想"上。"实验梦想"似乎难以理解,其实,"实验梦想"不仅鼓励孩子们有梦想,而且要指导他们用行动去实践、去实现。这是一个"实验"的过程,是一个浪漫的感性与深刻的理性相结合的过程。因此,学校、教育一定要有创意,要有创新精神的闪烁,要有智慧灵性的生长。所谓创意,所谓创新,首先是对先贤的肯定,"以贤为范",其次是对自我的超越。张家港实小文化史上的"范贤"与"半肯"的文化基因催生着学校教育的创新,让学校走向创意。这样的学校生活一定能成为儿童最美好的童年记忆。

很长时间以来,不少实验小学的发展定位与愿景总是脱离不了"一流"的思维模式。这样的思维模式,其实是停留在学校发展的表面,是以所谓影响度、美誉度来作标尺的,而没有深入到学校真正的内涵与使命上去。"创意小学、实验梦想"为我们提供了另一条思路。若此,学校才是真正美丽的。

四、刘慧和她的团队着意建设让学校生活成为童年记忆的"成长树"课程，让课程与学校的核心精神、理念自然契合起来

课程是学校发展的核心载体，课程的理念、结构、质量直接影响着学校的精神气质、文化品位和学生的素质结构、水平。学校发展的顶层设计理所当然包括学校课程设计。当下的学校课程设计与实施，存在着规范性不够，逻辑层次、内部关系不清晰，与学校的核心理念、核心价值相脱离的一些问题。如何让学校课程从顶层设计开始就规范起来，如何让课程居于核心地位，体现学校的核心理念、核心价值，如何让学校课程自身关系内洽起来，是刘慧和她的团队一直深入思考的问题。在反复研究、论证之后，张家港实小提出了建设"成长树"课程的设想。

成长树，是一种形象，也是一种隐喻，具有象征的意义，深蕴着学校的价值理念。其一，成长树意味着课程是一个整体。从根系开始，枝枝叶叶是一个统一体，互相依存，互相影响，不可分离，更不可分割。课程犹如树，这就防止了课程的碎片化现象。其二，成长树意味着课程具有生长性。课程促使儿童向上生长，向着阳光，向着蓝天，沐浴雨露，经受风暴，永远向上。成长树的生长性防止了当下课程的随意性、盲目性现象。其三，成长树课程的生长永远是一个过程。课程在生长的过程中不断丰富、完善，在动态、开放中，与周围环境协调相处，营造了绿色的课程生态。成长树课程的过程性、生态性防止了当下课程静止、封闭乃至僵化的现象。成长树是美丽的，成长树课程仪态万方、勃勃生机，当然是美丽的。

成长树课程的灵魂是什么？刘慧和她的团队认为是游戏精神。刘慧在担任幼儿园园长时就研究游戏精神。游戏精神的实质是什么？刘慧关注了两本书，一本是 20 世纪 40 年代被公认为当时最伟大的文化学代表人物胡伊青加所著的《人：游戏者》，另一本是美国未来学家简·麦戈尼格尔的新著《游戏改变世界》。胡伊青加认为，"在接受游戏的时候，你就接受了心灵"，"只有当心灵的激流冲破了宇宙的绝对控制的时候，游戏才成为可能，才成为可思议的、可理解的东西"。胡伊青加还有一个更重要的观点："文明是在游戏

中并作为游戏而产生和发展起来的。"① 不约而同，麦戈尼格尔提出了游戏所形成的"心流"问题。所谓心流，是"玩家将在能力极限下达到一种投入状态，体会到高度紧张并快乐着的感觉"。他有一个惊人的结论："造成玩家们拯救世界的心愿"，因为游戏中存在一个"革命系统"。② 刘慧的阅读，关注到了深刻的游戏精神，以游戏精神为成长树课程的灵魂，就是将儿童作为具有创造精神的游戏者，通过课程，可以改变自己，也可以改变世界，改变未来。这样的立意不仅很新，而且相当深刻。

从校本课程的规划来看，张家港实小从四个维度来开发：道德素养维度——修身三省；人文修养维度——经典四品；艺术、审美素养维度——百花五艺；儿童成长纵向维度——成长六季。他们将其称为"矩阵"。不说"三""四""五""六"数字的组合，不说具体的内容，也不说课程维度的名称，只说他们将校本课程建设的意立在素养上，这就跳出了校本课程开发的一般认识和模式，用素养提升来统领，这是很可贵的。成长树课程，说到底是素养生长的课程。成长树课程是儿童自己的课程。其实，每一个儿童就是一棵树，他们生长着，伸展着，茁壮着，幸福着。这是校园里多么神圣、多么美丽的情景啊！

刘慧在文章的最后，说到了美丽与风格的问题。我认为倒不一定去说风格，和美丽更紧密的是风骨，与其说美丽是风格，不如说美丽是一种风骨。风骨是我国美学史上的一个重要概念。我想，风骨应当是美丽最深沉的精神内核。向美丽出发，永远去塑造风骨，永远让精神站立。刘慧是这么认识的，又是这么去践行的。

①［荷兰］胡伊青加.人：游戏者［M］.成穷，译.贵阳：贵州人民出版社，2007：3-4.
② 翻昕.游戏化重塑人类积极的未来［N］.文汇报，2013-05-04.

幸福教育哲学

我们在邀请哲学。因为我们需要哲学，哲学也并不神秘，我们生活中处处有哲学。当我们从哲学的视野看学校、看教育时，就会获得更为深刻的理解。

哲学也在邀请我们。因为哲学需要在实践中、在生活中丰富、发展，生活中的一切，包括教育中的一切，都是深思哲学理由的源头、由头和线索。

与哲学的互相邀请，可以逐步建构起自己的教育哲学。若此，我们就会站在学校教育的制高点上，进入自由的状态与境界。

毫不夸张地说，戴铜是邀请哲学和接受哲学邀请的校长。在邀请与接受邀请的过程中，他把自己的实践经验加以淬化、提炼，形成了幸福教育哲学，鲜明地提出：学校，一个让人幸福的地方。幸福教育哲学成了戴铜与全校师生员工共同的灵魂。正是幸福教育哲学，让一个偌大的万人学校在教育均衡、教育公平的大道上越走越远，越走越好，校园里洒满了幸福的阳光。完全可以用这么一句话来诠释：在这个世界上没有一个地方是爱不能到达的，在这个世界上没有一个地方是幸福不能到达的——学校应当是使人幸福的地方。

黑格尔曾说，做哲学有两条道路，"一条是普通的道路，在这条道路上，人们是穿着家常便服走过的；但在另一条道路上，充满了对永恒、神圣、无限的高尚情感的人们，则是穿着法座的道袍阔步而来的"。显然，戴铜是穿着家常便服走来的，在他的血液里流淌着广袤厚实的黄土基因，淳朴宽大的胸襟铸就了他的人格，他永远是一个平常的人、一个务实的人、一个保持教师本色的人。不过，尽管他穿着家常便服，仍然充满着无限的高尚情感。他是同时走在两条路上，也许他自己并不知道，幸福教育哲学就这么自然地、水到渠成地来到戴铜的教育辞典里，来到淮安市实验小学的校园里。

一、戴铜的幸福教育哲学是让人感受、拥有幸福的哲学，而他自己则是一个让师生拥有幸福的"贵人"

人生离不开幸福的追求，教育的核心目的是让师生都幸福。美国的内尔·诺丁斯在提出这一核心目的之后继续说，"幸福这一目的具有指导性，亦是指导性目的"。对此，戴铜是认同并努力实践的。但现实是，幸福谈论得太多过滥了，趋向功利化了。这时候，需要"在四处蔓延的一种追逐幸福的狂热中稍作停留，喘一口气"（引自德国威廉·施密德的《幸福》的自序）。于是，戴铜作了停留，喘了几口气——他深思了：幸福该指向哪里？聚集在何处？结论当然是指向人。千万别以为，幸福指向人是个伪命题，事实上，常常所谓的幸福已偏离了人，偏向了其他方面，其结果当然是，幸福并不来敲你的门。

戴铜说，教育要让人幸福。在他的思想深处，这一命题是，把人置于学校的中心，置于学校的中心的实质，是将人置于世界的中心。柏拉图主义哲学家皮科这么说："哦，亚当！……我们将你置于世界的中心，是为了让你能够更加自如地环顾四周，看清世上存在的一切事物。"这正是"人的尊严"。（转引自费尔南多·萨瓦特尔的《哲学的邀请》）所以，戴铜自觉地认为："把人作为学校教育的核心，调动人的主动性、积极性、创造性；我们尊重人的生命价值，发展人的个性，以谋求人的自由、全面、和谐的发展为最终目标。……人本，既是学校教育的指导思想，也是教育实施的策略和方法。""幸福教育要以尊重人、理解人、满足人、服务人、发展人、成就人为出发点和归宿，努力推动师生全员发展、自主发展、个性发展、和谐发展，让每一个学生都拥有成长的快乐，让每一位教师都享受职业的幸福。"人，每一个，成了戴铜幸福教育哲学的主语。

主语是人，是教师与学生，再往下讨论，戴铜又提出幸福教育中的主体是儿童，因此，幸福教育还应坚定地站在儿童立场上。在戴铜看来，儿童立场就是要以儿童发展为目的，以儿童生活经验为基础，从儿童发展的需求出发。站在儿童立场上，儿童才会真正拥有自己的幸福，否则学生不可能享受，即使有，那也不是儿童自己的，而成人的幸福不能代替儿童的幸福。正因为此，戴铜认为，教师要把"学生发展的过程理解为一种生命成长的过程"，一定要让学生享受师爱、拥有健康、体验成功、成为自己。这四点是他所作的很好的概括，点击了儿童幸福的核心。

在这种以人为本、坚守儿童立场的幸福教育中，戴铜阐明了自己的角色定位：师生拥有幸福的"贵人"。贵人，是给人带来机会、带来运气、带来成功的人。戴铜的"贵人说"，用生动而浅近的日常用语，给校长一个新定义，给自己一个新定位，充满着无限的人文情怀。读到这儿，我们眼前自然会浮现戴铜那洋溢着爱意、诚意的敦厚的笑脸。可以说，"贵人说"是他对幸福教育哲学最为精彩独到的阐释。我们需要这样的"贵人"，幸福的来临需要这样的"贵人"之助。

二、戴铜的幸福教育哲学致力于"幸福源"的开掘，而他正是幸福源的智慧的开掘者、创造者

相对来说，让师生享有一时的幸福并不是太难，难的是如何让师生持续地享受幸福。戴铜对此有明晰的认识，那就是为师生开掘"幸福源"。幸福源，幸福的源泉、原点，抑或说幸福源是幸福的生长点，用通常的提问式的话来说，那就是：幸福啊，你在哪里？戴铜坚持这样的追问，在追问中寻找、发现，在追问中创造、开掘。他的追问与努力是有结果的。

其一，戴铜认为幸福源在于作用的发现。哲学家认为，幸福不仅仅是一个词而已，重要的是我们给予这个词什么作用，即这个词的背后隐藏着什么。上文所提及的威廉·施密德就是这么认为的。他说："寻找'幸福'的人找的其实往往是'作用'，'幸福'只是被选中代替'作用'而已。"他甚至还作了这样的判断："人们对于幸福的急切追求可以看作是作用缺失而导致绝望的一种迹象。"显然，幸福是对作用的发现和把握，作用正是幸福之源。同时，从作用角度来探讨与追求，才能克服幸福追求过程中的功利主义及表

面化、形式化倾向。对此，戴铜最为重要的策略是引导教师进行精神的、思想的深思，从中掂量人生的价值与教师工作的作用。他说，一定要让教师体验职业生命的价值所在，当他发现了作用，就会产生幸福的体验。而这种发现，需要在教师和职业两者中产生关联。戴铜的认识是深刻的，具有哲理性。

其二，戴铜认为幸福源在于创造。意义何来？意义之源的实质究竟是什么？特里·伊格尔顿说："人生没有既定的意义，这就为每个个体提供了自我创造意义的可能。如果我们的人生有意义，这个意义也是我们努力倾注进去，而不是与生俱来的。"论述如此简明。不难理解，幸福来自意义发现，而意义在于创造；意义是幸福之源，而意义之源来自创造之源。这样，戴铜又在意义与创造两者中找到了关联，因而鼓励教师去创造。在淮安市实验小学的一次幸福教育的论坛上，我们欣喜地发现，教师用自己的智慧，创造性地工作，在教书育人中彰显自己的个性，追求教学风格。这样的氛围本身就像是幸福的空气，教师们自由地呼吸。自由，定会带来创造的激情，创造成为师生们的幸福之源。

其三，创造、意义发现都来自心灵的快乐，心灵的快乐是最为重要的幸福之源。尽管快乐与幸福还不完全是一回事，但幸福总是与快乐关联。英国的约翰·洛克曾给幸福下了一个定义：人天生"趋乐避苦"，而幸福就是"至乐"。戴铜的幸福教育哲学里有一信条：幸福自快乐始。从这一信条出发，他坚定地认为，学校管理的核心在于"管心"，而"管心"的关键在于对师生的尊重、理解、信任。为此，他特别重视评价改革："根据教师个体的角色定位和职责要求，分别提出不同的考核要求，多一把尺子就会多一批有个性的优秀教师。"可见，在戴铜看来，无论是教师创造性地教书育人，还是人生意义、教育价值的发现，都必须有颗快乐的心灵，教学过程、学习过程都应当是快乐的。快乐犹如一种动力源，支撑着师生对幸福的追求。

三、戴铜有自己的行动哲学，在实践中，他用行动去探寻并建构幸福教育哲学

戴铜不是空谈家，恰恰相反，他是实践者，是实践家，他的幸福教育哲学是行动哲学，是实践哲学。之所以称他为实践家，是因为他不是一味地实

践，而是怀着理想去实践，在实践中反思，他的实践有鲜明的理性精神和人文情怀。

戴铜有着崇高的理想追求。他说："教育家应是每个教育人心中的'地平线'，尽管永远触摸不到她，还会远远地望着她，深情地向往她……"是的，地平线是永远到达不了的，永远够不着，但是，地平线的最大价值就是激励我们不断地向前、向前。地平线究竟是什么？戴铜明晰地告诉大家，地平线就是教育的理想与理想的教育，就是素质教育，就是让师生们拥有幸福的教育。那句最为质朴的话——"学校，一个让人幸福的地方"就是那条在远方闪着光亮的地平线，深情地瞭望她，向往她，心中就会涌起无穷的力量。戴铜的实践是永远向着地平线迈进的实践。其实，地平线不在远方，而在他心中。

戴铜有着朴素而又崇高的情感。戴铜有自己的风格：素朴、真诚。他在用心办学校，用心办教育，用心对待每一个教师和学生。用心，用的是发自内心深处的真情，不矫情，不虚空，不夸张，实实在在，真真切切，明明白白，绝没有雾里看花、水中捞月的感觉。怀着这样的情感去实践，幸福教育哲学的建构是水到渠成的事。戴铜的实践有温度，有暖意，有魅力。

戴铜的幸福教育哲学又是在研究中逐步建构起来的。他是科研型校长，研究成了他的主要行为方式。在他的倡议和主持下，学校成立了"幸福教育研究中心"，创办了《幸福教育》校刊，改革课程，改革教学，改革管理，制度创新，理念引领，研究向深处发展。一所超万人的学校，戴铜领导得竟那么从容，幸福的笑意常挂在脸上，可见他用研究探寻着规律，遵循规律。戴铜的理性来自他的研究，没有持续的、深入的研究，幸福教育哲学的建构是非常困难的。戴铜用他的行动研究为大家提供了一个榜样。

幸福教育是一条漫长的路，戴铜没有停下脚步，他穿着"便服"，走在田野上，远方的地平线在他心中闪光。他为幸福教育而研究，他是幸福的。

●"请给我一点时间"

在校园里行走，常常听到校长和老师在某些问题上说着意思大体一致的话，你说，我说，大家都这么说。表达时，他们是那么真诚、自觉，虽然有点"千篇一律"，但并不枯燥，我非但不反感，相反，总有一股暖流涌上心头。我把这"千篇一律"的话，唤作校园里的流行话语。流行话语，几近成了校园里一道独特的风景线，彰显了学校的文化特色。

我曾在江苏常州的一所幼儿园听到了校园的流行话语，感受到了流行话语所带来的文化氛围。教育局长每次到幼儿园视察，或是参加会议、活动后，总是向园长提出一些意见或要求，园长每次的回答几乎是一样的："请给我一点时间。"同样，园长在参加了教师的校本研修，或是在听了教师的专业发展交流后，也总是要提一些具体的建议，而老师们也总是这么回答："请给我一点时间。"

"请给我一点时间"，多好！无论是口吻，还是内容，无论是声调，还是神情，总是让你有诸多的解读，产生不少的揣测，还有很奇怪的想象。听着这样的流行话语，总有异样的感觉在心头漫过，似乎触摸到了这所幼儿园、这所学校文化脉搏的跳动，轻轻的，却是有力的。

"请给我一点时间"，首先是一种认同。但认同中隐藏着这样的意思：我需要思考下领导的意见和要求，我会尊重，我也深有同感，但领导的意见和要求是外在的，只有内化为自己的认知后，我才会有深层次的认同，这就需要思考。不盲从，不唯上，不卑不亢，这样的状态，才会凸显一个人的主体精神和主体地位，才会告诉对方：我的天地我作主——我会充分考虑你的意见，但我需要时间进行梳理。

"请给我一点时间"，这样的应答似乎不是非常积极的，与"是的，我马上行动"，"请相信，我立即改"，"你过几天来，保证会让你有新的惊喜"相比，的确紧张度不够，干脆性不强，温度也偏低了，但这却是一种实事求是的态度。这样的应答给对方的信息是：是的，我会改进，但需要时间，需要一个过程。在这个过程中，我会很努力的。看一个人积极不积极，不是听他怎么说，而是看他怎么干。踏实，扎实，不浮躁，不浮夸，拒绝急功近利，才是我们需要的好品质，好作风。

"请给我一点时间"，透出一股民主的气息。这是一种协商。尽管充满了对对方的尊重，很诚恳，但绝不是请求，更不是恳求，言下之意是：给我一点时间，行吗？可以吗？应该想象在听到答复以后，提意见或要求的一方，一定也是非常诚恳地回答：当然可以，相信你，我充满期待。显然这是一次民主的对话：互相尊重，互相信任，宽容，理解，商量，期待，一切都在里面了。这叫什么？这才是道德领导，正是在"请给我一点时间"的应答中，搭建了一个道德对话、民主协商的领导平台。这一平台，我们，很需要。

看来，校园里的流行话语，其实是一种文化认同，渐渐地，成为一种文化符号，将来，它一定会成为一种集体记忆，洋溢着暖意，充满着力量。因为说到底，这是一种文化。

管理之道：大知闲闲

学校管理要追求智慧。

智慧有大、小之分。庄子在《齐物论》里说："大知闲闲，小知间间。大言炎炎，小言詹詹。"闲，空也；空，无限大也。间，隔也；隔，小也。庄子的意思非常明白：具有大智慧的人，总是关注、研究大的方面，比如宇宙、世界、人类，包括自己的心灵。反之，有小智慧的人，抑或说，没有智慧的人，总是关注，乃至拘泥于小的、琐碎的事。在表达风格上，二者同样有极大的差异，大智者说话，充满激情，似火在燃烧，具有鼓动性、穿透力；反之，小智者，或者没有智慧的人，则啰嗦，重复，缺乏感染力。不言自明，我们需要拥有大智慧，学校管理亦然：用大智慧管理，用大智慧实施教育。学校管理者应当是"闲闲"的大智者。

"大知闲闲"，首先要求管理者要有宏观视野、战略思维、整体建构、系统策略，有目的有计划地实施。比如，要思考校训、核心理念、发展定位、学校精神、重点突破的任务及其相应的策略，等等。这一切都是学校之魂，否则，只是在细小的问题上喋喋不休，很可能会"魂不附体"。再比如，课程。埃利奥特·艾斯纳和富兰克林·博比特分别有如下观点："课程领域……正居于教育的核心。""首要的科学任务是决定课程。"重视课堂教学改革肯定是正确的，但若不在课程改革的理念与框架下，课堂教学改革会变得狭隘、孤立起来，甚至有可能回到课改以前去。这里有一个需要反思的问题，即"细节决定成败"。所有的细节都决定成败吗？只抓细节就能成功吗？对"细节决定成败"恐怕要更辩证地去看，不是不重视细节，但不能离开宏阔背景而盲目相信，否则有可能堕入"细节"的陷阱，而变得"小知间间""小言詹詹"起来。

"大知闲闲"，还要求让学校里有更多的"校长替身"。美国教育管理学家托马斯·萨乔万尼在他的《道德领导》里说，校长应当有自己的追随者，这些追随者会成为校长的替身，校长似乎天天都在校园，都在课堂。校长真正的权威来自他的人格和学术。人格魅力、学术魅力会搭起一个平台，平台的一边是民主，另一边则是合作，于是大家都成为学校的主人，为校长分担，也与校长分享。这样的校长具有大智慧。这里也有一个值得反思的问题：所有的事校长都要亲力亲为吗？校长绝不能高高在上，坐而论道，而应当深入教室，亲自实践，带头研究，率先垂范，这是没错的。但是，校长不仅要出现在教室里、走廊里、操场上、学生中，还应坐在办公室里，坐在图书馆里，读书、思考、写作、勾画、描绘，需要坐而论道。所谓坐而论道，就是要找到那个"道"。形而上为之道，形而下为之器。校长不能只有形而下的器，"君子不器"，校长也应"不器"。

"大知闲闲"，又需要校长有一种放松的乃至休闲的状态。哲学家尼采论述过"四分之三的力量"。他说："如果一位作者想写出一本美好且健康的作品，他必须切记：只需使出四分之三的力量就够了。"为什么呢？"作者使出全力所写出的作品，不仅会让读者感到兴奋，且会由于紧张而陷于不安。"最后他诚恳建议："有点懒散的特质，好比一头母牛躺在牧场中一样。"他认为，这样的东西才是美好的。尼采从哲学的角度讲出了深邃的道理，那就是不必过于紧张，过于艰苦，应当有点放松的心态、休闲的状态。这里同样有个值得反思的问题：校长勤奋、刻苦，但不应是苦行僧。有人说得好，休闲是一种诗意的劳动。诗意的劳动会结出更丰硕、甘美的果实。我常听一些校长说："我是很懒的。"他真的懒吗？非也。此懒，正是放手，大家的积极性是由于校长"懒"出来的。不少精彩的观念，不少伟大的灵感，正来自那"四分之一的力量"。这是大智慧啊！

附 录

智慧的教育点灯人
—— 我印象中的成尚荣所长

这位精神矍铄的智者，我们习惯叫他"成所"。多少年来，"成所"似乎是我们教育人心中的精神符号，它代表着方向、代表着智慧、代表着卓越。我们这一代人，走上工作岗位时，成所就是江苏省教科所所长，我们几乎是听着他的讲座和点评成长起来的。成所，是我们教育行走的点灯人。

教育改革的理念领航者

成所是学校教育的领航人。无论在哪一个发展节点，在教育实践中变革探索的我们，总能在成所的一篇篇文章里，一次次讨论中，得到方向的引领和指导。

2003 年，我担任常州市局前街小学的校长。立足学校传统文化，结合自己的教育思考，我当时提出了学校教育要确立生命立场、儿童立场的办学根本。当时也对儿童的差异性、可能性等特性提出了自己的理解和阐述。事实上，这么多年来，成所对教育的思考，以及对儿童的认识和思考一直在引领我更系统、更有理据地去认识儿童、了解儿童，促进我不断完善和提炼自己的办学主张。

成所的《教育：走向儿童可能性的开发》一文让我对"儿童的可能性"有了更深入具体的思考。《儿童立场：教育从这儿出发》一文，更是清晰地告诉我们：教育应该站在儿童的立场上，儿童立场的核心，就是发现儿童和引领儿童。儿童立场上的教师就是长大的儿童。一组组有关"儿童"的文章，帮助我不断厘清原有的思考，犹如前行中的一盏盏明灯，照亮了我创造学校教育新实践的方向。在办学思考中，我明确提出了"教育要确立儿童立场"的办学方向，提出教育确立"儿童立场"，儿童就获得了精神生命发展的主动权，就能够充分享受童年的天真与快乐，这样儿童才能真正过上儿童生活。

从 2003 年到局前街小学担任校长，我就逐步提出了自己的教育主张——"教育是一种生命关怀"，而这一主张的明确化和内涵的清晰化，经历了一个思考和积淀的过程。记得我在《人民教育》上读到成所的《为每个学生提供适合的教育》时，特别兴奋、特别激动。文中提出了"每个学生都是独特的'这一个'。……即使是同一个学生，在不同的成长阶段，他的认知能力、兴趣与关注点也是不相同的。一旦教育太注意统一性，忽略差异性，只强调共性，而忽视了个性的时候，教育就成为了'禁锢'，禁锢了学生发展的自由和成长的无限可能"。成所提出了学校教育给每一个孩子提供的不适合教育之痛，直接带来了"童年的消逝"，应"让适合的教育成为教育的基本形态"。成所对学校教育的思考，促进我对自我建构的理论认识不断走向深入和系统。成所的每一篇文章，都会促进我提升对"生命关怀"教育理念的新认识。所以，每每翻阅各类杂志，只要是成所的，必然认真摘录，收存，并推荐领导团队阅读。

2012 年 4 月，我校隆重举行"生命关怀"教育理念研讨会暨"苏派"名师大讲坛活动。会上，听了我的主题报告《教育是一种生命关怀》后，成所现场作了学术演讲，将"教育是一种生命关怀"放到了教育哲学的高度，让我又一次豁然开朗。成所提出，"这个教育主张核心理念实际可以走向教育哲学。李伟平，已经开始建构自己的教育哲学。一个教育主张走向教育哲学时，就更深刻，更有高度。总之，我们要建构自己的教育哲学，尤其校长要去摸索、研究、建构自己的第一哲学"。

在随后的发言中，成所对"生命关怀"提出了进一步发展的建议："让局小在生命关怀理念引领下成为一片文化的田野，在文化的田野里长出最美丽的生命之花。"成所的激励，让我和局小全体教师以更昂扬的姿态，全身心投入到学校教育新生活的实践创造中。在随后的两年中，在成所的引领下，我也逐步完成了"教育是一种生命关怀"的具体追求：尊重生命的独特性、唤醒生命的自主性、激活生命的可能性、培育生命的共生性、实现生命的超越性。

"照着讲""接着讲"的文化担当者

在成所的身上，总是能深切体会到强烈的使命感和责任感。作为一名教育人，他从来没有停止过对"江苏教育"的研究和推动。近十年来，成所都致力于"江苏教育流派"的研究，并推动这一研究成为"江苏省教育科学'十二五'规划重大课题"。他把对"江苏教育流派"的研究放到了文化存在和文化形态的高度。在他看来，"江苏教育流派"是地方性知识的映射，其本身就是江苏地域特性的文化存在。

记得在 2006 年，在成所的推动下，"苏南五校联盟"正式成立。南京市北京东路小学、吴江市盛泽实验小学、无锡师范附属小学、常州市局前街小学、镇江市中山路小学五所苏南名校联合组成研究共同体。在成所的引领下，联盟成立之初就确立了"苏南教学流派研究"这一课题。

"苏南五校联盟"的研究活动是由每一个联盟成员轮流承办，每学期一次。我们在成所的指导下，围绕"苏南小学教学流派"研究，定期开展专题研讨活动。在每一次活动之前，成所都会对研究专题提出规划和建议。成所认为，对教学流派而言，有其内在的规定性，如有鲜明的教学主张、独特的教学风格、典型的教学实例、一定的代表人物、深远的影响力并受到同行的认可……围绕这些内在规定性，成所让"苏南五校联盟"的研究做到了内容设计的针对性和序列性。在每一次活动开展前，承办学校都会结合自身研究的需要提出相关的研究主题。如在南京举行的第六次研讨活动，研究主题是"苏南教学流派研究·教育主张与教学风格"；在吴江举行的第七次研讨活动，研究主题是"苏南教学流派研究·教育经验、特色与教学风格"；在常州举行的第八次研讨活动，研究主题是"苏南教学流派研究·教师素养与教育风格"……每一次的研讨，最后都会通过专题论坛和专家引领，促进认识突破并形成主要经验。

记得在每一次专题研讨活动时，在报到的第一天晚上，就是第一次沙龙研讨。这一次的研讨是为第二天的专题论坛作会议准备和发言规划。沙龙由成所主持。当晚的讨论，通常都会进行到比较晚，往往夜深人静时，会议室里还讨论得热火朝天。成所的提炼和总结，会促进每一次研讨都能形成一定的成果。

2009年2月，第二轮首次五校联谊活动在南京市北京东路小学举行，来自五所苏南名校的五十余名骨干教师，以及南京市和省内外的二百余名教师参与了此次研讨活动。这次活动的研究主题是"苏南教学流派研究·教育主张与教学风格"。在集中研讨阶段，成所作了学术报告《名师成长与教学风格》。《江苏教育研究》编辑部的杨孝如先生及五所名校的校长围绕"教育主张与教学风格"这一话题，展开了深入的学术争鸣与交流。最后，成所在大会上围绕"苏南教学流派"研究，作了高屋建瓴的提升和总结，成所还提出了应该进行苏南苏北的比较研究，"苏南教学流派"不妨从几个代表人物分析开始。

2010年4月，"苏南五校联盟"第八次研讨活动在常州市局前街小学举行，本次研讨活动的主题是"苏南教学流派研究·教师素养与教育风格"。本次研讨，老师们以我为例，用故事和系统的梳理介绍了在高品质的素养积淀中形成教育风格的我。在成所的主持下，参会的嘉宾和校长进一步共谈了对"教师素养与教育风格"专题的认识，对我的教育风格进行了深度的提炼。那一次的提炼，使我的教育认识和办学主张实现了一次跨越式提升。

由于得到了成所的指导和规划，五校联盟的每一次活动，都能促进"苏南教学流派"的研究走向纵深。成所让这一研究不断获得更科学有序的研究路径和更广阔的思维视角。每一次活动，在聆听成所的总结和点评的过程中，我总会被深深吸引，并深深佩服。成所的每一次发言总能融汇古今中西之学，带领我们进入新的思考视角；他总能从大家的讨论和发言中，捕捉到更新的话题与探讨空间。后来，在成所的指导下，五校联盟形成了苏南教学流派研究方案。在第二阶段，成所指导大家围绕这一主题，各校开展了充分的文献研究，从苏南教学流派的概况，到苏南教学流派的特点，再到苏南教学流派产生的根源，以及学派对教学流派产生的影响……

成所说，作为教育人，需要有"照着讲""接着讲"的文化担当。在坚守中呵护特质，在学习中延续，在研究中发展，在继承中创造。这一使命召唤，推动了更多人、更多学校、更多地区参与到这一研究中来，不断推进这一研究走向纵深。成所说，苏派教育研究既重视"派"，更重视"流"，为的是推动模式或体系的传播、流动和延续……为的是推动江苏教育改革的繁荣，这是一种责任担当。

对中国的各种教育流派进行细致梳理和理性研判，是当下中国教育改革中不应忽视的研究领域。但真正深入思考和研究这一命题的还不多，大多泛泛而谈。成所带领江苏教育人，持续、深刻、科学、有效地展开苏派教育的研究，这种自觉的文化使命感和敢于担当的胸怀，深深打动了我们。《苏派及苏派研究》《苏派的教学风格》《苏派及苏派研究的跃迁》《苏南教学流派：背景、特质与建构》《教育流派及其研究的文化阐释》……一篇篇专题思考，推动着我们去激发自身的教育激情，坚守自己的教育理想，滋养自己的教育情怀，构筑自己的教育梦想。和成所在一起，让我面对社会发展中的种种诱惑，依然能沉浸于教育。面对做了董事长、做了行政官员的众多同学，我依然能骄傲地沉醉于教育的幸福之中。

教改热点的理性发声者

每一次和成所交流，成所都会对我们的具体实践变革提出很多建议。2016 年，我们在南师附中演播室作了一期"教育新时空"的校长沙龙。我们学校介绍《"生命关怀"教育理念下的学校整体变革》，成所担任点评嘉宾。记得在交流互动阶段，成所详细追问了我们学校目前进行的"儿童成长节律"课程的实施情况。他对我们尊重学科独立存在价值的做法进行了充分肯定。他反复提醒我们，课程综合需要建立在学科独立价值的基础上，我们要理性地对待课程综合，不要简单地否定学科存在的价值。

针对我们学校提出的"儿童成长节律"课程这个概念，成所又不断追问我们："你们提出的几个节律是怎么来的？""除了从经验中来，还有哪些学理或理据上的研究？"……也正是成所的几轮追问，让我们不断明晰了学校课程改革的研究路径和突破方向，随后又做了大量的文献研究和调查研究。

为了更好地作好"儿童成长节律"课程的规划和设计，在经过了半年的思考后，我们和成所又有过一次面对面的交流。"你们为什么要提出'儿童成长节律'课程，这个是否已经清晰？""我们的课程改革都有出发点，不应该是随大流的，更不应该是赶潮流的。我们自己要解决什么问题，突破什么难点，自己要想得特别清楚。"通过交流，我们梳理出了局小进行"儿童成长节律"课程改革的主要思考。比如国家所规定的课程体系考虑到了儿童成长的规律，但还没有特别突出儿童生活成长的节律，虽也有考虑，但还不够，基于校本的改革思考，我们觉得要把规律聚焦到儿童生活的节律上，并突出这点。

"儿童成长节律不仅仅是一个知识学习的节律，更应该是生活经验不断改造与发展的全生活的节律；不是一个围绕考试为逻辑的应试节律，而是一个快乐学习健康生活的节律；不是被动学习的生活节律，而是主动建构的生活节律……"

坐在成所面前，看着他发亮的眼神，听着他有力的言语，我经常有做回学生的感觉。看着眼前这位智慧的研究者，我总是心生敬畏。正如《江苏教育报》刊文《成尚荣：做一位发声者》所述："在大量的阅读、行走与思考中，他数十年如一日保持着对教育改革前沿的热切关注，触摸着一个时代教育脉搏的跳动。谈及当前教育领域的种种话题，他更是如数家珍，旁征博引，字字珠玑，博雅从容的气度令人叹服。他用阅读和思考所赋予的力量，在这个时代努力地发出自己的'声音'。"

的确，我总是能在各级各类报刊上，看到成所的"发声"，比如《人民教育》2012年第22期的《当教室里飞来哲学鸟的时候——儿童哲学几个问题的厘清》。成所"发声"的文章，总能让我们在教育实践变革的过程中多一份理性、多一份哲思、多一份辩证、多一份科学。教学改革需要热情，更需要正确的认识和方式。记得在2014年第12期《人民教育》上，成所以《小学语文应该是"大语文"——对"小语姓小"的质疑与厘清》一文，对广大小学语文老师进行了一次认识层面的有力引领。文章旗帜鲜明地告诉大家，"小学语文不能以'小'来限制自己"，"小学语文要进行'大语文'的再建"。当时，我把这篇文章推荐给了语文组，组织了一次集体学习。

近几年，随着课程改革推向纵深，改革热点频起。在改革的热潮中，我总是能读到在教学改革热潮中发挥方向性引领力量的"声音"。当一些学校把课程改革和教学改革分割为两张皮，当一些学校热衷于做项目、做活动、做热点"课程"的时候，成所清晰地告诉大家"深化课改重在推进课改""教学改革要坚持以学生学会学习为核心"……教育改革不能浮躁，教育改革不能追风。成所看到了大家改革的积极性，但是依然呼唤大家，要冷静下来观察、思考，在繁荣的课程改革景象下，有没有值得反思的地方。

2015年我在《人民教育》上读到《让教育的黑洞敞亮、澄明起来》一文时，我的感觉是，这篇文章来得太及时了！"要推动教育沿着健康轨道前进，就需要我们发现和研究教育的黑洞，让教育的黑洞敞亮起来。""警惕课程及改革的黑洞""警惕教学及学生学习的黑洞""警惕儿童研究中的黑洞"……这篇文章给了在教育实践中忙碌的广大行走者一个提醒，低头走路，更要抬头看天，每一位实践者都需要不断给改革实践作出价值判断和方向判断。事实上，作为教育实践工作者，此类文章给我们提供了认识和辨析学校实践改革的理论工具。

正如成所所说，莫兰特别提倡批判性思维，他期望能用一种复杂的、动态的、开放的理性主义代替简单的、静止的、封闭的理性主义。这样的理性让我们走向对事物的澄明，生长起实践智慧。批判的勇气会驱逐谬误和错觉，在保持警觉的状态下，眼前是一片教育的灿烂阳光。成所总是用自己的"发声"，让我们保持警觉，以推动教育沿着健康轨道前进。

江苏省常州市局前街小学　李伟平

致 谢

　　早上五点多就起床了，准备写文丛的致谢。每次写东西前，总喜欢先读点什么东西。今天读的是《光明日报》的"光明学人"，写的是钱谷融先生。

　　钱谷融先生是我国著名文学批判家、文艺理论家、教育家。那篇写他的文章，题目是：《钱谷融："认识你自己"》。文章写出了钱先生性格的散淡和自持，我特别喜欢。文章写到在 2016 年全国第九次作代会上，谈及当下的某些评论，钱先生笑眯眯地吟出杜甫的《绝句》："两个黄鹂鸣翠柳，一行白鹭上青天。"看提问者似懂非懂，他便说："黄鹂鸣翠柳，不知所云；白鹭上青天，离地万里。"提问者恍然大悟，开心大笑。

　　自然，我也笑了。我笑什么呢？笑钱先生的幽默、智慧、随手拈来，却早就沉思于心。我还联想到自己，所谓的文丛要出版了，要和大家见面了，是不是也像钱先生所批评的那样，看似好美却不知所云，看似高远却离地万里呢？我心里十分清楚：有，肯定有。继而又想，没关系，让大家评判和批评吧，也让自己有点反思和改进吧，鸣翠柳、上青天还算是一种追求吧。

　　回想起来，我确实有点追求"黄鹂鸣翠柳、白鹭上青天"的意思，喜欢随意、自在，没有严格的计划，也不喜欢过于严谨。我坚定地以为，这并没有什么不好，文字应当是从自己心里自然流淌出来的，有点随意，说不定会有点诗意，也说不定会逐步形成一种风格。我也清楚，我写的那些东西，没有离地万里、不知所云，还是来自实践、来自现场、来自思考的。不过，我又深悟，大家大师的"随意"，其实有深厚的积淀，有缜密的思考，看似随意，却一点都不随便，用"厚积薄发"来描述是恰当不过的。而我不是大家，不是大师。所以应当不断地去修炼，不断地去积淀，不断地去淬化，对自己有更严格的要求。

我也有点散淡。总希望写点单篇的文章，尽管也有写成一定体系的论著的想法，但总是被写单篇文章的冲动而冲淡；而且单篇文章发表以后，再也不想再看一遍，就让它安静地躺在那儿，然后我会涌起写另一单篇的欲望。所以，要整理成书的愿望一点都不强烈，在家人和朋友的催促下，我不好意思"硬回绝"，只是说："是的，我一定要出书。"其实是勉强的、敷衍的。说到底，还是自己的散淡所致——看来，我这个人成不了什么大事。

好在有朋友们真诚的提醒、催促、帮助。非常感谢李吉林老师。曾和李老师同事了23年，她是我学习的楷模，我的思考和研究，在很大程度上是在她的影响和提醒下进行的。清楚地记得，我从省教育厅到省教科所工作，李老师鼓励我。她又不断地督促我，要写文章，要表达自己的思想。非常感谢孙孔懿先生。孙孔懿是学问家，他著作丰厚，是我学习的榜样。他总是温和地问起我出书的事，轻轻的，悄悄的，我在感动之余，有一点不好意思。非常感谢叶水涛先生，水涛才华横溢，读书万卷，常与我交谈，其实是听他"谈书"、谈见解，又常以表扬的方式"诱发"我写书。非常感谢沈志冲先生。沈志冲是高我一届的同学，他的真诚和催促，成了我写作、整理文丛的动力。非常感谢周益民老师。周益民是我的忘年交，是知己。他一次又一次地提议并督促。他还说：我和我们学校的老师可以帮助你整理材料。不出书，真是对不住他。非常感谢校长和老师们，他们对我的肯定、赞扬和期盼，都是对我的鼓励。在徐州的一次读书会的沙龙上，贾汪区一所学校的杜明辉老师大声对我说：成老师，我们希望看到您的书，否则是极大的浪费。杜老师的话让我感慨万千，他的表情一直在我脑海里浮现，他的话语一直在我耳边回响。非常感谢华东师范大学出版社大夏书系的李永梅社长、林茶居先生、杨坤主任及各位朋友、编辑，真心实意地与我讨论，有一次他们还赶到苏州，在苏州会议结束后，又与我恳切交谈，让他们等了好长时间。他们的真诚，我一直铭记在心。当然，我也非常感谢我儿子成则，他常常用不同的方法来"刺激"我，督促我，他认为这应是我给他留下的最宝贵的财富。

在整理文稿的过程中，翟毅斌默默地、十分认真负责地为我做了大量的工作：文字输入、提供参考文献、收发电子文稿、与有关老师联系，事情繁多，工作很杂。他说，我既是他的老师又是朋友，他既是我的学生又是秘书，而且是亲人。我谢谢他——毅斌。

在与窦桂梅老师谈及文丛的时候，在鼓励之后，她又有一个建议：在书后附一些校长和老师的故事。这是一个极好的创意，我非常赞赏。窦校长亲自写了一万多字的文章，有一天她竟然写到深夜，王玲湘、胡兰也写了初稿。我很感谢她们，感谢清华附小。接着我和有关学校联系、沟通，他们都给予真诚的支持和帮助：孙双金、薛法根、祝禧、王笑梅、李伟平、周卫东、曹海永、冷玉斌、陆红兵等名师、好友给我极大的支持和真挚的帮助；南京市琅琊路小学、力学小学、拉萨路小学、南京师大附小等都写来带着温度的文字；名校长、特级教师沈茂德也写了《高度的力量》——其实，他才拥有高度的力量。

出书的想法时隐时现，一直拖着。去年春节期间，我生发了一个想法：请几位朋友分别给我整理书稿，大夏书系李永梅社长说，请他们担任特约编辑。于是，我请了江苏教育出版社的周红，南京市琅琊路小学的冯毅、周益民，江苏教育报刊社的蒋保华，南京市教研室的杨健，南师大附小的贡友林，还有翟毅斌，具体负责丛书各分册的编辑整理工作。他们花了大量的时间和精力，在九月底前认真地编成。这是一项创造性的工作，他们给我以具体的帮助，谢谢他们。

书稿交出去以后，我稍稍叹了一口气。是高兴呢，还是释然呢？是想画上句号呢，还是想画上省略号呢？……不知道。我仍然处在随意、散淡的状态。这种状态不全是不好，也不全是好，是好，还是不好，也说不上。"两个黄鹂鸣翠柳，一行白鹭上青天"，是我所向往的状态和心绪，也是我所自然追求的情境与境界。但愿，这一丛书不是"不知所云"，也不是"离地万里"，而是为自己，为教育，为课程，为大家鸣唱一首曲子，曲子的名字就叫《致谢》。

2017 年 2 月 15 日